KB231837

한반도 희망 이야기
(조국의 갈 길을 묻다)

한반도 희망 이야기

(조국의 갈 길을 묻다)

하정열

圖書出版 오래

우리 민족은 수천 년 동안 한반도라는 지리적 공간 속에서 하나의 생활권을 이루며 살아왔다. 우리의 영토는 헌법 제3조에 명시된 한반도와 그 부속도서이다. 한반도는 남과 북의 온 겨레가 더불어 가꾸어야 할 삶의 터전이다. 후손들에게 안전하게 물려주어야 할 생활의 공간이다. 그 한반도가 분단되어 신음하고 있다.

대한민국은 빠르게 성장하여 선진국 문턱에 진입하였다. 우리는 20세기 후반부를 한강의 기적을 이루며 멋있게 장식하였다. 민주주의를 정착시켰다. 2만 달러의 소득을 달성하고 기술선진국의 대열에 우뚝 서있다. G20에 포함되는 중강국이다.

지금 조국은 많은 어려움에 처해 있다. 자살률과 이혼율은 세계 최고 수준이다. 출산율은 세계 최저다. 급속한 고령화가 진행되고 있다. 국가경쟁력은 뒤떨어지고 있다. 세계에서 가장 못사는 나라 중 하나인 북한은 3대 세습을 추진하고 있다. 북한주민들은 인권을 무시당한 채 굶어죽고 있다. 남북한의 관계는 최악의 상태에 있다. 국민들은 안보 불안을 느낀다. 국민들의 행복도는 세계 100위권 밖에 있다. 우리가 열망하는 통일의 길은 요원하다. 북한의 후견인으로서 확실한 역할을 수행하고 있는 중국은 엄청난 속도로 발전하고 있다. 21세기의 불확실성 시대와 겹쳐 어느 누구도 "우리는 지금 어디에 서 있는가? 어디로 가야하는가?"

라는 질문에 선뜻 답을 못하고 있다. 모두가 정체성 혼란에 빠져 있다.

실망할 필요는 없다. 새벽이 오기 직전의 어둠이 가장 짙은 법이다. 대한민국의 정체성을 확립하여 나아갈 방향을 재정립한다면 우리는 제2의 도약을 할 수 있다. 우리는 희망찬 한국인으로서 자부심을 느끼며 행복하게 살 수 있다. 그러나 승리의 역사를 다시 쓰기 위해 해결해야 할 과제가 있다.

첫째, 불확실성의 시대에서 우리가 원하는 방향으로 미래를 준비하고 설계해야 한다. 우리의 희망이 반영되어 있으면서 동시에 실현 가능한 미래상을 설계하는 것이 필요하다. 우리의 염원들이 조국을 재창조하고 변화시키는 설계도가 될 수 있기 때문이다.

둘째, 대한민국의 이념과 가치를 정립하여 국가이익을 도출해야 한다. 국가의 목표와 비전을 명확히 설정해야 한다. 그 속에서 한민족의 정체성과 대한민국의 나아갈 방향이 바로 서게 된다. 나는 누구인가라고 자신 있게 말할 수 있게 된다.

셋째, 국가는 합리적이고 효율적이어야 한다. 안정적이고 발전적이어야 한다. 지속적인 성장을 하고, 올바른 분배가 이루어져야 한다. 국가의 경쟁력과 국민의 삶의 질이 향상되어야 한다. 이를 통해 국민들은 같은 방향을 바라보며 신나고 보람되게 노력할 수 있다. 즉 일류국가를 향한 기반적인 모델과 토대를 정립할 수 있다.

넷째, 민족 구성원 모두가 한반도 내에서 안전하고 즐겁게 살 권리를 확보해야 한다. 분단을 종식하고 영토를 평화적으로 통합해야 한다. 서로 자유롭게 왕래하고 거주할 수 있는 터전을 만들어야 한다. 삶의 공간을 보다 아름답게 가꾸어 후손들에게 물려주어야 한다.

다섯째, 조국은 매력을 갖는 일류국가가 되어야 한다. 우리는 긍지와 자부심을 갖는 대한민국의 자랑스럽고 행복한 국민이 되어야 한다. 전통을 발전시켜 세계 속에 우리의 문화를 만들어 가야 한다. 주변의 아픔을 나눌 수 있는 배려의 사회가 되어야 한다. 열심히 일하는 국민들이 희망을 이야기 하며 행복하게 살 수 있어야 한다.

희망은 영원한 기쁨이다. 미래에 대한 기대이다. 미래는 예측하고 빠르게 준비하는 자의 것이다. 희망은 토지와 같다. 결코 바닥나지 않는 확실한 재산이다. 해마다 결실을 거둘 수 있다. 행복의 근원이다. 희망이란 씨앗은 스스로의 힘으로 무거운 흙을 들치고 올라온다. 대한민국이 긍지를 느끼고 자랑스러워 질 때 우리는 희망차고 행복한 국민이 될 수 있다. 우리는 자랑스러운 조국 대한민국의 행복한 주인이다! 주인이 글을 쓰면 조국의 이야기가 된다. 조국의 갈 길, 희망이야기를 함께 써 보자!

졸저에는 언론과 책 등에 발표한 자료가 포함되었다. 특히 졸저 「국가전략론」의 내용을 상당 부분 인용하였다. 중복된 부분이 있음을 밝혀둔다. 나의 사랑하는 조국과 겨레에 이 책을 바친다. 조국이여 번영하라! 희망찬 겨레여 행복하라!

2011. 봄.

통일 하정열

차 례

제1장

조국의 정체성과 비전

겨레여 조국이여

조국은 아직도 신음 중
불면의 세월 속에 잠 못 드는 이 산하

날개를 활짝 펴는 밝은 누리 겨레여
온 몸으로 조국을 감싸고
불보다 뜨거운 민족의 피
칠천만 겨레도 삼천리강산도 울었다

넉넉한 산하의 겹겹
기적을 꿈꾸는 한강은
언제까지나 잠들지 못하리라
오천년 더운 심장을 뛰게 하소서
그대여!

온갖 어둠과 더러움 벗어 던지고
눈부신 빛으로 새롭게 태어나서
풀꽃 향기로 피어나소서!

그대 발아래 겨레의 꿈 펼쳐 드리오니
고이 밟으소서
내 꿈을 밟고 가는 임이여!

조국은
우리에게 무엇인가?

우리는 대한민국에서 태어나 한민족임을 자랑스럽게 여기며 살고 있다. 대한민국의 번영과 발전을 위해 노력하고 있다. 통일을 염원하고 있다. 혹한과 혹서에도 우리의 젊은이들은 휴전선을 지키느라 젊음을 불태우고 있다. 조국은 우리에게 무엇인가? 왜 이를 수호해야 하는가?

조국은 우리의 삶의 공간이다. 우리는 이 공간에서 태어나 꿈과 희망을 이루고 행복을 추구하며 살고 있다. 대한민국 헌법 제3조 영토조항에는 "대한민국의 영토는 한반도 및 그 부속도서로 한다"라고 명기되어 있다. 한반도의 면적이 220,847㎢, 남한의 면적이 100,140㎢라고 한다. 물론 한반도 북부는 현실적으로 북한정권이 통치하기 때문에 실효성의 문제는 남아 있다. 그러나 우리 민족은 수 천 년 동안 한반도라는 지리적 공간 속에서 하나의 민족생활권을 이루며 살아왔다. 한반도는 평화통일을 통해 하나로 만들어야 할 우리의 삶의 공간이다.

세계 여행을 하다 보면 우리나라만큼 산, 강, 바다와 도시가 어우러진 아름다운 나라를 찾아보기 쉽지 않다. 서울처럼 산과 강 그리고 도심이 조화된 수도도 많지 않다. 조금만 더 잘 가꾸면 스위스처럼 누구나 와보고 싶은 아름다운 삶의 공간이 될 것이다.

조국은 우리의 자긍심이다. 국가란 "일정한 영토에 거주하는 다수인으로 구성된 정치조직이나 단체로서 영토, 국민, 주권이 그 개념의 3요소"라고 규정하고 있다. 우리가 외국에 가려면 대한민국 여권을 소지해야 한다. 누가 물으면 Korea에서 왔노라고 대답해야 한다. 그러나 이십 여 년 전만해도 큰 소리로 말할 수 없었다. 제2차 세계대전 이후에 독립한 나라 가운데서 건국, 산업화와 민주화를 모두 성공한 국가는 대한민국이 유일하다. 건국 당시 1인당 국민소득이 60달러도 되지 않은 세계에서 가장 가난했던 대한민국은 60년 만에 경제규모가 약 750배 늘어 세계 13위의 경제대국이 되었다. 원조를 받던 나라에서 주는 나라로 도약한 G20에 포함되는 대한민국이다. 국민 개개인의 삶의 질도 높아졌다. 현대사에서 세계에서 가장 복 받은 나라를 찾는다면 우리나라가 그 첫 번째로 꼽힐 것이다. 우리 모두는 밝은 미래에 대한 희망을 갖고 열심히 일했다. 그 결과 우리는 오늘의 대한민국이라는 자랑스러운 선물을 받을 수 있었다. 당신은 조국의 주인이요, 역사의 주인공이다.

조국은 우리 조상들의 유산이다. 우리 조상들은 이 땅을 지키기 위해 상무정신으로 단합하여 수나라의 백만 대군을 물리쳤다. 세계의 역사상 가장 강대한 영토를 가졌던 몽고군과 생사를 걸고 50여 년 간 7차례의 처절한 극한투쟁을 하였던 유일한 민족이다. 이순신 장군은 임금님의 명령까지도 어겨가며, 생명을 바쳐 이 나라를 지켜냈다. 안중근 의사는 오직 위국헌신의 정신으로 기울어져 가는 나라를 지키기 위해 살신성인의 헌신을 하였다. 우리의 조상들은 조국의 상실 이상 가는 슬픔이 없다고 하는 것을 몸소 체험하였다. 한국전쟁 기간 우리의 할아버지, 아버지들은 자유민주주의를 수호하기 위해 수십만 명의 생명을 바쳐가며 이 땅을 수호하였다. 우리가 지금 살고 있는 이 땅은 우리의 아버지와 어머니들의 피와 눈물과 땀이 어우러진 바로 그 조국이다.

조국은 우리의 자산이다. 아시아의 동쪽 귀퉁이에 위치해 변방으로 취급받던 대한민국은 오늘날 세계의 공장으로 우뚝 섰다. 현대 제조업의 꽃인 자동차산업은 세계 5위이다. 고철을 녹여 근근이 철을 조달하던 수준에 머물렀던 우리나라는 포항제철의 신화와 함께 세계 5위의 철강 생산국으로 우뚝 섰다. 바닷가 모래벌판에서 시작한 조선업의 신화도 빼놓을 수 없다. 전통적인 제조업에 더해 미래산업을 대표하는 전자·정보통신·IT 분야에서도 대한민국은 세계적인 강국이 되었다. 대한민국의 반도체 업체는 D램과 플래시 메모리 분야에서 세계 1위의 독주체제를 굳건히 지켜내고 있다. 현대인의 삶을 상징하는 휴대전화에서도 대한민국 업체들의 성장은 독보적이다. 대외수출도 건국초기 100만 달러도 되지 않았으나, 그동안 꾸준하게 성장하여 이제는 약 5,000억 달러를 수출하는 세계의 무역대국이 되었다.

한글을 필두로 우리의 문화는 한류의 열풍을 타고 세계로 확산되고 있다. 우리의 젊은이들은 당당히 세계와 경쟁하며 그 능력을 발휘하고 있다. 이 모두가 우리가 함께 이루어낸 우리의 자산이다. 당신은 바로 자랑스런 대한민국의 주인이요 주주이다.

조국은 우리가 후손들에게 온전하게 물려주어야 할 우리의 영원한 삶의 터전이다. 이 얼마나 소중한 우리의 삶의 현장이요, 자랑스런 민족의 자산인가. 그러한 우리의 조국이 분단되어 신음하고 있다. 안보 없는 조국은 존재하지 않는다. 선조들이 생명을 바쳐 이 땅을 지켰듯이 우리는 화합하고 단결하여 평화를 만들어내야 한다. 조상들이 우리에게 아름다운 산하를 물려준 것처럼 우리도 후손들에게 온전한 국토를 물려주어야 한다. 그것은 현 시대를 사는 우리의 시대적 소명이며, 역사적인 책임이다. 우리는 민족 성원 모두가 한반도 내에서 자유롭게 거주하고 이전할 수 있는 터전을 마련해야 한다. 국토는 남과 북의 온 겨레가 더불어 가꾸어야 할 삶의 터전이다. 지금까지 우리가 건국, 산업화, 민주화의 길을 모범적으로 걸어왔다면, 앞으로 대한민국은 선진화를 뛰어넘어 '평화통일된 일류국가'의 대열에 입성해야 한다. 그것은 바로 21세기 대한민국의 목표요, 우리들 모두의 비전이다.

시성 타고르는 동방의 등불에서 "그 등불 다시 한 번 켜지는 날에 너는 동방의 밝은 빛이 될지니"라고 예언했다. 우리 함께 영광스런 소명의식으로 조국을 위한 등불을 밝혀야 한다. 역사의 교훈을 되새긴 국가는 흥하고 그렇지 못한 국가는 쇠퇴한 것이 역사의 법칙이다. 우리는 조국의 소중함을 느끼며 세계를 위하여 꿈을 꾸는 민족이 되고, 일류국가를 향하여 준비하고 행동하는 국민이 되어야 한다. 하자! 우리는 할 수 있다!

대한민국의 기본이념과 가치

우리의 사랑하는 조국, 대한민국은 지난 반세기 동안 기적과도 같은 성장을 이루었다. 그러나 너무 빠르게 달려오다 보니 국가와 국민이 정체성의 위기를 맞아 흔들리고 있다. 정체성의 근간은 국가의 기본이념과 가치에서 찾아야 한다. 그러면 우리의 기본이념과 가치는 무엇일까? 논란의 소지는 있지만 다음과 같이 정리할 수 있을 것이다.

먼저 홍익인간弘益人間이다. 홍익인간은 널리 인간세계를 이롭게 한다는 뜻이다. 국조國祖 단군檀君의 건국이념이자, 대한민국의 건국이념建國理念이 되었다. 1949년 대한민국 정부 수립 이후 민주헌법에 바탕을 둔 교육법의 기본정신이 되기도 하였다. 홍익인간의 정신은 민족적 정체성의 근거이다. 이러한 정체성을 자각하는 것이 바로 "나는 누구인가?"라는 물음에 답하는 자아 주체성의 확립이다. 또한 '인간 세상을 널리 이롭게 한다'는 명제는 우리가 도덕 실천을 해야 하는 당위성의 근거가 된다. 홍익인간은 분단이라는 민족적 아픔을 겪고 있는 우리의 동질성과 화합을 이루는 데 중요한 철학적 의미를 준다. 따라서 급속하게 세계화되는 과정에서 정체성을 상실할 수 있는 불확실성 시대에 우리 민족에게 가장 적합하고 보편적인 기본이념이자 가치가 될 것이다.

둘째, 인본주의人本主義이다. 인본주의란 인간이 소유하고 있는 인간의 존엄과 가치가 존중되어야 함을 의미한다. 미래의 대한민국에서 우리가 추구할 핵심적 가치는 인간의 존엄성을 보장하면서 인간다운 삶을 구현하는 것이다. 인간다운 삶을 보장하는 원리는 이념과 체제를 뛰어넘은 민족공동체 의식을 바탕으로 인권의 보장, 공정한 배분, 지역과 계층 간의 갈등 해소 등이 전제되어야 한다. 즉 인간의 존엄성에 대한 정신적인 만족과 인간다운 삶을 누릴 수 있는 물질적 조건의 보장이 필요하다. 자유와 평등의 양대 가치의 조화를 극대화시키면서 인간적인 삶의 질을 보장하도록 노력해야 한다.

셋째, 자유민주주의이다. 우리나라는 성숙한 민주주의국가로 발전해야 한다. 이를 위해서는 민주적 원리와 제도가 정치·경제·사회체제의 구석구석에 적용되어 사회의 전반적인 민주화가 심화되어야 한다. 자유·평등·복지라는 세 가지의 기본가치를 구현하는 데 가장 효과적인 체제이념은 자유민주주의이다. 자유민주주의는 인간의 존엄성을 최고의 가치로 존중하는 정치 이념이다. 자유민주주의의 구현을 위한 주요 실천 과제로는 ①국민의 인권과 자유의 보장, ②법치주의法治主義의 확립 및 법에 의한 통치, ③국민 개인의 개성과 특성의 존중 및 자유로운 비판 허용 등이 구현되어야 할 것이다. 국민의식이 개혁되어 스스로 법을 지켜야 한다. 남의 권리를 존중하며 자신의 의무를 충실히 수행하는 사회적 분위기 조성도 필요하다.

넷째. 시장경제다. 대한민국은 시장경제체제로 경제의 고도성장을 실현하였다. 이 체제는 국민의 복지를 증진시키는 데 있어 상대적으로 우월한 제도임을 입증하고 있다. 자유민주주의에 바탕을 둔 시장경제체제는 인간에게 진정한 행복과 번영을 가져다주는 기본원리基本原理가 될 수 있을 것이다. 성장의 과실을 공정하게 나누는 문제는 지속적인 경제성장과 국민의 삶의 질 향상을 위한 기본 전제이다. 건전한 시장경제체제의 유지를 위해서 정부가 해야 할 중요한 일은 자율화의 추진원칙을 유지하면서도 공정한 시장 질서를 확립해야 한다. 정부는 관리자와 감독자로서 경쟁제약적인 규제완화를 추진해야 한다. 그러나 건전성을 위한 규제는 지속적으로 강화해 나가야 한다.

다섯째, 열린 민족주의이다. 민족이란 지역 · 세대 · 계층 간의 갈등을 포괄적 · 효율적으로 수용하는 개념이다. 우리는 민족주의의 개념을 '문화적 동질성을 바탕으로 독립된 근대국가를 건설하려는 집단의식集團意識'으로 정의할 수 있을 것이다. 우리는 민족이란 개념을 통해 국민적 화합뿐 아니라 통일에 대비한 내부역량을 강화할 수 있다. 그러나 민족주의는 양날의 칼과 같다. 잘못되면 다른 민족을 배척하고 자기 민족만을 위한 폐쇄적이고 배타적인 민족주의로 변질될 가능성이 상존하고 있다. 세계화 · 국제화 시대에서 우리가 지향해 나아갈 기본가치의 하나는 열린 민족주의이다. 21세기에 우리가 추구하는 것은 안으로는 8천만 한민족에게 열린 통일이어야 하며, 밖으로는 아시아와 세계에 열린 통일이어야 한다.

우리가 사랑하는 조국 대한민국을 일류국가로 만들려면 국가의 정체성을 올바르게 정립하는 데 성공하여야 한다. 국가정체성이 바로 서야 국민이 긍지와 자부심을 가질 수 있다. 그래야 진정한 애국심이 나온다.

조국을 수호한다는 것은 국가의 영토뿐 아니라 이념과 가치를 지키는 것을 포함하는 포괄적인 개념이다. 당신은 조국의 기본이념과 가치를 계승·발전시키는 주체요, 동인動因이다.

대한민국의 핵심적인 국가이익

국제사회에서는 '국가 간의 관계에는 영원한 우방도 영원한 적도 없으며, 오직 국가이익國家利益, National Interest만이 있을 뿐이다' 라는 말이 통용된다. 사람은 우정으로 연결될 수 있으나, 국가는 이익으로서만 연결된다. 국가이익이란 국제적으로 내세우는 자기 나라의 이익이다. '우리 조국이 핵심적으로 추구해야 할 국가이익은 무엇인가?' 라는 물음은 '우리 국민이 추구해야 할 것이 무엇이며, 우리가 희생을 치러서라도 지켜야 할 것이 무엇인가?' 라는 명제와 일치한다.

첫째, 국가의 안전보장과 정치적 자주이다. 대한민국은 국민의 안전보장, 영토보존 및 주권수호를 통해 독립국가로서의 생존을 보장받을 수 있어야 한다. 안보는 국가존망의 문제이다. 국가가 생존하지 않는 한 국가가 추구하는 가치는 아무 의미가 없다. 국민들에게 조국의 상실 이상 가는 슬픔은 없을 것이다. 국가안보는 존망의 국가이익이자 핵심적인 국가목표이다. 조국의 정치적 독립과 번영발전을 보장하고, 국민의 생명과 재산을 보호하기 위한 전제조건이다.

둘째, 국가의 번영과 발전이다. 국가가 부강하기 위해서는 나라가 번영 발전할 수 있는 능력이 있어야 한다. 나라가 번영하고 발전하려면 문제가 있을 때 문제를 해결할 수 있는 자정능력을 보유해야 한다. 업그레이드가 필요할 때 한 단계 도약할 수 있는 능력이 있어야 한다. 한마디로 국가가 능력이 있고, 국민이 유능하여야 나라가 발전하여 부강한 나라가 된다. 대한민국은 국민생활의 균등한 향상과 복지의 증진을 통해 번영과 발전을 도모해야 한다.

셋째, 평화통일이다. 우리 조국이 번영발전하면서 일류국가로 도약하기 위해서는 현재와 같은 불안정한 분단체제로는 한계가 있다. 국가생존을 위해서도 남북 간의 대립은 해소되어야 한다. 앞으로 21세기에도 남북한이 서로 대립하며 국력을 낭비한다면 역사의 시계는 우리를 기다려 주지 않을 것이다. 인류역사에서 보면 새로운 환경에 적응하는 자는 흥하고, 그렇지 못한 자는 패망하였다. 우리는 국가와 민족의 생존과 번영을 위해 이 시대의 새로운 환경에 창조적으로 적응하면서 평화통일의 길을 열어야 한다.

넷째, 자유민주주의 함양이다. 민주주의의 제도화는 보다 자유로워지고 인간다워지려는 사회적 욕구에 따라 초래되는 정치적 변화이다. 이를 위해서는 정치권력의 집중과 권력의 독과점 현상 불식, 시민사회의 자율성 보장, 정치과정의 개방화가 필요하다. 이 과정에서 우리는 사회 내부에서 제기되는 이해관계의 다양성을 고무시키면서 갈등적 마찰을 최소화시킬 수 있는 제도적 장치를 구축해 나가야 한다. 각종 이익집단이 제 기능을 다 할 수 있도록 대외적 자율성과 대내적 민주성을 확보해야 한다.

다섯째, 국위선양國威宣揚이다. 우리의 경제력과 민주화역량은 국제사회에서 우리의 위상을 높여 주고 있다. 대한민국은 지구촌의 의제를 설정하는 데 중요한 일원이 되고 있다. 21세기의 대한민국은 신장된 국력과 일류국가의 제도적 기반을 바탕으로 세계의 번영·발전과 평화 정착에 적극 기여해야 한다. 국제사회에 대한 책임과 헌신이 현실화될 때 우리의 국제적 위상은 국력에 걸맞게 높아질 수 있다. 우리는 세계평화와 지역의 번영에 창조적으로 기여하면서 세계사의 선진대열에 적극적으로 동참할 수 있는 능력과 여력을 준비해야 한다.

우리는 국가이익이 충돌하는 최첨단에서 조국의 이익을 구현하기 위해 헌신적으로 일하고 있다. 우리가 조국의 이익을 지킬 수 있을 때 조국은 '일류 대한민국'으로 발돋움 할 수 있을 것이다.

대한민국의 국가비전: 부강한 나라 희망찬 국민

우리는 항상 꿈을 꾸며 살아간다. 여러 사람이 같은 꿈을 꾸면 희망이 되고 현실이 된다고 한다. 우리의 조국도 꿈을 꾼다. 그것을 우리는 비전이라 부른다. 우리는 21세기에 대한민국이 지향하고자 하는 비전을 명확하게 가시화할 필요가 있다. 비전이 모호할 경우 전략적 선택이 애매해지고, 지향하고자 하는 목표 달성이 어렵다. 비전을 명확히 하여 그 방향으로 모든 역량을 결집할 수 있는 국가 차원의 전략이 필요하다.

대한민국의 미래비전에서 공통된 요소가 있다. 국력을 배양하여 우리 내부의 번영과 함께 국제평화에 기여하는 '평화통일된 일류국가'를 건설하는 것이다. 영토는 협소하나, 정치적으로는 안정과 통합, 경제적으로는 번영, 외교적으로는 세계평화에 기여하는 국가를 지향하는 것이다. 이를 위해 우리는 동북아에 한정되어 있는 시각의 한계를 극복하고,

국제질서의 이해공유자로서 역할을 강화해야 한다.

국제사회의 책임 있는 일원으로서 제 몫을 다할 수 있어야 한다. 경제력, 인구, 국가자원 등과 같은 외형적인 요소가 그 바탕이 된다. 더 중요한 것은 사회구성원 누구나 다양성과 공공성을 존중하며, 자신의 성장욕구를 자유롭게 성취할 수 있어야 한다. 인간존중의 가치를 사회 전체에 뿌리내리게 해야 한다. 만인평등의 원칙에서 여성들의 사회진출은 물론 소외계층의 사회참여 범위를 확대해 나가야 한다.

자위역량을 갖춘 준(準)강대국이 되어야 한다. 대한민국이 한민족의 생존을 보장하기 위해서는 해양 및 대륙세력의 결집지역에서 우리는 한반도 전체를 직접 책임지고 관리할 수 있는 역량을 확보해야 한다. 냉전적·반도적·의존적 사고와 행동에서 탈피해야 한다. 범세계 차원에서 전략적으로 생각하고 행동하는 대국적인 국민의식을 형성해나가야 한다.

절제 속에 풍요로운 복지국가를 건설해야 한다. 개방과 자율의 자유민주주의 시대에서는 국가나 체제 전체의 발전만을 지속적으로 강조할 수는 없다. 개인의 삶의 질과 창의성도 국가의 물량적 발전만큼 중요하기 때문이다. 물질적 풍요와 정신적 만족이 동시에 고려되는 우리들의 삶의 질을 높여나가야 한다.

창의성과 합리성을 존중하는 과학기술국가를 만들어야 한다. 일류국가가 되기 위해서는 새로운 지식을 창출하고 관리할 수 있는 지식정보국가가 되어야 한다. 세계를 선도하는 창조적인 과학과 기술체제로 발전해야 한다.

세계와 함께하는 문화국가가 되어야 한다. 세계문화를 전통문화와 창의적으로 재구성하여 새로운 '한민족문화'를 정립해야 한다. 여기에는 무엇보다 조화와 균형의 가치관이 기조를 이루어야 한다.

국가역량, 즉 국력은 국가전략의 방향 설정과 그 성패에 중요한 영향을 미친다. 우리는 협소한 국토, 제한된 자원, 남북 대치상황 등 국가역량을 제약하는 요인을 갖고 있다. 그러나 지난 60년 동안 이룩한 과학기술력, 사회적 다원성에 기초한 체제통합능력, 보편적 가치인 자유민주주의와 시장경제를 조화롭게 병행 발전시킨다면, 우리는 사랑하는 조국을 선진일류국가로 만들 수 있을 것이다.

이러한 비전은 우리들의 도전 및 발전의지에 따라 현실이 될 수 있다. 너와 나의 꿈이 우리의 현실이 되어 8천만 겨레의 행복으로 다가올 수 있도록 미래를 능률적으로 창조해 나가자. 당신은 바로 찬란한 조국의 희망찬 주인이다.

대한민국의 국가목표 : 평화통일된 일류국가

우리는 매일매일 목표를 세우고 생활을 한다. 아름다운 인생을 살려면 생의 목표가 아름다워야 한다. 우리의 조국도 국민들의 소망과 희망을 담은 목표를 가지고 있다. 이 국가목표를 핵심적으로 정리하면 '생존 보장, 번영과 발전 구현, 평화통일 달성, 일류국가 건설' 등 네 가지로 압축할 수 있을 것이다.

생존 보장은 국가의 안전 보장과 정치적 자주를 구현하기 위한 핵심적인 목표이다. 그동안 우리 국민은 단결된 힘을 바탕으로 한반도의 평화유지, 정치적 민주화, 경제발전이라는 세 가지의 명제를 추구해 왔다.

그 결과 우리나라는 국토분단과 냉전체제에 따른 한계를 극복하고 선진국 대열에 발을 들여놓고 있다. 이러한 획기적인 성취에도 불구하고 우리는 아직도 생존을 위협받으면서 과거 냉전시대의 유산을 간직하며 살고 있다. 미래 불확실한 전략환경 속에서도 우리는 자유민주주의 정착과 시장경제체제의 지속적 발전을 통해 번영과 발전을 이룩해야 한다. 이를 위한 가장 시급한 과제는 한반도의 평화 창출이다.

번영과 발전 구현은 우리가 정신적·물질적으로 자기 향상을 이루어 내는 변신의 과정이다. 국가는 국민들이 발전의 정신으로 충만될 수 있도록 지원해야 한다. 번영과 발전의 역사는 국민의 마음이 만들어 가는 것이기 때문이다. 우리가 한마음이 되어 웅대한 꿈과 자긍심을 가지고 역동적으로 달려가면 미래는 반드시 우리의 것이 될 것이다. 우리 모두는 세계를 향하여 꿈을 꾸는 민족이 되고, 밝은 미래를 향하여 준비하고 행동하는 국민이 되어야 한다. 번영과 발전을 이룬다는 것은 바로 국민 모두를 성공하는 사람의 대열에 참여시키는 일이라 할 수 있다.

평화통일 달성은 우리 민족이 공존할 수 있는 새로운 공간을 창조해 나가는 과정이며, 미래를 위한 우리의 바른 선택이다. 이러한 목표를 효율적으로 달성하기 위한 통일 전략은 국익과 합리성을 바탕으로 수립·추진되어야 한다. 국민적 공감대를 바탕으로 한 통일정책이 수립되어야 한다. 우리는 대한민국의 정부 교체, 북한 내부의 변화와 남북한 관계 변화 등 많은 발생 가능한 변수들을 소화하면서 평화통일을 달성해야 한다. 이를 위해 북한 당국이 북한의 인권을 개선하면서 개혁과 개방을 추진토록 여건을 조성해 나가야 한다.

지금까지 우리는 건국, 산업화, 민주화의 길을 모범적으로 걸어왔다. 앞으로 대한민국은 선진화를 뛰어넘어, 물질뿐 아니라 정신적으로도 세계 일류국가의 대열에 입성해야 한다. 그것은 이 시대를 사는 우리에게 주어진 목표요, 사명이다.

우리는 세계 일류국가의 모습을 다음과 같이 그려볼 수 있을 것이다. 첫째, 선진시민의식과 문화를 통해 사회가 통합되어 안정된 나라이다. 둘째, 경제가 지속적으로 발전되어 중산층이 두텁고, 대다수 국민들이 희망을 가지고 행복을 추구할 수 있는 나라이다. 셋째, 누구나 노력하면 성취할 수 있고 실패해도 다시 일어설 수 있는 따뜻한 공동체이다. 마지막으로 하드파워보다 소프트파워가 강한 나라이다. 이러한 일류국가의 구체적인 모습은 '부강한 나라, 따뜻하고 희망찬 사회, 행복한 국민'이 될 수 있을 것이다.

역사의 교훈을 되새긴 국가는 흥하고 그렇지 못하면 쇠퇴한 것이 역사의 법칙이다. 세계 일류국가의 참다운 미래는 이를 생각하고 창조를 꿈꾸는 바로 우리들이 서로의 생각과 가치를 공유하면서 직접 참여하고 힘을 모으는 데에 달려 있다. 당신의 어깨에 일류국가의 참다운 미래가 걸려 있다.

대한민국의 역할과 기능

대한민국은 국가다! 국가國家, Nation, State란 통치조직을 가지고 일정한 영토에 정주定住하는 다수인으로 이루어진 단체를 말한다. 즉 일정한 영토 내에 거주하는 사람들로 구성되고, 그 구성원들에 대해 최고의 통치권을 행사하는 정치단체이다. 개인의 욕구와 목표를 효율적으로 실현시켜 줄 수 있는 가장 큰 제도적 사회조직으로서의 포괄적인 단체이다.

국가는 복수민족으로 구성된 미국과 같은 경우도 있고, 아프리카나 라틴아메리카처럼 같은 민족이 갈라져서 구성된 경우도 있다. 지금은 고대 도시국가, 로마제국, 중세 봉건국가, 근세 전제군주국가, 근대 자유주의국가, 현대 사회주의국가에 이르는 모든 종류의 정체政體를 지니는 단체를 포괄해서 국가라고 한다.

국가의 개념은 고대국가에서 현대국가에 이르기까지 많은 변화를 겪으며 발전해 왔다. 먼저 근대 자유주의 국가체제하에서 국민들은 애덤 스미스A. Smith의 보이지 않는 손Invisible Hand으로 요약되는 자유경쟁과 자유방임의 자본주의 경제관과 야경국가적인 정치관에 입각하여 국가로부터의 자유를 강조하였다. 즉 개인의 자유가 곧 사회 전체의 행복을 보장할 수 있다는 낙관적인 생각을 하였다. 고대국가나 봉건국가가 아니라 근대국가를 규정하는 특징은 일반적으로 영토領土, Territory, 인민人民, People, 주권主權, Sovereignty이다.

근대국가의 개념은 점차 현대국가로 기능이 확대되었다. 국민의 정치적 이해가 다원화되면서 각 이해집단이 조직화되고, 분쟁이 정치화됨으로써 이를 조정하기 위한 국가의 역할과 기능이 요구되었다.

일부에서는 세계화 시대에 민족국가民族國家, Nation-State의 소멸을 논하는 성급한 견해도 없지 않다. 기업전략과 기업경쟁력이 있을 뿐, 국가전략 및 국가경쟁력이란 개념은 있을 수 없다는 자유주의적 사고도 존재한다. 그러나 기업과 국가는 다르고, 기업체의 대표와 국가의 대통령도 다르다. 세계화에도 불구하고 국가는 여전히 중요하다. 국가 없는 글로벌 자본주의는 비현실적이다. 오히려 세계화 시대이기 때문에 제대로 된 국가의 역할과 국가전략이 필요하다.

경제통합이 이루어지면 국가의 역할이 없어질 것이란 주장도 있다. 하지만 국가주의적 사고에 의하면 아무리 경제통합이 이루어져도 국가의 역할은 남아 있게 된다. 각 국가는 다양한 발전을 하게 되므로 경제적 통합에 의한 완전한 수렴이란 있을 수 없을 것이다. 거시경제를 분석해 보아도 완전한 통합은 비현실적임을 확인할 수 있다.

국가의 역할은 국가가 수행하는 기능으로 나타난다. 대한민국은 국가로써 어떠한 기능을 갖고 있는가? 제1차적 기능과 제2차적 기능으로 구분할 수 있다. 1차적인 기능이란 대외적으로 적의 침략으로부터 국민과 영토, 그리고 주권을 보호하는 국가안보적 기능과 대내적으로는 국민의 생명과 재산을 보호하고 사회질서를 유지하는 치안유지 기능을 말한다. 2차적인 기능은 경제, 사회, 문화 등의 제 분야에서 공동복지사업을 증진시켜 국민의 삶의 질을 향상시켜 주는 것이다. 국가는 우리에게 삶의 터전을 제공해 주고, 행복의 제요소를 제공해 줄 뿐만 아니라 각자의 이상을 실현토록 보장해 주는 역할을 한다. 정부는 바로 이 역할과 기본 기능을 수행하기 위해 만들어진 조직체이다. 대통령의 기본임무는 국민과 정부를 지도하고 관리하여 이 역할과 기능을 직접 수행하는 것이다.

대한민국과 같은 자본주의 국가는 이와 같은 기본 기능에 추가하여 공공재의 공급기능, 사적 시장에 대한 규제와 촉진기능, 사회적 엔지니어링기능을 수행한다. 사회집단들 간의 갈등의 중재자로서의 기능, 다양한 의견과 적대자들을 포용해 주는 우산조직 및 은신처로서의 기능 등도 수행한다. 정부는 바로 이러한 기능을 수행하기 위해 만들어진 조직체이다. 대통령의 기본임무는 정부를 지도하고 관리하여 이 기능을 직접 수행하는 것이다. 이를 구현하기 위해 정부는 중장기 국정운영에 대한 미래의 전략기능을 강화해야 한다.

대한민국은 국민에게 안전을 제공함으로써 예측가능한 생활의 기반을 마련해 주어야 한다. 정부는 국민이 갈망하는 안전과 번영발전을 제공하는 역할과 기능을 충족시키기 위해 노력해야 한다. 그러나 최근의 여러 사태에서 보듯 국민의 생명과 재산은 제대로 지켜지지 못하고 있다. 안전이 보장되지 않는 번영발전은 사상누각이 될 수 있다.

우리는 불확실성 시대에 살고 있다. 세계화와 정보화가 급속하게 추진되는 변혁기이다. 사회적 유동성이 증가하며 갈등이 심화되고, 사회의 복잡성과 불안정성이 증대되는 시기이다. 따라서 대한민국은 국가안보, 사회의 통합, 정치적인 안정과 번영발전을 위한 국가기능을 수직·수평적으로 확대해야 한다. 즉 과거의 야경국가夜警國家의 개념을 뛰어넘어 복지국가개념을 수용토록 국가기능을 더욱 확대해야 한다. 세계화·지식정보화 시대에는 국가의 역할과 기능의 우선순위가 바뀔 수는 있다. 그러나 그 중요성이 줄어드는 것은 결코 아니다. 단순히 큰 정부냐 작은 정부냐가 아니라 우리는 '똑똑한 정부, 유능한 정부'가 요구되는 시대에 살고 있다. 왜냐하면 21세기의 문명사적 변화인 민주화·지방화, 인구의 고령화와 국민의 삶의 질 향상은 새롭고 엄청난 국가적 도전을 제기하고 있기 때문이다. 특히 우리는 평화적인 통일을 달성해야할 시대적 소명까지를 수행해야 한다.

이 문제들을 올바르고 효율적으로 해결할 능력이 있는 똑똑하고 유능한 정부가 필요하다. 앞으로 국가경영에 성공하고, 나라의 일류화에 성공하려면, 더 뛰어난 정치력, 외교력과 정부의 능력이 요구된다. 이를 위해 정부는 현안문제 해결은 물론 중장기 국정운영에 대한 전략 및 정책기능을 강화해야 한다. 국민들은 필요로 하는 안보와 안전, 그리고 경제적 터전을 제공하는 정부에 충성심을 바칠 것이다.

조국의
바람직한 지도자상은?

　우리는 '평화통일된 선진일류국가 건설'이라는 국가목표에 도달하기까지 수많은 난관을 헤쳐나가야 한다. 따라서 조국의 자랑뿐 아니라 아픔을 품고 가는 지도자가 필요하다. 미래 불확실성 시대의 전략환경 변화를 투시하면서 국가에 비전과 전략을 제시할 국가지도자의 역할이 그 어느 때보다 중요하다.

　미래는 기다림이 아닌 만들어 가는 대상이다. 지도자는 단순한 예측豫測, Forecasting보다 미래를 준비하고 이를 현재화하는 예지豫知, Foresight능력을 갖추어야 한다. 예측은 일기예보와 같이 미래를 맞추는 능력이지만, 예지는 지도자가 스스로 주체가 되어 국민과 함께 적극적으로 미래를 만들어가는 능력이다. 진정한 지도자는 우리가 지금 어디에 있는지를 판단하기보다는 어디로 향해야 하는지를 알려주어야 한다. 훌륭한 지도자는 나의 꿈을 우리의 꿈으로 바꾸는 화학적 폭발력으로 역사의 물줄기를 바꾼다. 국가의 지도자는 절망 속에서도 살아 있는 꿈을 발견하고 만들어가는 능력과 열정을 가져야 한다. 지도자에게 있어서 미래의 꿈은 미사여구가 아닌 과학이며, 공학이고, 전략이기 때문이다.

　미래 국가 디자이너인 국가지도자는 뜨거운 '열정Passion'과 미지 세계를 향한 도전의식을 갖춰야 한다. '현대 경영학의 아버지'로 불리는 피터 드러커는 "세상을 바꿀 수 있는 존재는 첨단기술이나 기계가 아니라 열정을 지닌 인간"이라고 갈파했다. 함석헌 선생은 "생각하는 국민이어야 살 수 있다"고 말씀하셨다. 먼 장래를 바라보면서 국가전략을 생각하는 국가지도자들이 많아야 한다.

한 나라의 미래는 지도자의 비전과 국가전략의 창출능력에 달려 있다. 즉 비전과 국가전략의 창조역량이 한 사회와 국가의 미래를 좌우한다. 우리의 상황은 늘 세계, 동아시아, 한반도, 국내라는 네 차원의 비전을 동시에 요구해 왔다. 지식정보화 세계화시대에 대한민국의 지도자는 어떤 비전과 이상을 갖고 공동체를 이끌어가야 하는가?

첫째, 전☆인류적이고 세계적인 비전과 철학을 갖추어야 한다. 지정경학적인 영향으로 역사적으로 한국문제는 철저하게 국제문제로 연결되었다. 즉 우리의 도전은 항상 외부의 격변에 따른 내부의 대응에 따라 좌우되어 왔다. 20세기 초에는 일본의 식민지가 되었다. 20세기 중반 세계냉전의 시점에서는 분단과 전쟁이 이어졌다. 지금은 세계화와 국제화의 도래, 중국의 부상 등 다중격변의 도전에 대응하는 미래구상을 세울 때이다.

둘째, 민주국가의 역할과 관련된 비전과 전략을 명확하게 제시해야 한다. 민주주의를 더욱 확실하게 정착시킬 수 있는 제도를 정착시켜야 한다. 즉 헌법, 정부, 정당을 포함한 민주제도의 쇄신방안을 제시해야 한다. 민주화 이후 한국의 정치는 많이 발전하였다. 그러나 아직도 요동치고 불안한 모습을 보이고 있다. 국민의 삶과 공동체 문제의 해결을 위해 정치의 역할은 너무도 중요하다. 따라서 정치영역에서 인간의 오류, 부패, 타락은 좋은 제도와 좋은 리더십의 결합을 통해 극복되어야 한다. 좋은 미래, 좋은 사회를 향한 국가제도의 개선과 혁신의 비전이 필요하다.

국가지도자에게는 특별한 '리더십 Leadership'이 요구된다. 지도자의 조건을 갖추었더라도 사회가 인정하지 않는다면 무의미하다. 민주국가 대한민국에서 무조건 '나를 따르라'는 독불장군식 리더십은 더는 발붙일

데가 없다. 보스는 사람을 몰고 가지만, 지도자는 사람을 이끌고 간다. 보스는 권위에 의존하지만, 지도자는 선의에 의존한다. 보스는 '나' 라고 말하지만, 지도자는 '우리' 라고 말한다. 보스는 가라고 명령하지만, 지도자는 함께 가자고 말한다. 즉 미래 대한민국의 지도자는 국민의 눈높이에서 국민과 함께 가는 통섭의 리더가 되어야 한다.

지식기반 사회에서 인정받는 리더십을 갖추려면 수 십 년 앞을 내다보는 비전을 갖고 국가전략 차원에서 변화와 혁신을 추구해야 한다. 이에 못지않게 중요한 덕목이 윤리의식이다. 폴 케네디는 "21세기 리더는 성직자에 준하는 높은 도덕성을 지녀야 한다"고 강조했다.

현재 존재하고 있는 법과 규범은 통상 과거에 발생하였던 위기와 어려움을 대상으로 하여 해결하는 수단으로서 설정된 것이라고 할 수 있다. 그러나 예상하지 않았던 사태나 위협이 발생하였을 경우에는 기존의 법과 규범으로는 문제를 근본적으로 해결할 수 없는 경우가 생긴다.

사고의 융통성이 제한되고 고집이 강한 교조주의자는 국가지도자로서의 자질이 부족할 수밖에 없을 것이다. 왜냐하면 그는 변화를 두려워하기 때문에 사태에 대한 적응을 거부하고, 규범이 갖는 권위나 권력을 내세워 자기의 주장을 정상화시키려 노력할 것이기 때문이다.

국가지도자란 유연한 사고력에 의한 문제의식을 보유하여 예상되는 제 문제에 대해서 건전한 판단을 내리고 대책을 수립할 수 있는 능력을 갖추어야 한다. 즉 싱가포르의 리콴유 전 총리처럼 사고가 유연하고 융통성이 있으며, 문제를 적극적 창의적으로 탐구하고 객관적이고 합리적인 계획을 발전시킬 수 있는 사람이어야 한다. 그러나 이러한 인재를 발굴하여 육성하는 일은 결코 쉽지 않다.

국가전략과 정책이 성공적으로 구현되기 위해서는 현명하고 단호한 리더십이 필요하다. 전략적·정책적 리더십은 물론 정치적 리더십이 함께 요구된다. 국가전략을 수립하고 선택하는 과정에서 현명한 정책적 리더십이 있어야 한다. 수립된 국가전략을 효과적으로 집행하기 위한 단호한 정치적 리더십도 요구된다.

국가지도자는 과거의 비슷한 전례에 따라 사태를 조급하게 해결하려고 해서는 안 된다. 사태의 본질을 파악하여 이를 해결하는 수단을 발견하고자 노력해야 한다.

국가지도자가 국가전략을 수립하는 과정에서 중요한 것은 전략환경에 대해서 그 본질과 실태를 분석하는 비판정신이다. 그리고 계획에 임해서는 목적을 견지하고 그 해결 수단의 적합성, 가능성, 수용성, 효율성 및 장래성에 대해서 철저하게 합리적으로 분석하는 것이 중요하다. 이때 적용되는 이론이란 역사나 학문에서 도출된 보편성을 지닌 이론이며, 또한 실제적이고, 과학적인 이론을 말한다. 따라서 전략적인 문제를 규범에 의해 급속하고 무리하게 해결하는 것은 위험하다. 모든 것을 합리적인 비판과 분석에 바탕을 두고 문제를 해결하는 여유를 가져야 한다. 국가지도자는 논리적이고 합리적인 사고를 해야 한다.

국가전략은 국가지도자가 수립하는 것이다. 따라서 전략적인 사고를 할 수 있는 국가지도자가 없으면 건전한 국가전략은 수립될 수 없다. 전략적인 사고를 할 수 있는 지도자를 양성할 수 있는 교육이 필요하다.

정보화시대의 국가지도자는 시간의 중요성을 인식해야 한다. 전략은 시간과 공간을 사용하는 학문이다. 그 중에서도 핵심적인 요소는 시간이다. 우리는 잃어버린 공간을 찾을 수 있으나, 잃어버린 시간을 회복할 수는 없다. 도쿠가와 이에야스의 말처럼 지도자는 백리를 갈 때 90리를 반으로 삼아야 한다.

국가지도자는 전략적 차원에서 사고하며 대국을 관찰할 수 있는 능력을 갖추어야 한다. 그는 항상 부분보다 전체를 보아야 한다. 장기적인 비전을 위해 단기적인 손해를 감수해야 한다. 전략이란 항상 관련 정세와의 조화의 예술이며, 또한 상황을 우리의 목적에 부합되게 활용하는 취사선택의 기술이기 때문이다.

국가목표를 달성할 수 있는 훌륭한 전략은 정확하고 객관적인 지식과 미래를 예견하고 투시할 수 있는 지혜를 바탕으로 수립된다. 따라서 훌륭한 지도자가 되기 위해서는 사물의 본질을 파헤치는 지식과 지식의 조각들을 국가전략의 큰 틀에 통합하는 지혜가 필수적이다. 이것이 국가지도자로서 성공의 비결이다.

국가지도자는 항상 국익 우선의 사고와 관념을 가져야 한다. 목전의 이익에 사로잡혀 대국적인 이익을 상실하는 것을 경계해야 한다. 위기에 대한 격정에 사로잡혀 냉정을 잊지 말고, 포괄적 · 장기적인 관점에서 상황을 판단하여 국가이익을 극대화할 수 있는 관리자가 되어야 한다. 적응하는 힘이 자유자재로운 지도자는 부닥친 위기를 극복할 수 있다.

국가지도자는 망원경적 태도와 현미경적 시각을 겸비해야 한다. 그는 사물의 본질을 분석적으로 접근하여 통합하는 능력을 갖추어야 한다. 수평적 사고와 수직적 사고를 동시에 할 수 있어야 한다. 눈은 먼 지평선을 응시하면서 머리는 현상을 똑바로 직시해야 한다. 전략적 차원으로 사고하는 것은 여러 가지 고려요소가 필요하겠지만, 가장 중요한 것 중에 하나는 균형감각均衡感覺이다. 전쟁에서도 군지휘관은 통상 당장의 부분적인 승리에 집착을 한다. 국가지도자는 전체적인 전황戰況의 차원에서 균형을 이루고 있는지, 더 나아가 종전 후 상황과 관련된 사항까지 균형을 이루어나갈 수 있게 사고하고 판단해야 한다.

국가지도자는 전체 시스템 속에서 합리적인 균형을 유지하도록 노력해야 한다. 균형이 파괴된 경우에는 회복을 위해서도 노력해야 한다. 모든 시스템은 균형을 이루고 있을 때 가장 큰 힘을 발휘할 수가 있기 때문이다. 즉 상인적인 감각과 선비적인 심미안을 지녀야 한다. 실사구시實事求是적인 자세가 필요하다.

국가지도자는 건전한 판단에 의한 뚜렷한 주관을 갖추어야 한다. 국가가 달성하고자 하는 목표와 전략은 궁극적으로 합리적 분석과 통합을 통한 주관의 산물이다. 그러나 목적과 목표는 아무렇게나 정해지는 것이 아니다. 국제정세 및 전략 환경평가에 비추어 가장 적합하고 수용성이 있으며, 실현성이 존재해야 한다.

국가지도자는 사물의 본질本質을 투시해 보는 안목과 능력을 갖추어야 한다. 전략의 핵심은 사태의 본질을 파악하여 이에 대한 해결방안을 제시하는 것이다. 즉 전략용어에서 '적의 중심重心을 제압하라' 는 말이 있는데 이 중심이야 말로 바로 본질인 것이다.

국가지도자는 이상과 현실의 접점에서 사고하고 현실적으로 행동해야 한다. 전략은 미래에 대한 대응이다. 변화하는 정세를 항상 '미래라는 잣대' 로 계산하지 않으면 안 된다. 현실에 너무 집착하게 되면 시대에 뒤떨어지게 되고, 이상에 너무 집착하게 되면 허구에 빠져 현실과 동떨어지게 된다. 사태의 변화는 통상 연속적이다. 역사의 진보도 현실과 관련을 갖고 인과응보因果應報에 따라 점진적이고 연속적으로 발전한다. 전략은 하늘에서 떨어지는 마법이 아니다. 항상 현실과 이상을 어우르며 존재하고 발전하는 것이다. 균형감각이 없는 전략은 마치 공중에 뜬 허구와 같다. 전략은 현실과 미래와의 접점에서 합리적이고 효율적으로 수립되고 시행되어야 한다.

국가지도자는 사고의 유연성과 철학적인 판단력을 갖추어야 한다. 항상 변화하는 상황에 유연하게 대응하면서 본질적인 해결책을 모색해야 하기 때문이다. 사고의 유연성이란 비교능력이 뛰어나다는 것을 의미하며, 목적에 부합되게 수단과 방법을 신속하게 변화시켜가는 결단능력決斷能力이다. 즉 선입견이나 고정관념을 배제하면서 올바르게 평가할 수 있는 판단력과 좋은 것을 채택하고 나쁜 것은 배제할 수 있는 결단력과 실행력을 의미한다. 사물의 본질을 규명하는 것은 철학적인 척도다. 이를 올바르게 수립함으로써 비로소 사물을 정확하게 관찰하고 그 본질을 규명할 수 있게 된다. 이를 위해 국가지도자는 역사에서 교훈을 얻으려 부단히 노력해야 하며, 국가관과 가치관을 정립하고 연마해야 한다. 즉 지식뿐 아니라 지혜, 그리고 국가관과 세계관을 갖추어 정세의 변화를 정확히 예측하고 실체를 파악해야 한다.

대한민국의 지도자는 조국의 전통과 문화를 이해하고 계승, 발전시켜야 한다. 그는 국민을 사랑하고 아픔을 함께 나누어야 한다. 국가의 지도자가 요구되는 조건을 두루 갖출 수는 없다.

고래로 세종대왕, 황희정승, 이순신 장군 혹은 나폴레옹 등은 천부의 자질로 치부하여 교육으로 그런 자질을 길러내기는 불가능하다는 주장을 하는 사람도 있었다. 그러나 그런 위인들의 전기를 자세히 보면 부단히 노력한 결과에 의해 천재성이 빛을 발할 수 있었음을 어렵지 않게 찾을 수 있다. 따라서 전략적인 사고를 할 수 있는 인재를 국가 차원에서 양성해야 할 것이다. 국가지도자란 1%의 가능성을 99%의 희망으로 바꾸어 놓을 수 있는 사람이다. 즉 국민들에게 희망을 주어야 한다. 국가지도자는 국가의 비전과 국민들이 함께 바라볼 수 있는 목표를 제시해야 한다.

 핵심적인 국가목표 달성을 목전에 둔 이 격랑의 시기에 이러한 역량을 보유한 국가지도자가 한없이 그립다! 로마가 가리아를 정복한 것은 로마군대가 아니라 시저였으며, 대로마를 전율케 한 것은 카르타고의 군대가 아니라 한니발이었다.

제2장

번영과 발전을 위한 노력

전우

조국의 부름 받은
전우의 눈길 머문 곳
숨을 거둔 바로 그곳에서
한 송이 이름 없는 들꽃이
아름다운 전우의 향기 되어
향긋한 솔바람으로
피어나고 있습니다

삶과 죽음으로 통하는 여로에서
오직 조국을 위해
오직 내 나라를 지키기 위해
연꽃잎으로 곱게 타다가
어느 별 되어 떠난 전우

저 별들을 다 셀 수 있을 때까지
그대 이름을 부르며
별 하나 하나에
전우의 이름을 새겨봅니다.

우리 그때 그 곳에서
함께 할 수 있다면
그대의 늘푸른 영혼에서
피어난 열정으로
조국의 하늘을
뜨겁게 달구고 싶습니다.

우리는
운명 개척의 주인공이다!

대한민국의 지난 60년은 수천 년에 걸친 역사에서 전례 없는 새로운 일들을 창출한 기간이었다. 건국 당시 1인당 국민소득은 60달러도 되지 않았다. 곧 이어진 전쟁으로 폐허가 되었던 나라가 자유민주주의와 시장경제 체제의 기틀 위에서 산업화와 민주화, 정보화라는 압축적 성장을 이루어냈다. 대한민국의 역사 자체가 수많은 기적의 창조였지만 경제 분야는 특히 더 그렇다. 1953년 6·25전쟁이 끝나고 경제 통계가 처음 작성됐을 당시 국내총생산GDP은 13억불473억원에 불과했다. 하지만 대한민국의 GDP는 2010년 1조 달러 이상을 기록했다. 개인당 명목국민소득GNI도 2만 달러를 초과하였다. 경제 분야에서 세계 최하위권에 맴돌던 대한민국은 60년 만에 경제규모가 약 780배 늘어 세계 13위의 경제대국이 되었다.

아시아의 동쪽 귀퉁이에 위치해 변방으로 취급받던 대한민국은 오늘날 세계의 공장으로 우뚝 섰다. 철강·기계·전자·화학·IT 등 수많은 분야의 기술력이 결집된 자동차 공업은 한 국가의 제조업 수준을 그대로 보여 주는 바로미터다. 대한민국은 세계 5위의 자동차 생산 강국이다.

산업의 쌀로 불리는 철을 생산하는 제철공업은 한 나라의 산업 능력을 좌우하는 핵심 분야다. 고철을 녹여 근근이 철을 조달하던 수준에 머물렀던 우리나라는 포항제철의 신화와 함께 세계 5위의 철강 생산국으로 우뚝 섰다.

조선업의 신화도 빼놓을 수 없다. 1960년대 말 정부와 국내업체들이 처음으로 조선업을 추진할 때 성공보다 실패를 예상하는 사람이 더 많았다. 정부의 한 고위 관료는 "현대가 조선사업에 성공하면 내 손가락에 불을 켜고 하늘로 올라가겠다"고 비웃었다. 재계 관계자들도 "우리나라에서 빌딩보다 더 큰 배를 만들겠다는 것이 도대체 말이 되느냐"고 고개를 갸우뚱했다. 그러나 이 같은 우려는 완전히 잘못된 것으로 드러났다. 2000년대 이후 대한민국 조선 수주량과 건조량은 세계 1위권을 유지하고 있다. 그리고 2008년 수주 잔량 기준으로 세계 조선소 순위 1위부터 6위까지 모조리 대한민국 조선소들이 석권하였다. 중국이 맹렬하게 추격해 오고 있지만, 우리는 질적인 면에서 절대 우위를 차지하고 있다.

전통적인 제조업에 더해 미래 산업을 대표하는 전자 · 정보통신IT 분야에서도 대한민국은 세계적인 강국이 되었다. 국내업체가 1980년대 초반 64KD램 개발 추진을 선언했을 때 개발 성공을 확신하는 사람은 별로 없었다. 하지만 삼성전자 등 대한민국 반도체 업체들은 1983년 64KD램 개발에 성공하였다. 1984년에는 256KD램도 개발했다. 대한민국 반도체 업체들은 1MD램과 4MD램을 거쳐 1994년 세계 최초로 256MD램의 양산기술 개발에 성공하였다. 이후 대한민국의 반도체 업체는 D램과 플래시 메모리 분야에서 세계 1위의 독주체제를 굳건히 지켜내고 있다. 1970년대만 해도 미제 라디오가, 가까이 1990년대만 해도 일제 콤팩트디스크 플레이어가 맹위를 떨쳤다. 그러나 오늘날 대한민국에서 인기를 끄는 외국산 전자제품은 극소수에 불과할 정도로 판도가 완전히 바뀌었다. 삼성전자 등 국내의 대표적 전자업체들은 도저히 넘지 못할 것 같던 반도체의 도시바, 전자의 소니를 뛰어넘어 세계적 기업으로 성공했다. 현대인의 삶을 상징하는 휴대전화에서도 대한민국 업체들의 성장은 독보적이다. 삼성전자의 휴대전화는 미국과 유럽은 물론 아시아와 아프리카, 중동 등 세계 소비자들을 매료시켰다.

세계 제2차 대전 이후에 독립한 나라 가운데서 건국, 산업화와 민주화를 모두 성공한 국가는 대한민국이 유일하다. 이 같은 놀라운 성취가 가능했던 것은 물론 지도자와 국민이 모두 한마음이 되어 노력했기 때문이다. 우여곡절도 많았지만 우리 국민이 밝은 미래에 대한 희망을 잃지 않았기에 오늘의 대한민국이라는 선물을 받을 수 있었다.

광복 후의 역사를 되돌아보면 대한민국은 기적같이 복을 받은 나라였다. 광복 후 분단에 이은 한국전쟁으로 공산화될 위기도 겪었으나 그때 우리에게는 이승만이라는 인물이 있었다. 미국이 한반도에 더 이상 개입하는 것을 주저하고 있을 때 그는 한미방위조약을 체결하여 미국을 대한민국에 머무르게 만들었다. 그때 공산화가 되었다면 우리가 지금과 같은 번영을 누릴 수는 없었을 것이다. 박정희와 같은 시대적 소명의식을 가진 걸출한 지도자가 뒤를 이었다. 그 당시 대한민국은 아프리카의 가나와 같은 수준의 나라였다. 그마저도 전쟁은 모든 것을 폐허로 만들었다. 그의 경제발전전략을 기본으로 가난의 굴레를 벗고 세계 최빈국에서 대부분의 나라를 제치고 10위권 국가로 올라선 나라는 오직 대한민국뿐이다. IMF라는 초유의 환란이 생겨 국민이 실의에 빠져 있을 때 우리는 김대중이라는 준비된 대통령을 맞을 수 있었다. 현대사에서 세계에서 가장 복 받은 나라를 찾는다면 아마 대한민국이 그 첫 번째로 꼽힐 것이다.

한민족에게는 두 가지 피가 흐른다. '전사戰士, Fighter기질' 과 '선비Scholar기질' 이다. 한민족은 거대한 '동양의 블랙홀' 중국 옆에서 살아남아 번영을 이룬 거의 유일한 민족이다. 한국인은 욕심과 성취욕이 강하다. 사촌이 땅 사면 배 아파할 만큼 시기심이나 경쟁심이 강하다. 이런 시기심이 때로는 분란을 일으키고 갈등을 초래했다. 그러나 인습과 제도의 굴레를 벗기고 경쟁을 시켰더니 신바람이 나서 '한강의 기적'을 일으켰다. 한국인의 욕망을 긍정적으로 활용하니 발전과 성취의 원동력이 된 것이다.

한국인은 자존심이 강하다. 겉으로 굽혀주는 척하지만 속으로는 '세계에서 일본을 가장 우습게 보는 민족이 한국인'이라는 소리를 듣는다. 일본하면 팔소매부터 걷고 나오는 것이 한국인이다. 중국인들은 이런 한국인들을 부러워한다. 세계의 초일류국가인 미국에 대해서도 할 말은 하는 것이 요즘 한국인들의 모습이다. 자주 의식이 너무 지나쳐 어떨 때는 걱정도 된다.

한국인은 열이 많다. 맵다. 감정적이다. 화도 잘 내며 속에 있는 말은 숨기지 않고 발산하는 편이다. 짧은 시간에 화나 감정이 뜨겁게 달아오르는 만큼 식는 것도 그만큼 빠르다. 그렇기 때문에 쉽게 달아오르고 식는다 해서 '냄비근성'의 소유자란 말도 나온다. 어쩌면 그러한 근성이 긍정적으로 작용하여 오늘의 우리가 있도록 했는지도 모른다.

한국인의 머리는 세계 최고 수준이다.[1] 대한민국 청소년들이 세계 과학경시대회나 국제올림피아드에서 1등을 하는 것은 이제 별다른 뉴스거리가 되지 않는다. 그 이유에 대해 전문가들은 세계적으로 우수한 한글, 교육열 그리고 학문을 숭상하는 문화전통 등을 꼽는다. 이는 한국인의 '선비기질'을 보여 주는 좋은 증거다.

앞으로 전사기질과 선비기질의 효율적인 결합에 따라 나라 전체의 운명이 결정된다. 그동안 대한민국은 되찾은 스피드, 신바람, 개척정신, 돌파력 등 전사기질의 에너지를 밖으로 뻗어나갔다. 여기에 선비기질의 성실함, 원칙, 도덕성, 우수한 두뇌 등과 조화를 이뤄 '기적의 역사'를 만들었다. 근대화·산업화 시대에는 부국강병을 위한 주식회사 대한민국이 우리나라의 정체성이었다. 잘 살아보기 위해 물불을 가리지 않고 전력투구하였다. 수출입국, 해외진출, 교육투자, 절약과 근면, 땀과 눈물 등으로 대변되는 달리는 한국인이 우리 국민의 정체성이었다.

그러나 21세기에 들어선 이후 우리는 많은 어려움에 직면해 있다. 정체성도 흔들리고 있다. 대한민국이 일류국가로 한 단계 더 도약하기 위해서는 분열과 갈등을 넘어 통합의 길을 함께 열어나가야 한다. 사회 통합의 리더십 발현 없이 지속적인 발전을 기대할 수는 없다. 산업화 시대의 경륜과 민주화 시대의 패기를 함께 모아 선진화 세력으로 결속시켜 나가는 리더십이 요구된다.

어제는 오늘의 스승이다. 산업화의 경험을 물려받은 보수세력과 민주화의 경험을 물려받은 진보세력이 함께 힘과 지혜를 모아 '일류화 세력'을 창출해야 한다. 여기에 미래 우리 역사를 주도할 젊은 청년 세대가 가담해야 한다. 산업화세력과 민주화세력의 결합, 개혁적 보수와 합리적 진보의 결합은 국가도약을 위한 필수전제다. 한마디로 이념 대립의 시대는 끝났다. 이제 이념통합, 이념융합의 시대가 열리고 있다. 개혁적 보수는 자유주의로 나아가야 한다. 합리적 진보는 공동체주의로 나아가야 한다. 우리에게 불가능은 없다. 불가능은 소심한 자의 환상이요, 비겁한 사람의 도피처다.

국민이 바뀌어야 정치가 바뀐다는 이야기가 있다. 함석헌 선생은 "생각하는 국민이어야 산다"고 하였다. 정치가 중요하고 정책전문가가 중요하지만 사실은 국민의 생각이 역사를 바꾼다. 우선 선진일류화가 우리나라를 살리고 우리 국민 개개인을 행복하게 만드는 길이라고 확신하고 단결하여 일류국가건설을 위해 정진해야 한다. 대한민국이 일류국가가 되기 위해서는 그 누구도 가지 않는 새로운 길을 가야 한다. 운명은 용기 있는 사람 앞에서는 약하고, 비겁한 사람 앞에서는 강한 법이다.

대한민국 국민들이여! 우리는 운명개척의 주인공이다! 용기를 갖고 승리의 역사를 다시 쓰자!

대한민국의 기본역량을 확충하자!

국가의 기본역량을 우리는 국력이라 부를 수 있다. "국력은 국가전략의 진수다 National Power is the Quintessence of National Strategy"라는 말이 있다. 즉 국력은 국가전략의 핵심적인 수단이며 성공적인 추진을 보장하는 원동력이다. 국력이 성장함에 따라 국가가 선택할 수 있는 전략의 폭이 커진다. 국가의 기본역량은 국가전략의 방향설정과 그 성패에 중요한 영향을 미친다. 대한민국은 유무형의 국가역량을 보유하고 있다. 우리는 세계의 상위권에 속하는 경제력을 보유하고 있다. 튼튼한 자위능력과 함께 한ㆍ미 안보 협력 체제를 바탕으로 하는 전쟁억제능력을 유지하고 있다. 그동안 국제사회에서 축적한 외교력과 국제적인 협력체제도 우리의 귀중한 자산이다. 오랜 전통을 자랑하는 문화적인 유산도 우리가 보유하고 있는 값진 역량이다. 무형의 국력요소인 과학기술력, 교육역량, 사회적 다원성에 기초한 체제통합능력도 매우 큰 자산이다. 자유민주주의와 시장경제체제를 조화롭게 병행 발전시키고 있는 것도 우리의 큰 강점이다.

그러나 한반도의 지정학적인 조건과 남북 대치상황은 우리 발전의 족쇄로 작용하고 있다. 출산율 저하와 노령화 등으로 인한 급격한 생산인구의 감소전망 등 국가역량을 제약하는 요인도 적지 않다. 부존자원이 없는 우리나라가 경이적인 경제성장을 이뤄낸 것은 우수한 인적 자원 때문이었다. 이제 그 인적 자원의 감소가 국가 발전에 제동을 걸고 있다.[2] 협소한 국토와 제한된 자원은 경제발전을 저해하는 요소로 작용해왔다. 앞으로 전기 부족 현상은 심각할 것으로 예측되고 있다. 2011년 초의 혹한을 넘기면서 우리는 전기부족에 따른 위험성과 불편을 실감해야 했다. 남는 전력을 북한에 지원하겠다고 정부가 큰 소리 친 것이 엊그제 같은데 이런 어려움이 닥친 것이다. 그동안 전력발전에 투자하지 못한 정책의 실패를 국민들이 피부로 체감한 것이다. 전력발전 분야에 중점 투자해야 한다.

앞으로 물 부족 현상이 심각해질 것으로 예측되고 있다. 이에 대비하여 추가적인 다목적댐이 건설되어야 한다. 우리나라는 계절적으로 볼 때 연간 강수량의 3분의 2가 6월에서 9월 사이에 집중된다. 따라서 홍수 피해를 막고 필요한 물을 확보하려면 댐이 필요한 것이다. 에너지자원의 90% 이상을 수입해 쓰는 우리나라의 경우 수력발전을 통해 에너지 수입을 대체할 수 있는 장점도 있다. 게다가 수력발전은 공해를 일으키지 않는 에너지원이다.[3] 우리의 치수사업비는 국민총생산의 0.1% 수준으로 일본0.5%의 5분의 1에 불과하다. 이러한 치수사업비는 복구사업비의 4분의 1일에 그쳐 예산편성이 사후약방문死後藥方文식이라는 비판을 받고 있다. 복구 중심에서 예방 중심으로 예산을 재편성해야 한다.

세계화에 따른 무한경쟁시대에 능동적으로 대처하기 위한 준비가 미흡한 실정이다. 국민이 공감하는 국가사상 및 전략과 시대정신이 정립되거나 담론화 되지 못하고 있다.

국가의 기본역량을 높이기 위해서는 성장잠재력의 확충, 사회안전망

구축 및 국가균형발전 등이 추진되어야 한다. 이를 위해 국가예산의 효율적인 투자와 정부의 혁신이 요구된다. 재정수요는 급증하는 데 비해 성장세 둔화와 고실업으로 재정능력은 취약하여 감축관리가 불가피하기 때문이다.[4] 개발 및 고성장시대의 정부 주도형 패러다임을 탈피하고, 민간의 활력을 극대화하지 않으면 지속적인 성장을 달성하기도 힘들다.

사회간접자본의 확충, 과학기술혁신과 산업경쟁력 강화 등도 국가기본역량을 높일 수 있는 핵심 사항이다. 이를 선도하는 정부혁신은 적은 투자로 비교적 높은 성과를 달성할 수 있는 장점이 있다. 구조조정과 제도개혁에 정부가 솔선수범함으로써 기업과 가계의 동참을 유도하는 것이 중요하다. 권위주의적인 리더십이나 독점적이고 불투명한 정책결정, 편의적이고 자의적인 행정으로 국민의 힘과 마음을 결집하기는 어렵다.

경제가 '글로벌 스탠더드Global Standard'에 맞게 작동하기 위해서는 일련의 제도개혁이 마무리되어야 한다. 무엇보다도 공기업과 금융기관의 민영화가 활발히 추진되어야 한다. 번영발전전략과 산업정책에 대한 비전이 그려져야 미래경제의 향방에 대한 예측가능성을 높일 수 있다. 우리 경제의 경쟁력을 제도적으로 뒷받침할 수 있는 인프라와 고부가가치 산업의 육성을 위한 연구개발비의 투자를 활성화하여 저효율의 경제체질을 탈피하고 경쟁력을 강화하여야 한다. 우리나라 대기업들도 전형적인 고용 없는 성장을 경험하고 있다. 어떻게 고용 있는 성장으로 바꿀 것인가가 국가역량 확충을 위한 큰 도전이다.

대한민국은 다양한 안보적 위협과 번영발전의 호기가 동시에 혼재하고 있는 불확실성의 특수상황에 놓여있다. 시대적 위협을 극복하고 민족사적 사명을 완수하려면 전 국민의 지혜를 결집해야 한다. 국가적인 의지와 노력을 통합하고, 국가전략을 뒷받침할 수 있는 국가의 기본역량을 극대화해야 한다. 이를 위해서는 국가의 이념과 사상체계 및 시대정신에 대한 공론화 과정을 거쳐 국민들이 공감할 수 있는 국가전략 개념을 정립해야 한다. 즉 국민들이 대한민국의 국가이익과 국가목표에 대한 공감대를 가져야 한다. 우리는 이를 통해 불확실성 시대에도 국가의 정체성을 확립하고 발전을 위한 역량을 확충할 수 있을 것이다.

우리는 보유하고 있는 국가역량을 효율적으로 활용하고, 잠재역량을 적극적으로 개발하여 국가이익을 구현하고 국가목표를 달성해야 한다. 부강한 일류국가로 발전하기 위해 '국가경쟁력 제고'라는 기본과제를 설정하고 이를 지속적으로 추진하면서 국가역량을 높여나가야 한다.

대한민국 국민 한 사람이 꿈을 꾸면 그저 꿈에 그칠 수 있다. 우리 함께 일류국가의 꿈을 꾸며 똘똘 뭉쳐 대한민국의 기본역량을 확충해 나가자!

국가체질개선의 기본방향 

우리 민족이 앞으로 건설해야 할 '일류국가'의 모습은 어떤 것이어야 하는가? 우리는 우리가 지향하고자 하는 국가의 모습을 명확하게 가시화할 필요가 있다. 비전이 모호할 경우에는 전략적인 선택이 모호해지고, 지향하고자 하는 목표달성이 어렵게 된다. 전략이란 고민의 산물이며, 또한 그 해결의 방향이다. 국가적인 비전을 명확히 설정하여 그 방향으로 모든 역량을 결집할 수 있는 전략추진이 필요하다.

일류국가가 되기 위해서는 국가가 부강하여야 한다. 경제와 안보는 예로부터 국가의 이상적인 목표를 상징하는 '부국강병 富國强兵'을 떠받치는 두 지주支柱였다. 그런데 미래의 일류국가는 부강하기만 해서는 안 된다. 부강한 나라이면서 세계의 모든 사람들의 공감을 얻을 수 있는 이념과 가치관이 있어야 한다. 우리는 이 조건을 충족할 수 있는 여건을 갖추어 나가야 한다.

지식정보화 사회에서 우리는 부강한 나라가 되기 위한 전제조건인 뛰어난 강점들을 많이 갖고 있다. 그 강점 중 하나는 우수한 두뇌다. 여기서 우수한 두뇌란 단지 암기력이 뛰어나다는 것이 아니고 창조력이 우수하다는 것이다. 이 지구상에 사는 민족 중에서 이스라엘 민족과 한민족이 가장 우수하다는 것은 이미 영국의 저명한 연구기관에서도 발표한 적이 있다. 이 우수한 두뇌는 특히 IT 분야에서 두각을 나타낸다. 가상공간을 상정하고 이해하는 수준은 물질문명物質文明에 기반을 둔 서양보다 정신문명精神文明 위주로 살아온 동양이 유리하다. 우리나라에는 저마다 세계 최고가 되겠다는 희망이 기업을 비롯한 사회 곳곳에 뚜렷한 목표로 자리 잡고 있다. 부강한 나라가 되기 위해 우리는 경제력과 기술력에 바탕을 둔 소프트파워를 극대화하여 국제적으로 공헌함과 동시에 국익을 최대한 확충해야 한다. 국가전략은 '국가가 제일 자신 있는 것을 더 잘하도록 하고, 제일 중요한 것을 먼저 하도록 하는' 속성이 있다.

일류국가의 이념체제는 인간 존엄성의 보장이란 가치의 추구에서 출발해야 한다. 이를 실현하기 위해서는 자유 · 평등 · 복지라는 보편적이며 핵심적인 가치의 구현이 중요하다.

일류국가의 정치체제는 헌법에 의한 자유민주주의 기본질서를 토대로 해야 한다. 지역갈등의 해소, 국민의 다양한 인식과 정치세력간의 이견과 갈등을 평화적으로 해결할 수 있어야 한다. 선진일류정치는 한마디로 자유민주주의 정착을 의미한다. '권력투쟁형 정치' 가 아니라 '국가 경영형 정치' 가 되어야 한다. 이익을 추구하는 정치가 아니라 가치를 추구하는 '정책 경쟁형 정치' 가 되어야 한다.

일류국가의 경제체제는 사유재산제도와 시장경제원리를 바탕으로 하는 자본주의 시장경제체제를 기본으로 삼아야 한다. 시장경제체제는 그동안 경제의 고도성장을 실현하고, 국민의 복지를 증진시키는 데 있어 상대적으로 우월한 제도임을 입증하고 있다.[5]

소프트파워의 하나인 과학기술 개발을 위한 국가전략을 수립하는 것이 중요하다. 지식정보화시대에서 과학기술은 번영발전을 위한 토양이요, 부국이 되기 위한 디딤돌이다.

미래를 여는 힘은 우리의 상상력에 있다. 천재들은 창조적인 사고력과 탐구욕을 무한히 펼쳐 기적을 낳는다. 창조적인 문화의 힘을 바탕으로 우수한 우리의 문화를 세계에 소개하여 국익을 증가시켜야 한다. 정보화시대에 발맞추어 인터넷을 통해 홍보하고, 각종 NGO를 포함한 시민사회단체 등을 적극 활용한다.

다른 나라가 '좋아하는 나라' 가 되어야 한다. 즉, 문화적 매력魅力국가가 되어야 한다. 문화적 매력국가란 자신만의 전통문화를 세계문화와 창조적으로 융합하여 새로운 고품격의 세계적 보편문화를 창조하는 데 크게 기여하는 나라를 의미한다. 국제사회에서 발언권을 확보하여, 영향력 있는 국제적 결정과정에 적극적으로 참가해야 한다.

일류국가의 교육체제는 우선 평생학습사회가 구현되어야 한다. 모든 국민이 언제 어디서나 최소 비용으로 필요한 내용의 교육과 훈련을 마음껏 받을 수 있는 사회가 되어야 한다. 학교교육만이 아니라 직장교육, 지자체교육, 유아교육, 노인교육 등 여러 형태의 평생교육이 활성화되고 일상화되어야 한다.

이러한 목표를 달성하기 위해 국가지도자가 해야 할 우선적인 과업은 국민적인 공감을 얻을 수 있는 '국가전략國家戰略, National Strategy' 을 수립하는 일이다. 주어진 환경은 복잡다기하고 해야 할 과업은 많다. 무엇부터 관심을 갖고 무슨 일부터 시작해야 할 것이며, 어느 정도의 노력을 집중해야 할 것인가를 국가전략 차원에서 계획하고 추진해야 한다.

일류국가를 향한 국가적인 핵심과업을 설정해야 한다. 국가지도자는 과감한 개혁을 통해서라도 그것을 수행하기에 가장 적합한 통치 조직 체제를 구상해야 한다. 그러한 조직 속에서 새 과업을 수행하기에 가장 적합한 인재를 선발한다면 통치태세는 정립되는 것이다.

큰 것이 작은 것을 먹는 것이 아니라, 빠른 것이 느린 것을 먹는 시대에 우리는 살고 있다. 한 때 유행했던 '블루오션전략' 의 핵심은 차별화와 저비용을 동시에 추구하는 것이다. 블루오션전략의 기본적인 관점은 '뉴패러다임' 의 창조다. 우리가 합심하여 이러한 조건을 하나씩 갖추어 나가면 우리조국은 세계를 선도하는 부강한 일류국가가 될 수 있을 것이다. 시련은 있어도 실패는 없다. 쇠는 불에 달구어야 강해진다. 우리는 스스로의 창조적인 능력을 강화하여 국가체질개선에 앞장 서야 한다. 하자! 우리는 일류국가 대한민국의 일류시민이 될 수 있다.

조국의
경쟁력 향상

우리는 각자 나름의 장단점을 갖고 있다. 우리 조국도 잘하는 것과 부족한 것이 있다. 우리는 이것을 '국가경쟁력'이라 부른다.

지난 60년 동안 대한민국은 세계가 부러워하는 발전을 해왔다. 한강의 기적을 이루었다. 대한민국의 경제규모도 이제 세계 13위로 커졌다. 곧 세계 경제 10대 강국으로의 진입도 불가능한 꿈만은 아니다.

우리는 1000억 달러 수출과 국민소득 1만 달러에 도취될 때가 있었다. 그러나 1997년 연속되는 무역적자로 외환보유고가 줄어들어 국가부도의 사태를 맞았다.

2010년 우리는 4674억 달러를 수출하여 세계 수출 순위에서 7위에 올랐다. 수입까지 합한 무역순위는 세계 9위이다. 이는 한국이 뛰어난 제조기술을 바탕으로 자원보유국과 소비시장을 잇는 가교역할을 잘 하였기 때문이다.

대한민국은 지금 국내외적으로 많은 도전에 직면해 있다. 중국에 대한 무역의존도가 지나치게 높다. 한국의 수출액 중 중국이 차지하는 비중은 무려 24%에 달한다. 무역 총액에서는 20%다. 경제성장동력은 계속 떨어질 전망이다. 투자율과 성장률도 하락하는 추세이다. 중산층은 감소하고 新빈곤층은 증가하고 있다. 저출산과 고령화는 빠르게 진행되고 있다. 사회는 좌우, 또는 보수와 진보로 나뉘어 분열과 대립이 지속되고 있다.

우리 경제가 지속적으로 높은 경쟁력과 생산성을 유지하려면 무엇보다 새로운 기술과 생산시설이 계속 생산과정에 투입되어야 한다.[6] 기업들이 새로운 기술과 설비에 대한 투자를 주저하는 경제에 미래가 있을 수 없다. 국가성장의 잠재력은 얼마나 많은 국민이 경제활동에 참가하는가에 달려 있다. 선진국은 대부분 70% 수준인데 비해 우리의 경제활동 참가율은 60%를 약간 넘고 있다. 인구 10명 중 4명은 남의 돈이나 저축해 놓은 돈으로 살고 있다는 뜻이다. 남의 돈으로 살거나 벌어놓은 돈을 까먹고 사는 사람이 많은 경제가 활력이 있을 리 없다.

국가경쟁력은 그 나라 경제의 개방성에도 영향을 받는다. 그런데 지금 대한민국 경제에는 개방과 경쟁을 반대하는 목소리가 높아지고 있다. 노동·자본·토지의 조달과 배분을 담당하는 시장은 각종 규제에 묶여 시장으로서의 제 기능을 못하고 있다. 노동이나 토지를 시장원리에 따라 생산적 용도에 배분하자고 하면 반사회적인 주장으로 여겨질 정도다. 특히 세계 금융위기는 각종 규제 강화와 일부 은행의 국유화 등으로 보호주의를 강화하는 방향으로 진행될 가능성이 높다.

우리가 합심하여 이들 도전을 성공적으로 극복하고 넘어서서 로스트가 주장한 '이륙모형'을 지속적으로 유지해야 한다.[7] 그러면 이 위기의 시대를 오히려 발전과 도약의 기회로 만들 수 있다. 지금의 이 어려움을 대한민국 일류화의 기회로 만들 것인가는 전적으로 우리 국민의 올바른 상황 판단과 결단을 통한 행동에 달려 있다. 우리가 바르게 인식하고 단호하게 행동한다면 우리의 미래는 밝을 것이다. 그러지 못하면 우리는 추락하는 중진국을 후손에게 남겨주게 될 것이다.

일류국가가 되기 위해서는 역동적인 시장 경제체제를 유지해야 한다. 사회가 물질적 풍요를 이루는 길은 경제를 지속적으로 빠르게 키우는 길뿐이다. 경제성장이 인적 자원, 천연자원, 자본, 그리고 기술이라는 네 가지 생산요소들의 증가에서 나온다는 기본적 사실은 잘 알려졌다. 지식정보화시대에 중요한 것은 자본의 증가보다 기술혁신이 생산성의 향상에 크게 공헌했다는 사실이다. 이것은 자본의 증가가 경제성장의 결정적 요소라는 종래의 생각이 상당히 수정되어야 하고, 경제성장 전략도 변화되어야 한다는 것을 의미한다.

인류 역사에서는 치열한 대립과 경쟁이 있다. 두 체제간의 경쟁이다. 그 하나는 한 나라의 물질적 그리고 비물질적 번영의 원천은 정부의 보이지 않는 손이라고 믿고 작은 정부를 추구하는 자유시장체제이다. 즉 자유와 경쟁 및 성장을 중시하는 체제이다. 다른 하나는 정부가 경제·사회·문화적 번영의 원천이라고 믿고 큰 정부를 추구하는 사회주의 체제이다. 이 체제는 성장 대신에 분배를, 자유 대신에 결과평등을 중시한다. 강압적으로 경쟁을 억압한다. 경쟁이 인간을 서열화하고 적대적 관계를 조성하기 때문이라는 것이다. 강제적 재분배는 최고의 덕목이다. 부자에 대한 적대감, 앞서가는 사람에 대한 질투를 도덕적 차원으로 승격시킨다. 그들은 부의 재분배를 위해 부자에 대해 가해지는 억압을 정의롭게 여긴다.[8]

역사적으로 볼 때, 시장경제체제를 유지하면서 외부지향적인 정책을 추구한 나라들은 모두 경제를 빠르게 키웠다. 그러나 시장에 대한 정부의 간섭을 바탕으로 내부지향적 정책을 추구한 나라들은 예외 없이 정체했다.

지금 우리 경제는 많은 어려움에 직면해 있다. 과거에는 기업투자가 왕성했고 경제성장은 세계 최고 수준이었다. 과거에는 빈부문제가 OECD 국가 중에서도 가장 양호한 편에 속했는데, 지금은 '양극화' 현상이 심화되고 있다. 과거에는 평생직장이나 은퇴 후 노후생활이 보장되는 사회였는데, 지금은 비정규직과 해고 걱정에 기댈 언덕도 없어 불안한 상태이다.

너무 비관할 필요는 없다. 대한민국은 산업화 정권이 집권한 30여 년 동안 숨 가쁘게 고도성장을 이룩했다. 민주화 정권이 집권한 15여 년은 호흡을 가다듬고 자신을 돌아보며 내실을 기해 온 충전 기간이자 개혁의 시기였다. 속도가 다소 둔화되긴 했지만, 한강의 기적을 이룩한 파워 엔진은 여전히 뛰고 있다. 최근에는 IT, BT, CT, NT, 한류 등으로 업그레이드를 마쳤다. 이제 남은 것은 재도약뿐이다. 필요한 것은 산업화 세력의 머리와 민주화 세력의 가슴이 만나는 것이다.

경제는 끊임없이 변화하는 동력을 잃으면 낙후된다. 경제가 계속적으로 변화할 수 있는 동기는 통상적으로 경쟁에서 온다. 자유무역협정FTA를 포함한 시장개방은 그 경쟁을 우리 경제에 지속적으로 주입시키는 역할을 한다. 동시에 기업의 해외시장 진출을 촉진시킨다. 우리는 지속적인 시장개방을 추구할 필요가 있다. 자유무역협정을 전략적으로 활용해야 한다. 특히 다른 국가에 비해 중국리스크에 훨씬 취약한 한국은 교역국을 다변화하여 수출입에서 중국이 차지하는 비중을 줄여야 한다. 중국이 최소한 교역을 무기로 우리를 정치적으로 압박할 여지를 줄여야 한다.

자원배분의 메커니즘으로서 시장이 국가보다 일반적으로 우월한 것은 사실이지만 시장은 나름의 문제도 가지고 있다. 미국의 금융위기에서 보듯 경제행위자의 도덕적 해이, 소득분배의 악화, 경제력 집중의 문제가 그것이다. 따라서 국가에 의한 적절한 시장규제가 반드시 필요하다. 다만 그 규제가 즉흥적이거나 자의적이지 않고 투명성과 일관성을 갖는 제한적인 개입이어야 한다.

나의 경쟁력이 우리 사회의 경쟁력이 되고 대한민국의 경쟁력으로 통합되어야 한다. 그러면 우리 조국은 세계에서 경쟁력 있는 국가로 우뚝 설 수 있다.

우리는 골고루 잘사는 희망찬 국민이 될 수 있다!

　우리 국민들이 잘 살 수 있는 길에 대해서는 다양한 의견이 있다. 가장 중요한 것은 일차적으로 국민소득이 증가해야 된다. 보다 구체적으로 말하면 1인당 실질소득, 즉 1인당 구매할 수 있는 능력이 증가해야 한다. 소득이 증가하면 행복해질까? 그동안의 연구결과로 보면 소득증가는 행복에 일정부분 기여할 수 있다는 것이다.[9]

　이제는 잘사는 것만이 중요한 것이 아니다. 골고루 잘살아야 한다. 대한민국은 근대화와 성장과정에서 분배문제를 소홀히 하였다. 그로 인해 발생된 계층 간의 빈부차이는 사회의 안녕과 질서를 해치는 심각한 불안요인으로 작용하고 있다. 국민이 희망을 잃어가고 있다. 성장의 과실을 공정하게 나누는 문제는 지속적인 경제성장과 국민의 삶의 질 향상을 위한 기본 전제이다.

　경제발전이 국민의 삶의 질의 향상으로 연결되려면 반드시 '고용 있는 성장'이 이루어져야 한다. 일자리가 최대의 복지이기 때문이다. 즉 노동능력과 노동의사가 있는 대부분의 국민을 위해서는 '일하는 복지'를 보장하는 것이 가장 중요하다. 정부는 가능한 높은 경제성장률을 유지하면서 고용극대화를 도모하는 경제정책을 추진해야 한다. 인력의 불완전취업이나 실업이 사회적으로 큰 문제가 되지 않아야 비로소 선진일류경제라 할 수 있다. 한마디로 고高성장과 고高고용이 함께 가는 경제가 일류경제다.

　지식정보화사회에서는 국가 간의 경쟁이 삶의 질 향상을 위한 경제발전문제로 전환되고 있다. 새로운 경제 블록이 형성되고, 정보와 외교부서 기관들이 경제위주로 기능과 임무를 전환하고 있다.

일류국가는 국민의 삶의 질을 외면하면서 성장만을 추구할 수는 없는 것이다. 성장과 삶의 질은 성장과 분배와 마찬가지로 더 이상 대립개념 이 아니다. 동시에 추구하지 않고는 어느 것도 달성할 수 없는 것으로 이 해되어야 한다. 즉 소외된 계층의 아픔을 함께 나누는 더불어 사는 사회 의 기반이 없이는 지속적이고 안정적인 성장이 불가능하다. 분배 악화 등 사회적 갈등이 심화될 경우 경제의 안정적 성장을 기대하기가 어렵 다.

일류국가에서는 인적 자원을 확충하는 성장 과정이 인적 자원을 보호 하는 복지의 기초가 되어야 한다. 성장동력의 핵심인 사람을 복지를 통 해 보호하는 것이 중요하다. 복지는 경제의 지속적 성장을 가능하게 하 는 원동력이다. 나아가 복지확충을 통해 더불어 사는 사회를 만드는 것 은 앞으로 대한민국이 세계일류국가로 도약하는 토대가 될 것이다.

복지의 실효성을 높여 필요한 국민들에게 필요한 만큼의 혜택이 전달 될 수 있도록 해야 한다. 복지의 지속가능성에도 관심을 기울여야 한다. 지속가능한 복지체계를 구축하지 않고는 성장과 복지간의 조화를 도모 할 수 없기 때문이다.[10] 전략가들은 동반성장의 동력을 상실하지 않도록 주도면밀한 전략을 발전시켜야 한다. 샴페인을 먼저 터트리는 일이나 파이를 먼저 나누어 먹는 일은 국민 모두의 빈곤을 자초하는 지름길이 다. 그러나 성장만을 고집하여 복지를 등한시해서는 일류국가가 될 수 없다. 국민들도 더 이상 이것을 받아들이지 않을 것이다.

대한민국 국민의 전체 소득은 총생산물의 가치를 초과할 수는 없다. 우리가 잘 살기 위해서는 생산량 또는 생산물의 가치를 늘려야 한다. 제 도와 정책이 국민으로 하여금 더 열심히 일하고 더 좋은 기술과 장비를 지속적으로 투입하도록 만들면 총생산물의 가치와 국민소득이 증가한다. 우리의 경제발전이 바로 이 과정이었다.

지역 간, 계층 간의 균형발전을 모색해야 한다. 대기업과 중소기업이 상생할 수 있는 체제가 보완되어야 한다. 잘사는 사람과 못사는 사람이 서로를 존경하고 사랑하는 분위기도 개선되어야 한다. 부의 분배는 합리적이어야 한다. 국가의 세금은 성장동력을 해치지 않는 범위 내에서 징수되어 소외된 자의 삶의 질의 개선에 사용되어야 한다. 노사 간에 공생을 위한 이익 균형점을 추구해야 한다. 중산층을 두껍게 복원해야 한다. 나를 앞세우기보다 남을 배려하는 문화를 만들어가야 한다. 이제는 어느 한 집단을 위해서 다른 집단을 희생하라는 개발 시대는 지났기 때문이다.

건전한 시민사회는 선진일류사회를 이룩하기 위하여 '박애博愛, Fraternity', 즉 '이웃사랑과 나눔'을 대변하고 실천하여야 한다. 세계화 시대의 성숙한 시민사회의 역할은 국내에서의 사랑과 나눔에 그쳐서는 안 된다. 이웃 빈곤국과 지구촌 전체에 대한 사랑과 나눔을 실천하여야 한다. 그래야 우리 사회에 희망이 넘치고, 행복지수가 높아질 것이다. 이웃과 함께 희망을 갖고 잘 살 수 있도록 나눔을 실천하자! 우리가 함께 노력한다면, 우리는 골고루 잘사는 희망찬 국민이 될 수 있다!

경제성장 동력 강화

2010년은 모처럼 한국경제의 약진의 해였다. 한국은 실질성장 6.1%

에 달하는 경제성장률을 달성하였다. 앞으로 10년은 국민소득이 3만 달러를 넘어 4만 달러에 진입해야 하고, 경제와 사회적 기틀을 굳히는데 역량을 모아야 할 때이다. 그러나 새로운 10년을 시작해야 하는 지금 우리는 많은 도전에 직면해 있다.

우리 경제의 앞날에 대한 불안은 상존하고 있다. 구조적인 문제가 정리되지 못하여 미래의 전망이 불투명하기 때문이다. 우리 경제를 떠받치고 있는 기존 주력산업의 경쟁력 역시 장래가 불투명하다. 우리 국민을 먹여 살릴 새로운 미래 산업의 육성도 현재로서는 뚜렷하게 준비되어 있지 못하다. 대기업은 원천기술의 개발에 본격적으로 나서지 못하고 있다. 중소기업과 상생의 연계협력이 부족하다.

일반적으로 '경제성장 經濟成長, Economic Growth'이란 경제활동의 규모가 추세적으로 확대되는 현상을 말한다. 현실적으로는 일인당 GDP가 상승하는 현상을 지칭하기도 한다.[11] 국민이 소비할 수 있는 재화의 양이 매년 증가하여 보다 풍족해지는 것을 의미한다. 그러나 이것은 노동생산성이 증가하여야 가능하다. 즉 노동자 한 사람이 과거보다 더 많은 양의 재화를 만들어 내야 경제성장이 가능하다는 이야기다.[12]

그동안 우리는 노동생산성의 저하의 덫에 걸려 선진국으로 접어드는 문턱에서 '저성장의 늪'에 빠져 허우적거리고 있었다. 다른 선진국들도 한때 이러한 저성장의 사슬에 걸려 고전한 경험을 갖고 있다. 조직이론에서 '이카로스 패러독스'라는 현상이 있다. 이는 성공한 조직은 그 성공했던 방식 때문에 망한다는 것이다. 성공했던 방식이 너무 강해 조직에 각인되어 있기 때문이다. 이 고비를 극복하지 못한 국가들은 선진국 반열에 들지 못하고 추락했다. 반면 다양한 혁신 노력으로 성장의 활력을 되찾아 글로벌화에 성공한 국가들은 '선진경제'의 달콤한 열매를 따먹을 수 있었다.

우리 경제의 성장잠재력이 떨어지고 있었던 원인은 여러 가지를 꼽을 수 있다. 잘못될 수 있는 것은 모두 최악의 순간에 잘못된다는 '머피의 법칙'과 같다. 단기적으로는 한국경제를 압박하고 있는 유가와 환율 및 금리에 따른 기업들의 글로벌 경쟁력 저하, 부동산시장 불안, '북한 핵 사태' 등 지정학적 리스크가 있다. 국가채무를 무시하고 보편적 복지를 앞세운 포퓰리즘과 빠른 속도의 고령화도 현안이다. 이미 '고령화 사회'로 진입한 대한민국 사회는 2019년에 '고령사회' 2026년쯤에는 '초고령 사회'에 도달할 전망이다.[13] 고령화는 노동인구 감소, 저축률 저하로 이어져 투자를 줄임으로써 성장잠재력을 떨어뜨리게 된다. 사회갈등의 확산도 문제이다. 정치·사회적인 갈등구조가 경제의 불확실성을 높여서는 성장잠재력을 갉아먹고 지속성장을 기대하기도 어렵게 만든다.

앞으로 성장이 4%대로 둔화되는 것으로 전망되고 있다. 세계경제성장이 둔화될 조짐이고, 유럽경제위기의 재연 가능성도 높다. 한국 경제가 연평균 4% 이하의 낮은 성장을 하게 되면 세계 10위 이내의 선진부국으로 진입하기 어렵다. 경제성장과 수출에 온 국민이 힘을 집중해야 할 때이다. 이를 위해서는 국제경쟁력과 수출역량을 강화할 수 있는 실물부분의 구조조정을 일관되게 추진해야 한다. 그러나 무역의존도가 85%를 넘는 지금의 경제구조는 조그만 대외충격에도 쉽게 흔들릴 수 있다. 이미 G2에 오른 중국은 물론 여타 국가들과 자유무역협정을 서둘러 해외경제영토를 넓혀 안전핀을 확보해야 한다.

경제사에서 국부론의 중요한 공헌 중의 하나는 '분업화를 통한 국부의 증대'라는 명제일 것이다. 분업을 통해 전문화와 규모의 경제가 구현되었다. 국부의 증대로 연결되는 발전의 순환메커니즘은 어느 누구도 부인할 수 없는 국부론 최대의 업적이다.

지속적인 경제·사회발전이라는 현상은 19세기 이후의 현상으로 윌리엄 번스타인William Burnstein은 보고 있다. 오늘날 선진국이라는 국가들은 거의 전부가 19세기에 경제적 도약을 이루고, 20세기 들어서 선진화된 성숙경제로 진입하였다. 인류사회가 19세기에 들어서 '경제·사회발전'이라고 불릴 만큼의 가시적 경제도약을 이루어낼 수 있었던 이유는 19세기 들어 인류가 발명해 낸 기업企業, Corporation이라는 조직이 크게 기여하였다고 평가되고 있다. 오늘날 성공하는 나라, 선진화된 나라는 능력 있고 성장하는 기업을 많이 보유하고 있는 나라이다. 즉 국가 경제의 '흥망성쇠興亡盛衰'는 바로 기업이라는 조직과 궤를 같이하는 것이다.

우리나라는 20세기 후반부의 고성장에 비해보면 중·저성장시대에 돌입했다. 우리의 이러한 처지는 국가경쟁력 상실에 기인한다. 국력을 높이고 국가의 부를 축적하기 위해서는 국가의 성장동력을 유지해야 한다. 지식정보화시대에 탄력적으로 대응하고 적극적으로 대처하기 위하여 산업구조조정 및 사회발전의 내실화를 도모해야 한다.

정부의 과감한 투자확대가 필요하다. 불필요한 규제는 과감히 풀어 민간에 활력을 주어야 한다. 즉 정부가 민간 활동에 불합리한 간섭과 규제를 강요하면 역작용이 생긴다. 시장을 적절히 감독하면서 자율 기능을 가로막는 정부의 규제를 혁파하여 민간의 자조능력을 극대화해야 한다.

우리 경제가 직면하게 될 중요한 대외 도전은 세계경제위기, 원유 등 부존자원의 부족, 수출여건 악화 등과 같은 요인이 될 것이다. 무엇보다 우리 경제를 불안하게 만들 가장 큰 변수는 북한리스크이다. 북한이 더 이상 도발을 못하도록 관리하는 것이 중요하다.

지속적인 경제성장을 위해 부족한 자원을 적정가격에 공급받는 것은 매우 중요한 문제이다. 특히 원유자원 확보를 위해 원유 가격이 하향안정화를 보일 때 꾸준히 투자해야 한다. 자원 보유국은 대부분 개발도상국이다. 전력, 도로와 통신 인프라 등이 필요하다. 따라서 우리의 강점인 플랜트 기술을 수출하여 인프라를 지어 주고 대신 유전 및 광산 지분을 받는 '패키지 딜'을 추진하는 것이 서로를 돕는 '상생공영相生共榮전략'이 될 것이다.

우리는 지난 반세기 동안 수출만이 살 길이라 믿고, 뛰고 또 뛰었다. 2010년에는 400억 달러 이상의 수출초과를 달성하였다. 우리 국민에겐 수출을 통해 국가발전을 이룩한 소중한 성취문화成就文化와 저력이 있다. 경제는 마음에서 시작한다. 우리 모두가 지혜를 모으고 응집하여 다시 뛰기 시작하면 또 하나의 기적을 이루어 세계 속에 우뚝 설 수 있다.

2010년에는 기업의 투자율이 모처럼 10%를 넘어섰다. 경제성장동력을 강화하기 위해서는 투자를 더욱 활성화해야 한다. 그동안 투자부진은 그 추세가 장기화되면서 더욱 심화되는 경향을 보였다.[14] 어떻게 새로운 투자 붐을, 특히 혁신을 위한 투자 붐을 일으키느냐가 핵심과제이다. 지금 당장의 저성장도 문제지만 투자율이 낮다는 것이 더욱 큰 문제다. 지금 투자하지 않으면 우리 경제의 미래가 어두워진다. 경제의 잠재성장률이 계속 낮아질 수밖에 없기 때문이다. 일류화의 꿈을 포기하지 않을 수 없게 된다. 잠재성장률을 높이기 위한 투자율 제고가 시급한 과제다. 민간투자를 촉발하기 위하여 투자하기 좋은 환경을 조성해야 한다. 다른 하나는 공공투자의 효율성을 높이기 위하여 민간투자와 공공투자의 상호보완성을 높여야 한다.

성장잠재력을 결정하는 요소는 세 가지다. 노동투입량, 자본투입량,

경제 전반의 **효율성**총요소생산량이다. 성장잠재력을 높이기 위한 해결책은
여러 가지가 있다. 정부의 해결수단은 조세와 금융 그리고 정부투자 등
3가지가 핵심요소가 될 수 있다. 정부의 해결수단은 제한되지만 어떻게
해서든 우리 국민을 다시 뛰게 하고 기업가들의 자생력을 강화해야 한
다. 국가의 성장 동력을 더욱 높이기 위해서는 ①규제의 과감한 혁파,
②노동시장의 유연성 제고, ③수출과 내수의 선순환 유도, ④기업투자
활성화, ⑤연구개발R&D 투자의 확대 등을 서둘러야 한다는 게 전문가들
의 공통된 견해다. 즉 거미줄 같은 규제를 풀어 도전적인 기업가 정신을
부추겨야 한다. 노동시장의 유연성을 높이며, 세계시장을 선도할 수 있
는 경쟁력 있는 중소기업을 육성하는데 속도를 높여야 한다. 차세대 성
장 동력 산업의 강화, 글로벌 인재 양성을 위한 교육환경 조성 및 과학기
술 인프라 확충도 시급하다.

대한민국 경제가 이 같은 도전을 이겨내고 선진체제로 진입하느냐의
여부는 전적으로 우리가 어떤 자세로 대응하느냐에 달려 있다. 우리는
지난 반세기 만에 아무런 자본과 자원 및 기술이 없던 최빈국을 세계 10
위권의 경제대국으로 일궈낸 의지와 열정 그리고 역동성이 있다. 우리
들이 이러한 잠재력을 발휘한다면 10년 이내 일류국가로 도약하지 못할
이유가 없다. 이를 통해 우리 조국은 도전을 극복하면서 통일과 번영의
새로운 민족사를 만들어 나갈 힘을 축적할 수 있다. 그 중심에 오늘 우리
가 서 있다!

지식 기반
경제구조의 발전

　정보기술혁명과 과학기술의 급속한 발전은 사회의 근본적이고 질적인 변화를 초래하고 있다. 정보기술혁명과 지식사회의 도래가 제기하고 있는 도전은 다가올 변화 중 가장 중요한 것이다. 미국정부는 지식정보화의 도전에 어떻게 대응하느냐가 국운을 좌우할 것으로 보고 있다. 미국은 인터넷의 고향답게 세계에서 정보화의 최선두를 달리고 있다. 또한 미국은 경제위기에도 불구하고 연구개발, 지식정보 인프라의 구축, 인력개발 등에 엄청난 자금을 투자하고 있다.

　광의의 정보화 또는 지식기반 정책의 영역을 살펴보면, ①과학기술인력의 양성과 고용을 통한 지식창출 능력의 제고, ②정부, 대학과 연구기관을 연결하는 네트워크 및 효율적 국가혁신체계 수립, ③기업과 학교의 연계를 통한 과학기술 관리체계 개선, ④기업의 지식관리시스템 확충지원 등을 포함한다.

　지식기반 사회의 기본정책은 과학기술과 인력에 대한 투자의 중요성을 공감하는 데서 출발한다. 국가혁신 네트워크를 개발하는 문제는 인적인 네트워크가 혁신의 네트워크로 발전해야 한다. 이것은 관료, 학계, 기업문화가 연계된 가장 복합적이고 신중하게 고려되어야 하는 정책문제이다.

　지식정보화 시대의 국가발전을 위해서는 세계 최고의 대학과 첨단연구소를 만들어야 한다. 평생학습사회를 건설하고, 신지식 창조가 쉬운 사회환경과 학습문화를 만드는 것도 중요하다. 이 세 가지가 지식정보화 시대의 가장 중요한 국가 과제이다. 무엇보다 대학과 연구소의 국제

경쟁력을 높여야 하는데, 이 점에서 보면 우리나라는 대단히 우려된다.[15]

지식정보화 시대에 성공한 나라가 되기 위해서는 사회 전체가 새로운 만남과 사고 및 실험을 환영하고 권장하는 분위기로 바뀌어야 한다. 특히 외국의 새로운 문화와 가치에 대하여 활짝 열린 자세를 가지고 적극적으로 수용하려는 노력이 있어야 한다. 지식정보화 시대에 대한민국이 선진일류국가가 되기 위한 조건은 과학기술 발전에 따른 물질적 삶의 질과 문화적 풍요에 의한 정신적 삶의 질의 향상이라고 할 수 있다. 이 두 개는 모두 창의적 활동의 소산이다. 기존의 전통과 문화, 가치, 사고 등과 융합해 보려는 노력을 해야 한다. 이러한 과정 속에서 새로운 발상과 창의적 사고가 가능해진다. 창조는 일반적으로 발상의 전환에 의해서 비로소 가능해지기 때문이다.

개성이 강조되는 시대를 맞이하여 섬유제품을 비롯한 노동집약제품은 기술집약적 산업으로 과감하게 전환해 나가야 한다. 가격경쟁력을 상실한 저가품은 개성공단을 포함한 해외 현지공장에서 생산한다. 국내에서는 경쟁력을 갖춘 고가품을 위주로 하는 생산체제로 이원화해야 한다.

우리나라는 이미 고高비용사회에 접어들었다. 어차피 노동집약산업의 국내생산기반의 약화는 불가피하다. 노동집약산업의 성장을 유지하기 위해서는 보다 과감한 발상 즉 패러다임 자체의 변화가 있어야 한다.[16] 고부가가치형의 지식집약형의 첨단산업을 더욱 발전시켜야 한다. 우리와 같이 자원이 부족한 나라는 개인이 가지고 있는 지식이나 정보를 토대로 경쟁우위의 원천을 창출해 나가는 수밖에 없다.[17]

지식기반경제에서는 고용 창출보다는 부富의 창출에 초점이 맞추어진

산업이 발전하게 된다. 정부가 고용지향적인 전통산업에 얽매이면 미래에 필요한 정보지식의 학습과 혁신능력에 기초한 창의적 기업의 건전한 발전을 저해할 수 있다. 전통적인 기업에서 창의적인 기업으로 전환을 쉽게 하기 위해 퇴출 및 전환비용을 낮게 해줄 필요가 있다.

제조업의 고부가가치를 달성하기 위해서는 경영컨설팅, 마케팅 등 지식 서비스 산업을 육성할 필요가 있다. 아울러 자금조달 등 관련 서비스의 발전을 통해 제조업의 성장을 간접적으로 지원해야 한다.[18] 제조업 관련 서비스 산업이 발전하지 않으면 향후 외국인 투자에 영향을 줄 수 있을 것이다. 왜냐하면 외국인 투자를 위한 각종 서비스의 부족은 다국적 기업의 진출을 제약할 것이기 때문이다. 따라서 서비스산업이 우리 경제의 새로운 성장원천으로 작용할 수 있도록 지원체제를 구축해야 한다.

지식정보화시대에 일류국가가 되는 가장 중요한 일은 창조적 지식정보 국가가 되는 일이다. 지식정보화 시대에는 누가 보다 많은 지식과 정보를 가지고 있느냐는 중요하지 않다. 첨단정보기술로 인하여 지식과 정보는 적은 비용으로 쉽게 시공간적인 이동을 할 수 있기 때문이다. 중요한 문제는 누가 새로운 지식과 정보를 창조할 수 있느냐이다. 신지식 창조능력이 중요하다. 신지식 창조는 새로운 사고와 발상에서 오고, 새로운 사고와 발상은 새로운 만남을 통하여 일어난다.[19] 새로운 만남이란 같은 대상을 새로운 눈으로 보는 것과 전혀 다른 대상을 새롭게 만나는 것을 의미한다.

정보기술, 생명기술, 나노 테크놀로지 등을 주축으로 하는 과학기술화는 빠른 발전을 초래한다. 이것은 산업과 생활구조에 깊은 충격을 줄 것이다. 즉 소외계층이 발생한다. 소외된 인적 자원을 아무런 대책 없이 방치하면 잠재적 생산력의 장기적인 침체를 초래할 수도 있다.

혁신력革新力, Innovative Capacity을 높이고 창조적인 인적 자원을 육성해야 한다. 이는 고비용의 입지를 갖고 있는 우리의 입장에서 국제경쟁력을 확보하기 위한 필수요소이다. 국민경제와 국가의 전반적인 창조능력을 축적하기 위해서는 연구개발기구와 생산, 교육과 훈련의 조직 및 공공서비스를 담당하는 기구에서의 혁신력을 제고해야 한다.

한국인의 초감각적인 손재주는 지식정보사회를 이끌어 나가는 데 속도를 더해준다. 한국인의 손재주가 섬세하고 빠르다는 것은 기능올림픽에서 수도 없이 증명된 것이다. 이러한 손재주를 뛰어넘어야 한다. 한민족은 독창성이 뛰어난 민족이다. 대한민국은 이를 바탕으로 창조적인 지식정보국가로 발돋움할 수 있을 것이다.

첨단과학기술 강국 입지 확보

지식정보화사회에서 첨단기술의 확보여부는 그 국가의 번영과 발전을 좌우한다. 이를 중시하여 대한민국 헌법 제127조 ①항에서는 "국가는 과학기술의 혁신과 정보 및 인력의 개발을 통하여 국민경제의 발전에 노력하여야 한다"라고 과학기술 발전에 대한 국가의 책무를 명시하고 있다.

대한민국은 선진국의 기술을 도입하여 압축성장한 대표적인 국가로 평가된다. 한국은 IT강국이다. 초고속 인터넷망은 세계 최고 수준이고 삼성과 LG를 선두로 하는 IT기업들은 세계시장을 선도하고 있다.[20]

2010년 미국의 특허등록에서 삼성전자는 IBM에 이어 세계 2위를 기록하고 있다. 대한민국의 특허 경쟁력은 미국과 일본에 이어 세계 3위 수준이다. 2010년 특허등록 건수는 약 17만 건으로 2000년 이후 100% 이상의 성장률을 기록했다. 이처럼 대한민국 최첨단기술의 대표적 성과는 일일이 열거하기 어려울 정도다.

그럼에도 불구하고 이들 기업들은 양적 경제성장의 한계, 고비용 저효율의 경제구조와 산업의 구조적 경쟁력 약화로 어려움을 겪고 있다. 기술수준은 일부 분야를 제외하고는 아직도 외국기술의 응용을 통한 상품화 수준에 머물러 있다. 세계적인 원천핵심기술 확보도 미흡한 실정이다. 더구나 우리의 기술은 최근 중국 등 후발개도국의 추격을 받는 한편 첨단제품은 선진국과 경쟁해야 하는 샌드위치 상태에 놓여 있다.

지식정보화 사회는 독창적이고 높은 과학기술 수준, 고도의 전문적 지식과 지혜로움이 아니고는 발전시켜 나갈 수가 없는 사회이다. 이제는 나라의 자원보다는 기술이 산업과 경제를 선도한다. 즉 기술민족주의技術民族主義가 강조되는 시대이다. 우리도 과학기술 교육에 집중적으로 투자하여 전문 과학기술 인력을 확보해야 한다.

21세기에는 지식정보화 기술에 추가하여 우주, 핵물리, 환경, 에너지 등의 연구에 인류의 미래가 달려 있다. 우리는 밝고 활기찬 미래를 위하여 과학기술선진국이 될 수 있도록 정성을 쏟아야 한다.

RAND연구소에서 발간한 '2020년 세계기술혁신보고서The Global Technology Revolution 2020'에서는 29개 분석 대상국 중 대한민국을 미국, 독일 등과 함께 과학 선진국 그룹으로 분류하였다. 지식경제지수 기준으로 7위로 평가하였다.[21] 과학기술 경쟁력이 지속적으로 향상되고 있는 현재 추세를 이어나가 미래에는 우리의 핵심 · 원천기술로 글로벌 표준을 선점하고 과학기술 강국으로 발돋움해야 할 것이다.

미래는 과학기술 그 자체가 하나의 국력이 되는 사회이다. 과학기술의 발전은 새로운 주력산업을 창출해내고 국가경쟁력의 향상을 통해 국민의 삶의 질을 개선시킨다. 기술민족주의 시대는 갈수록 더욱 강화될 것이다. 정부는 경제의 구조를 혁신하고 발전시키며, 과학과 기술을 약진시켜야 한다. 중요한 것은 경제의 구조를 건전하게 하고 그 운영을 효율적으로 하는 것이다. 그래야 자생력도 튼튼하게 되고 어떠한 정치적, 사회적인 돌발사태가 발생해도 그것을 이겨낼 수 있기 때문이다. 경제의 한계상황을 극복하는데도 과학기술의 발전은 중요한 것이다.

우리는 기술패권주의가 더욱 강화되는 시대에 살고 있다. 부가가치 창출의 원천이 특히 지식과 정보의 양과 질 및 그 처리기술에 의해 결정될 것으로 예측된다. 첨단기술을 지배하는 자가 세계시장에서 강자로 부상될 수 있을 것이다.

정보통신기술이 발전을 거듭하며 세계는 더욱 가까워지고 있지만 경쟁력 확보를 위한 국가 간 기술 경쟁은 격화되고 있다. 한 국가 또는 한 사람이 보유한 독자적인 과학기술이 글로벌 이슈를 생성하고 사회 모습까지 바꾸어 나갈 수 있는 지식기반사회이기 때문이다. 따라서 우리는 지식정보화 사회가 정착되는 시점까지 첨단 신기술 분야를 중점 육성하여 기술경쟁력을 확보해야 한다. 지식정보화 사회에서는 획기적인 지식·기술혁명으로 인해 경제, 사회, 문화 등 제반 분야에 많은 변화가 있을 것이다. 정보통신분야IT, 바이오분야BT, 문화산업분야CT, 환경기술분야ET, GT, 나노기술분야NT, 생명과학분야, 신소재기술 및 제조 기술에서 기술혁명은 상상을 초월할 것이다. 우리가 새로운 미래 성장원천을 마련하기 위해서 지금부터 준비해야 할 분야가 바로 이런 신기술 산업 분야이다. 그런데 이러한 산업이 새로운 성장산업으로 성장하기까지는 많은 위험이 따르고 많은 투자가 선행되어야 한다는 데 문제가 있다.

IT산업은 우리 경제의 주요 수출업종으로서 국가경제에 큰 기여를 하고 있다. 문제는 반도체, 휴대폰, LCD, PC 등의 품목을 제외하고는 국산화율이 저조하다는 점이다. 설계와 핵심부품에서도 선진국에 비해 절대 열세를 보이고 있다. IT 및 디지털 기기의 승부처는 '기발함'과 '속도'다. 이는 대한민국의 최대 강점이기도 하다. 빌 게이츠 회장은 "초고속 인터넷 성장, 이동 단말기 혁명, 휴대전화와 PC경계의 붕괴, 온라인 게임 환경 발전 등 한국은 지난 10년간 디지털 시대의 '개척자' 역할을 했다. 매우 새롭고 우수한 기술들이 한국에서 많이 사용되고 있다. 한국이야말로 새로운 디지털 시대의 대표적인 사례라고 생각한다"고 발언하였다. 그는 디지털 환경이 크게 변화할 것이며, 한국이 이를 주도할 것이라고 강조했다. 지금의 강점에다 변화하는 시장 환경에 적응하는 능력까지 보태야 한다. 디지털 기기가 저렴해지는 것은 이제는 대세다. 싸게 제조하는 능력, 즉 효율적인 생산성과 저가 제조기술 등을 확보해야 한다. 세계를 무대로 피나는 경쟁을 하고 있는 디스플레이 업종에 대한 특단의 육성 및 지원 대책이 시급하다. 결론적으로 세계 1위의 IT대국의 위업을 달성한 우리 첨단산업들이 보다 더 경쟁력을 갖추게 해야 한다.

BT기술은 미래 고부가가치의 성장산업으로 대두될 전망이다. 우리는 아직은 선진국에 비해 상당히 뒤처져 있다. 앞으로 생명공학의 시대가 다가올 것이다. 생명이 가진 무궁무진한 정보로 한 나라의 발전이 도모되는 그런 시대다. 학문의 고정관념이 깨지고, 모든 지식이 융합돼 새로운 분야가 탄생되는 시대다. 우리의 생명공학은 짧은 기간에 여러 성과들을 창출했으나 현재 절대적 예산부족 및 인력부족에 직면해 있다. 황

우석 파동 등 어려움이 있었지만 다가올 생명공학시대에 한국의 첨단 신기술이 선도적인 역할을 할 수 있도록 전략적으로 육성되어야 한다.

CT분야는 동북아지역의 한류열풍을 넘어 세계적으로 문화 확산이 이어지고 있다. 소프트웨어, 콘텐츠 중심의 지식기반 산업이 보다 활성화되고 있다. 그러나 아직도 CT분야는 개발할 소지가 많다. 이런 중요성을 인식하고 세계 각국은 문화콘텐츠 산업을 미래 국가 전략산업으로 집중 육성하여 세계시장 선점을 위해 노력하고 있다. 우리도 드라마와 대중음악, 게임, 애니메이션 등으로 확산되고 있는 한류열풍을 콘텐츠산업으로 확대시켜야 한다. 세계 수준으로 구축된 통신과 방송을 활용할 문화콘텐츠 개발을 강화해야 한다.

ET와 GT산업은 세계적인 환경규제의 강화와 에너지 기술혁신의 중요성 증대 등으로 급성장세에 있다. 새로운 성장산업으로 육성해야 할 분야이다. 북미 세탁기 시장 진출과 세계 에어컨 시장 정상을 지키는 우리 제품의 비결에는 '철저한 친환경 제품' 이란 점이 자리를 잡고 있다. 환경경영은 곧 글로벌 경쟁력강화의 필수 코스라는 공식을 입증한 것이다.

NT기술은 다른 어떤 기술보다도 응용범위가 넓다. 전자공학 및 컴퓨터 공학, 의료, 생명공학, 재료학 등과 같은 다양한 분야에 응용될 수 있다. 우리는 아직 초보단계에 있으므로 나노기술개발을 위해서는 국가적인 지원이 필요하다. 특히 원천기술개발에 있어서 정부의 역할이 중요하다.

21세기는 '우주개발 시대' 다. 우주를 지배하는 나라가 세계를 지배한다는 말도 나오고 있다. 한국의 우주개발사업은 선진국에 비해 다소 늦은 1990년대에 시작되었다. 선발주도국인 미국이나 러시아보다 30년 이상 뒤졌다. 그만큼 우주로 향한 우리나라의 발걸음이 바빠질 수밖에 없다.

원자력은 미래 핵심에너지원이며 원자력발전소는 종합 건설의 꽃이다. 토목, 건설, 건축, 전기와 최첨단 공학이 한데 결합되어 있다. 오는 2030년까지 중국, 인도네시아, 태국 등 아시아 시장에서만 70기에 달하는 원전이 건설되는 등 원전 건설 붐이 일고 있다. 단지 2011년 3월의 일본 방사능 누출사고로 안전성에 대한 보완대책이 요구된다.

지능형 로봇이 더욱 발전되면 인간과 상호작용이 가능한 문화적 기능을 갖게 될 것이다. 프로그램대로 같은 동작을 반복하는 조립 로봇과 달리 사람의 얼굴을 알아보고, 말을 알아듣고 그때그때 원하는 서비스를 해줄 수 있다. 비약적으로 발전한 IT기술이 고령화, 핵가족화 사회와 만나 새로운 로봇시장을 창출해낼 것이다. 로봇이 우리 삶의 동반자로서 자연스럽게 다가오는 시대가 곧 올 것이란 점은 확실하다.

21세기는 융합의 시대이다. "IT시대 이후에 FT퓨전기술시대가 올 것"이라고 전문가들은 예측하고 있다. 미국에서 '기술융합Technological Convergence'이라는 용어가 등장한 것은 1963년이었다. 지금은 신기술간 상승적 결합을 통한 융합기술이 새로운 기술혁신을 주도하고 있다. 그리고 학문간 융합 즉 컨버전스에 대학이 미래를 걸고 있다. 다가오는 융합시대를 게리 샤피로Gary Shapiro는 '뉴 컨버전스'라고 부른다. 다니엘 핑크Daniel Pink는 '융합과 컨셉의 시대'가 개막되었다고 말한다. 미국의 과학재단은 산업혁명과 IT혁명에 이어 '융합혁명'이 시작되었다고 표현하고 있다.

다가오고 있는 융합기술融合技術 시대에 대비하기 위한 융합기술 종합 발전계획을 범부처적으로 마련해야 한다. 생명과학과 나노과학, 의학기술을 융합한 분자과학기술Nanomedicine이 대학 간판으로 내세우는 분야다. 외국에서도 학문의 융합은 대세다. 토마스 S. 쿤은 그의 저서 『과학혁명의 구조The Structure of Scientific Revolutions』에서 과학의 진보가 누적적이라는 종래의 귀납주의적 과학관에서 한 발짝 전진하여 과학의 발전이 혁명적이라는 입장을 밝혔다.[22]

과학의 혁명적 발전은 과학기술의 융합을 통해 이루어질 가능성이 높다. 동경대는 나노와 바이오 공학 프로그램을, 조지아공대는 인근에 있는 에머리대 의대와 연계해 융합기술 프로그램을 운영하고 있다. 질병 퇴치 기술을 개발하는 데 공학의 도움을 받는 방식이다. 기술을 섞는 것뿐만 아니라 언어나 아이디어는 물론 문화까지 섞는 시대가 도래하였다.

애플의 아이팟, 아이폰, 아이패드 등을 앞세운 융합기술에서 우리는 이를 확인할 수 있다. 앞으로 기대되는 여러 방면의 융합혁명은 신기술 산업의 육성을 불가피하게 할 것이다. 따라서 21세기 전반부를 선도할 새로운 성장원천을 마련하기 위해 융합산업분야에 집중 투자해야 할 것이다. 융합혁명을 가속화하기 위해서는 다국적 기업과의 협력이 중요하다. 다국적 기업의 글로벌 연구개발 네트워크를 통하여 국내기술수준을 향상시키고, 기술혁신을 가속화하는 데 선진국의 기술을 활용하는 전략이 필요하다. 누가 물리적인 융합기술과 법과 제도 등 사회적인 기술 간의 선순환을 빨리 형성하느냐에 따라 국가경쟁력과 기업경쟁력은 그 희비가 극명하게 엇갈릴 전망이다.

대한민국은 IT, 전자·통신, 중화학 분야에서 경쟁력을 갖고 있다. 그러나 원천 핵심기술의 해외 의존도가 높아 수출생산성이 저하되고 경쟁력 향상에 영향을 받고 있다. 지식정보화 시대에는 원천기술 확보 능력이야말로 일류의 산업경쟁력이다. 특히 전자, 통신, 조선, 차량, 건설 등

한국의 경제를 떠받치고 있는 산업이 미래에도 지속적으로 선도 산업이 되기 위해서는 핵의학 영상기술, 고온초전도체, 신소재, 나노기술, 레이저기술 등 원천기술의 확보가 중요하다. 대한민국의 와이브로, 반도체, 디스플레이 등의 미래 경쟁력은 단순히 시장점유율 1위를 지키는 게 아니다. 원천기술을 세계의 경쟁자들에게 판매할 수 있는 진정한 산업의 리더가 되어야 한다.[23]

부품소재 산업도 세계적인 경쟁력을 갖출 수 있도록 전략적으로 육성해야 한다. 세계경제가 디지털화되고 생산과정에서 글로벌소싱이 확산되면서 부품과 소재를 중심으로 한 세계적인 경쟁이 치열해지고 있다. 부품과 소재가 신기술과 신제품의 창출 원천이 되기 때문이다. 한국경제는 중국경제의 급속한 성장에 의해 가공조립생산품에서 추격을 받고 있는 상황이다. 우리 경제의 새로운 성장원천을 부품과 소재 산업에서 찾을 수 있을 것이다. 부품과 소재 산업의 육성은 일반적으로 고기술분야이다. 부가가치 창출이 높기 때문에 중국 등 후발개도국의 추격에 비교적 안전하게 상당기간 경쟁력을 유지할 수 있을 것이다. 중장기적으로는 원천기술 확보를 위해 부단한 기술개발을 추진하고 정부차원의 육성전략이 요구된다.

이러한 신기술의 산업화에는 천문학적인 연구개발 투자재원이 필요하다. 그리고 재원조달에 있어서는 공공부문이나 대기업의 역할이 중요하다. 대한민국은 선진국에 비해 고급 과학기술인력이 수적으로나 질적으로 부족하다. 과학기술의 총체적인 응용능력도 많이 뒤떨어지고 있다. 정부는 전문 인력 수급을 정확히 예측하여 기업체와 함께 양성하고 이를 활용하는 방안을 발전시켜야 한다. 기술의 발전은 양질의 교육을 받은 인력의 창의력에 그 원천이 있게 된다. 즉 창조적 기술혁신체계의 구축문제는 고급 전문 인력의 문제로 집약된다고 해도 과언은 아닐 것이다. 선진국들은 창조적인 과학기술인력의 양성을 위해 교육제도를 지속적으로 발전시키고 있다. 과학기술의 육성을 위해 가장 좋은 방책은 과학기술인력이 사회에서 존경받고 우대받게 예우하는 것이다. 원천기술의 확보와 기초과학연구의 수행을 위해서는 연구 인력이 집중되어 있는 대학에 대한 연구지원이 확대되어야 한다. 선진국과 비교할 때 낮은 수준의 대학연구비와 기초연구투자로 인해 기초연구를 제대로 수행하지 못하고 있는 대학과 연구소의 현실을 감안하여 연구개발비를 대폭적으로 증액 지원해야 한다. 연구 성과가 개선될 수 있도록 제도개선이 이루어져야 할 것이다. 그리고 첨단기술 개발을 위해 학문의 가장 기본인 원칙과 절차를 지켜야 한다.

대한민국이 과학기술 강국이 되기 위해 가장 필요한 요소는 인간이다. 즉 과학기술인력이다. 정보화 사회는 독창적이고 높은 전문적 지식과 지혜로움이 아니고는 적응하고 발전시켜 나갈 수가 없는 사회이다. 이제는 나라의 자원보다는 기술 인력이 더욱 중요하다. 창조적인 전문인력이 산업과 경제를 선도해나가는 시대이다. 즉 기술민족주의가 강조되는 시대인 것이다. 그러나 우리의 현실은 이공계분야를 전공하는 젊은이들이 줄어들고 있다. 우수인력들은 법학과 의학 분야 등에 몰려들고 있다. 우리도 기술인력 양성에 집중적으로 투자해야 할 필요가 있다. 특히 음지에서 학문발전을 위해 매진하고 있는 인재들에게 기회를 주고 학자들의 사기를 북돋우는 일도 중요하다.

선진산업과 기술 발전 및 인력의 양성은 체계적인 과학기술전략과 대대적인 정부의 지원이 없이는 선도적으로 개발하고 활용되기 어렵다. 따라서 국가차원의 종합발전전략이 요구된다. 대한민국이 과학기술 강국으로 우뚝 서는 날 우리 조국은 일류국가 대열에 동참할 수 있을 것이다. 과학기술 선진 강국을 향해 힘차게 전진하자.

바다의 주인이 되자!

우리 조국 대한민국은 반도국가이다. 3면이 바다로 둘러싸여 있다. 한반도는 바다에서 육지로 이르는 교두보이자, 육지에서 바다로 나가는 시발점이다. 그러나 반도국가라지만 실은 북쪽이 막혀 있어 섬나라라고 해도 틀린 말이 아니다. 바다는 험난한 환경에 도전해 해양산업을 일으켜 국부를 창출할 수 있는 곳이다. 지난 세기 우리가 이룩한 경제성장은 바다를 통해 얻은 것이라 해도 과언이 아니다.

우리는 바다의 주인이 되어야 한다. 바다를 장악하는 나라가 세계의 주역이 된다는 것은 역사가 증명하고 있다. 바다를 지배한 나라가 이 세상의 패권을 장악할 수 있다. 바다를 지배하는 나라의 문화와 언어가 세계의 언어와 문화가 될 수 있다.[24] 바다는 세계로 나가는 길이며, 번영의 미래를 약속하는 신천지이다. 지중해시대의 로마와 베네치아, 대항해시대의 스페인과 포르투갈, 대서양시대의 영국, 태평양시대의 미국과 일본 등 앞선 사고를 가진 민족들은 일찍부터 바다로 진출하여 상권을 장악함으로써 세계 강국이 되었다. 또한 네덜란드, 싱가포르, 홍콩은 바다를 이용하여 부를 창출하고 있다.

태평양시대는 바다의 시대이다. 우리나라가 중심이 되는 해양시대가 열리고 있다. 이것은 우리나라가 주인공이 되어 세상을 바꿀 기회가 온다는 말이다. 폴 케네디 교수는 국가흥망과 해양 간에는 긴밀한 관련이 있다고 본다. 지난 700년의 역사에서 해양에 대한 접근이 차단된 채 융성한 나라는 스위스, 러시아와 중국 정도를 손꼽을 수 있다. 아테네, 로마, 스페인, 네덜란드, 영국, 미국 등 역사상 위대한 위치를 차지했던 나라들은 대부분 바다와 중요하게 연결되어 있었다. 그들의 흥망성쇠도 바다를 통해 결정되었다.

우리나라의 역사에도 해양세력이 융성한 시기가 있었다. 백가제해百家濟海의 줄임말인 백제, 장보고를 배출한 신라, 코리아Korea라는 이름으로 알려지게 된 고려시대는 해양력이 융성한 때였다. 청자와 금속활자 등의 선진기술이 유럽대륙까지 전해진 것도 바로 이 시기였다. 하지만 13세기 고려 말부터 19세기 조선말까지 공도정책空島政策과 해금정책海禁政策으로 섬을 비우게 하고, 해상교역을 금지함으로 해양력과 진출기상을 약화시켰다. 대원군의 쇄국정책은 조선의 멸망을 재촉하는 요인이 되었다.

박정희는 해양의 중요성을 간파한 국가지도자였다. 그는 가난한 우리가 살길은 수출한국을 육성하는 것이요, 이를 위해서는 바다에 진출해야 됨을 인식하였다. 그는 조선업, 해운업과 원양어업을 포함한 적극적인 해양정책을 추진하였다. 해안지역에 철강, 조선, 정유, 자동차 등 주요 산업단지를 만들었고, 해운을 통해 수출 대국의 꿈을 이루어냈다.

반세기의 세월이 흐르면서 한국은 세계 7대 수출국과 해양 강국으로 부상했다. 경제 강국으로 발돋움하게 한 '한강의 기적'도 결국 한반도 땅에서 문을 활짝 열고 바다로 나가 이룬 것이다. 조선업은 명실상부한 세계 1위다. 일찍이 세계적으로 부강한 나라는 모두 조선 강국이었다. 국내 조선업은 선박건조에서 2002년 일본을 추월한 이후 세계 수위를 차지하고 있다. 국내조선소는 품질과 가격 면에서 월등한 경쟁력을 갖고 있다. 건조 선박이 高부가가치 선박인 LNG, 컨테이너와 화학제품 운반선 등에 집중돼 있다. 중국의 추격에도 상당 기간 경쟁력을 확보할 것으로 전망된다.

해운업의 경우에는 동북아시아 물류중심 국가 건설 추진과 맞물려 세계 5위 해운 강국으로의 진입을 목전에 두고 있다. 우리나라의 해운은 수출입 화물의 95% 이상을 수송하고 있다. 우리나라 선사船社들이 소유하고 있는 배는 1000t 이상의 선박을 기준으로 할 때, 2009년 유엔무역개발회의UNCTAD 통계에서 총 선박 수 1,235척, 규모 4,662만 DWTdead weight ton · 선박에 적재할 수 있는 화물의 전체 무게를 의미로 세계 6위의 해운강국으로 평가되었다.

세계 역사발전의 주류가 지중해에서 대서양을 거쳐 태평양과 동북아로 밀려오고 있다. 태평양시대 동북아시아의 관문이 대한민국이다. 한반도는 지정학적으로 네덜란드나 싱가포르 보다 더 중요한 기간 항로에 위치하고 있다. 한반도를 동북아시아 비즈니스센터로, 교역과 물류의 중심지로, 그리고 세계적인 관광거점으로 개발해야 한다. 동북아의 십자로에 위치한 한국은 반경 1천 2백km 안에 약 8억 명의 인구와 GDP 규모 10조 달러대의 거대한 시장을 품고 있다. 이것은 세계 인구 및 경제규모의 약 20%를 차지하며, 유럽대륙의 인구 약 3.5억 명의 두 배를 넘는 규모이다. 우리는 또한 천혜의 양항良港과 세계적인 관광명소가 될 만한 황금해안도 가지고 있다. 우리나라는 남한의 경제활동 가능면적의 15배에 달하는 관할기능 해역을 보유하고 있다. 육지 대비 해안선 길이는 1백 30배로 세계 최고 수준이다. 우리에게 주어진 3천1백89개의 섬과 1만1천5백42km의 해안은 세계 어느 나라와 비교해도 뒤지지 않을 발전 잠재력을 가지고 있다.

대한민국은 20세기 후반기에 대륙적 사고의 틀을 벗어버리고 해양화의 질서에 편입하여 지구상의 최빈국에서 중강국의 선두대열에 오르게 되었다. 우리는 조선수주량 세계 1위, 컨테이너선 보유량 세계 4위, 수산물 총생산량 세계 10위 등 세계 7위권의 해양력을 보유한 나라가 되었다. 해저광물, 수산자원, 조력발전 등 바다가 가진 무한한 잠재력을 개척할 해양기술도 세계 수준에 이르렀다.

네덜란드와 싱가포르가 가지지 못한 결정적인 무기가 우리에게는 있다. 생산기술이 세계 상위수준에 오른 제조업과 5천여만의 내수시장이 그것이다. 우리는 메이드인 코리아의 가전제품과 자동차, 철강과 선박, 생활필수품과 의류 등으로 세계시장의 상당부분을 장악하고 있다. 우리가 부러워했던 나라들이 가지지 못했던 제조업 기반은 한국의 가능성을 더욱 돋보이게 하는 요소가 될 것이다. 20세기 대한민국이 제조업 중심의 한 바퀴로 굴러가는 국가였다면 21세기의 우리는 서비스와 물류라는 또 하나의 바퀴를 달고 세계 일류국가로 질주하는 나라가 되어야 한다. 그 길은 바로 바다를 경제의 터전으로 이용하려는 전략적인 사고에 있다.

세계 정상급 해양 강국으로 도약하려면 새로운 준비를 해야 한다. 이미 주변 각국은 해양산업 선점을 위해 정부 차원에서 막대한 지원을 하고 있다. 일본은 2007년에 '해양기본법'을 2008년에는 '국가 해양기본계획'을 수립했다. 중국은 2008년에 '국가해양산업 발전계획' 등을 통해 범국가적으로 해양산업 육성에 나서고 있다.

한국의 3대 조선소는 초대형 해양플랜트 건조분야에서는 경쟁력을 갖추었다. 그러나 안타깝게도 기본 설계와 기자재는 대부분 외국 기업에 의존하고 있다. 건조 이후 운송과 설치 및 운용을 하는 관련 서비스 산업 경쟁력은 상당히 뒤져있다. 따라서 해양플랜트 산업은 적절한 지원만 뒷받침된다면 성장 가능성이 다른 산업보다 오히려 높다.

바다는 무한한 자원과 개발 가능성을 지니고 있다. 진정한 미래 대체 에너지는 바다에 있다. 바다의 수소에너지에 인류의 미래가 있다. 심층수는 미래 물 부족 문제를 해결할 수 있는 수단이다. 해저에는 유류 등 많은 해양자원이 있다. 많은 나라들이 이제 과포화 상태인 육지를 떠나 바다의 주도권을 잡기 위해 치열한 경쟁을 벌이고 있다. 이 경쟁에서 우리가 살아남기 위해서는 해양산업을 육성하고 우수한 인력을 대대적으로 양성하는 길밖엔 없다. 해양 강국으로 가는 최대의 조건은 바로 국민적 관심과 국가적 지원이라는 사실을 명심해야 한다.

바다의 주인이 되려면 바다를 누비고 다닐 기백과 역량이 있어야 한다. 우리는 해상왕 장보고의 후손이다. 대한민국은 이미 세계 최고의 조선국이다. 우리가 바다의 주인이 되는 날 한민족의 기상과 문화는 세계에 전파될 것이다. 가자! 우리에게 바다가 있다!

조국의 번영과 발전을 위해 손잡고 노력하자!

일류국가가 된다는 것은 결코 쉬운 일이 아니다. 20세기에 들어서 미국과 유럽을 빼고 선진국 진입에 성공한 나라는 일본뿐이다. 남미의 아르헨티나, 브라질, 유럽의 체코와 같이 20세기 초반에 선진국 입구까지 갔다가 주저앉아 버린 나라들이 많았다. 그런데 이들은 대부분 선진국 진입에 실패한 후 중진국의 위치도 유지하지 못하고 후진국으로 추락해 버렸다.

대한민국은 이제 산업화와 민주화를 이룩한 '중견국가中堅國家'에서 삶의 질이 높은 선진일류국가로 발전하는 과정에 있다. 그러나 경제는 성장잠재력이 쇠약해지고, 지역·산업·계층 간 소득 격차가 확대되어 국민의 고통이 가중되고 있다. 21세기 세계화와 지식정보 기술혁명 중에서 또다시 위기와 난관에 봉착해 있다. 통합을 통한 국민적 역량이 분산되고, 국민과 사회통합은 큰 어려움을 겪고 있다.

한 나라의 번영과 발전의 과정이란 제도가 '발전적發展的'으로 바뀌어 스스로 노력하는 국민을 만들어 내는 과정이다.[25] 따라서 국가의 번영과 발전을 일으키려면 정치와 경제제도를 발전적으로 정착시킬 수 있어야 한다. 여기서 스스로 노력하는 자를 돕는 국가지도자의 역할이 중요하다.[26] 번영과 발전의 과정은 선순환 구조로 정착되어야 한다. 우선 매 단계마다 스스로 노력하는 자를 보다 우대하는 경제적 원리가 실천될 수 있는 틀을 만들어야 한다. 그 때 소외된 자에 대한 배려도 함께 고려되어야 한다.

국가가 번영발전하기 위한 핵심적인 사항은 국민의 재산권의 보장이다. 윌리엄 번스타인William Burnstein은 국가번영에 필요한 핵심요소로 재산권의 보장을 꼽는다. 인류의 실질소득은 1820년까지 완만한 상승세를 보였다. 그러다 산업혁명의 여파로 유럽과 미국에서 갑자기 역동적으로 늘었다. 번스타인은 이무렵 이들 국가에서 재산권의 보장, 과학적 합리주의, 자본시장의 형성, 수송통신의 발달 등 번영의 네 가지 요소가 갖추어지기 시작한 것을 주요 원인으로 보았다. 그 중에서도 가장 중요한 요소가 재산권의 보장이라고 강조하고 있다.[27] 우리도 헌법 23조에

"모든 국민의 재산권은 보장된다"고 명시하고 있다. 대한민국이 지속적으로 번영하기 위해서는 국민의 재산권을 확실히 보장해야 한다.

경제와 사회의 발전이란 사회구성원들이 번영과 발전의 정신으로 '삶의 질Quality of Life'의 향상을 통해 성공하는 사람이 되는 과정이다. 아무리 큰 부자라 하더라도 자기성취감이 부족하고, 인생을 잘 헤쳐나가고 있다는 믿음이 없으면 발전하고 있지 않은 것이다. 가난한 사람도 지금 하는 일과 이루어낸 결과에 대한 성취감이 있고 미래에 대한 의욕과 자신감이 있다면 발전하고 있다고 말할 수 있다.

한국경제가 일류경제가 되려면 적어도 첨단 지식산업과 정보산업이 주축이 되는 지식경제화에 성공해야 한다. 2030년 이전에는 일인당 실질국민소득이 7만 달러 이상이 되는 일류경제를 만들어 내야 한다. 이를 위해서는 무엇보다도 먼저 개척자적인 기업가정신과 국민의 '경제 하려는 의지Will to Economize'가 활기차게 넘쳐야 한다. 높은 수준의 혁신투자와 지식투자가 지속적으로 이루어지는 다이내믹한 경제를 만들어야 한다. 즉 드러커P. Drucker적 지식경제와 슘페터J. Schumpeter적 혁신경제의 순기능적인 결합이 일어나도록 해야 한다.

대한민국은 지역·산업·계층 간 균형발전을 헌법으로 보장하고 있다. 헌법 제122조에서는 "국가는 국민 모두의 생산 및 생활의 기반이 되는 국토의 효율적이고 균형 있는 이용 개발과 보전을 위하여 법률이 정하는 바에 의하여 그에 관한 필요한 제한과 의무를 과할 수 있다"라고 명시하여 국토의 균형개발을 규정하고 있다. 제123조 ②항에서는 "국가는 지역 간의 균형 있는 발전을 위하여 지역경제를 육성할 의무를 진다"라고 명시하고 있다. ③항에서는 "국가는 중소기업을 육성해야 한다"라고 명시하고, 농어민 보호조항을 두어 지역과 산업간 균형발전을 규정하고 있다. 그리고 국민의 교육과 근로의 권리 등 각종 권리를 부여하여 계층 간의 균형발전도 도모하고 있다.

지역 간 균형발전은 장기적인 차원에서 이루어져야 한다. 지방은 결과의 균형이 아니라 기회의 균형을 원하고 있다. 지방은 그동안 공정한 발전의 기회를 제공받지 못했다. 과거 정부의 국정 운영에 미흡한 점이 많았다. 앞으로 균형발전이란 목표를 부정해서는 안 된다.

수도권 규제는 적절한 수준에서 완화되어야 한다. 국가 균형발전 정책은 수도권과 비수도권 지역 간 상생을 목표로 추진되어야 한다. 그러나 수도권 규제 강화로 국가 경쟁력이 약화되고, 비수도권 발전도 여전히 지체되는 결과를 초래했다는 비판을 받고 있다. 수도권과 비수도권 지역 모두에서 불만이 터져나와 국가균형발전 정책이 오히려 지역 간 갈등만 심화시켰다는 지적도 나오고 있다. 이제 수도권의 경쟁 대상은 지방이 아니라 중국이나 일본 등 아시아 여타 지역의 대도시권이다. '수도권 대 비수도권'이라는 대립구도를 벗어나야 한다.

지역의 균형발전을 위해서는 지역적 특수성을 감안한 특화발전전략을 추진해야 한다. 수도권은 규제완화를 통해 국가 전체적인 경쟁력을 높여야 한다. 비수도권은 지역별로 특화된 전략산업 등을 육성하는 방향으로 균형발전이 이뤄져야 한다. 진정한 '상생발전전략'을 구사하는 게 중요하다. 이는 지역발전전략을 세우고 집행하는 데 이르기까지 지방정부가 중심이 되고, 중앙정부는 '지원자와 조정자' 역할로 한 발 물러서 있는 것을 전제로 한다. 전국에 동일하게 부과된 각종 규제를 지역별 특성에 따라 자율 규제하는 방식으로 전환해야 한다.

산업분야에서는 수출사업과 내수사업, 대기업과 중소기업 간의 소득 격차는 더 벌어지고 있다. 소득분배는 성장의 둔화와 함께 더욱 악화되고 있다. 급속도로 진행되고 있는 고령화사회는 우리 경제·사회 발전에 큰 부담이 되고 있다. 정치·사회 각 분야에서 '권위주의'는 타파되었다. 하지만 유지되어야 할 권위까지 무너져 법과 원칙이 제대로 지켜지지 못하는 상황을 겪고 있다. 안으로는 노사분규와 3D직종 기피현상 등으로 인해 사회적으로 매우 어려운 상황에 직면해 있다.

정부가 개입해서 어려운 문제를 모두 풀어나가겠다는 것은 시대착오적이다. 그렇다고 위기국면에 시장의 '보이지 않는 손'에 모두 맡긴다는 것 또한 무책임한 것이다. 모든 문제를 '가진 자'의 탓으로 돌려서도 안 되지만 '노동자'나 '농민'의 양보를 강조하는 정책은 좋은 결과를 도출할 수 없다.

대한민국의 초국가기업[28]은 이제 제3세계의 국가경제를 압도한다. 이러한 초국가기업들이 마음 놓고 세계의 기업들과 경쟁할 수 있는 여건을 조성해주어야 한다.

중소기업의 근로자 수는 어느 나라나 대기업보다 많다. 우리나라도 예외가 아니다. 1차 산업을 제외한 종업원 300명 이하의 중소기업에서 일하고 있는 사람이 전체 근로자의 90%가 넘는다. 그래서 중소기업을 '일자리 공장'이라고도 한다. 중소기업에서의 일자리는 곧 중산층의 기반이다. 관건은 우량 중소기업이 얼마나 되느냐이다. 건강한 중소기업이 많아야 양질의 일자리가 늘어나기 때문이다. 여기에 대기업과 중소기업의 상생관계는 기본 전제다. 대기업만 잘나가고 중소기업이 죽어난다면 양극화가 심해진다. 대기업과 중소기업은 서로 실리적 상생관계로 풀어가야 한다.

농축산업은 자유무역협정의 발효와 함께 제일 큰 타격이 예상된다. 농·축산물의 특산품화와 브랜드화로 이를 극복해야 한다. 미국은 세계

1위의 농산물 수입국이다. 미국인의 입맛에 맞추어 한국산 고급 농산품이 미국 식탁을 점령할 수 있도록 준비해야 한다. 위기와 기회가 동시에 오는데도 항상 위기만 강조하는 버릇은 매사를 부정적으로 보는 버릇 못지않게 나쁘다.[29]

우리 농업의 미래는 친환경·유기농 산업에 달려 있다. 농업이 수입 농산물과의 경쟁에서 살아남기 위해서는 친환경·유기농 산업을 우리 실정에 맞게끔 하나의 특화산업으로 체계적으로 육성해야 한다. 선진국에 비해 아직 걸음마 단계인 국내 친환경·유기농 산업을 키워내기 위해서는 이를 뒷받침할 수 있는 정부 차원의 시스템 구축이 절실하다. 친환경농업의 특성상 초기에는 농법 정착에 어려움이 있고 많은 초기 투자비용이 들어가기 때문에 이 기간에 정부의 지원을 현실화해야 한다.

도시를 떠나 소박하게 살려는 사람들이 쉽게 귀농하고 정착할 수 있도록 유도하는 정책이 필요하다. 나이가 많거나 경제적 능력이 부족하면 도시에서는 약자지만 농촌에선 주역이 될 수 있다. 농촌에 젊은 세대를 끌어들이기 위한 자녀교육 등을 포함한 유인책도 필요하다.

대한민국은 '성장지상주의'의 시대를 거치면서 난개발로 인해 희귀 동·식물이 멸종되고 아름다운 산하가 파괴되는 경험을 했다. 이로 인해 금수강산을 보호하여 후손에게 물려주자는 환경단체의 목소리에 공감하는 국민이 늘어났다. 이제 이들의 동의 없이는 국민의 생명과 재산을 보호하기 위해 꼭 필요한 사업까지도 추진하기 어렵다. 환경보호 논리가 경제발전 논리를 압도하고 있는 것이다. 정부는 환경·시민단체들과 협력하여 서민층의 생명과 재산을 보호해야 한다.

우리 사회를 튼튼히 받쳐왔던 중산층이 점차 붕괴되는 현상을 보이고 있다. 일본에서도 중산층의 붕괴는 심각한 수준이다.[30] 그래서 일본에서도 '중산층을 살리자' 는 운동이 전개되고 있다. 중산층을 살리자면 중앙 정부는 큰 그림을 짜고, 지방자치단체가 현장을 맡아야 한다. 그래서 지역마다 독창적 아이디어가 많이 나와야 한다. 즉 수요자의 눈높이에 서는 것이다. 도움을 필요로 하는 사람들이 무엇을 원하는지 잘 살펴 맞춤형 대책을 내놓아야 한다. 민간이 더 잘하겠다 싶으면 민간에 맡기는 것이 좋다.

장애인에 대한 사회적 관심을 높여 나가야 한다. 200만 명이 넘는 장애인 중 약 90%가 각종 사고나 질병으로 인한 후천성 장애인이다. '장애는 남의 일이 아니다' 라는 인식이 확산되어야 한다. 그러나 우리 사회 곳곳에는 장애인에 대한 편견과 차별이 심하다. 교육소외를 낳고 직장 차별이 해소되지 않고 있다.[31] 그 결과로 장애의 고통이 자녀들에게 대물림되고 있다. 계층 간의 균형발전은 사회에서 소외되는 집단을 우선적으로 배려할 때 이루어질 수 있다. 일류국가의 반열에 오르는 꿈을 이루려면, 우리는 소외계층을 보듬어야 하는 마무리 작업을 잘해야 한다. 번영과 발전의 결실이 국민에게 골고루 나누어지는 사회가 일류사회이기 때문이다.

1988년 올림픽 당시 우리는 올림픽주제가로 '손에 손잡고' 를 목청껏 불렀었다. "하늘 높이 솟는 불 우리들 가슴 고동치게 하네. 이제 모두 다 일어나 영원히 함께 살아가야 할 길 나서자. 손에 손잡고 벽을 넘어서 우리 사는 세상 더욱 살기 좋도록 손에 손잡고 벽을 넘어서 서로 서로 사랑하는 한마음 되자" 이 노래로 우리는 세계인 모두가 걱정하던 '88올림픽' 을 성공적으로 치루었다. 경제 강국으로 발돋움할 수 있는 발판을 마련하였다.

조국의 번영과 발전은 어느 한 사람이나 한 정권에 의해서 이루어지

는 것이 아니다. 우리 모두가 한 마음이 되어 손에 손을 잡고 앞으로 나
아갈 때 도달할 수 있는 달콤한 열매이다. 대한민국 국민들이여! 다시
한 번 손에 손을 잡고 앞으로 나아가자!

평화의 길을 닦아 통일로

소망

나는
한그루 나무되어
반동아리 허리에 뿌리내리고 싶소

나는
타골의 등불 되어
웃음 잃은 삼천리를 밝히고 싶소

하나가 둘이 되고
둘이 우리가 되어
칠천만 숨결이 다시 하나가 되도록

나는
그 날 그 날을 위해
불사조 되고 싶소.

안보는 산소다!

　'안보'는 국가의 생존을 보장하는 산소다. 국민의 생명과 재산을 지키는 보험료다. 특히 통일과정과 통일 이후의 한반도 안보는 많은 도전에 직면할 것이다. 따라서 우리는 최악의 시나리오까지를 염두에 두고 안보역량을 강화해야 한다. '힘'은 불안한 정세를 진정시키는 특효약이 될 수 있다. 민족의 영광은 때로는 싸워서 쟁취해야 할 때도 있다.

　역사는 우리에게 스스로 지킬 힘이 없는 나라는 영원한 생명력이 없다는 냉혹한 사실을 가르쳐주고 있다. 생존은 오로지 스스로 지키고자 하는 의지와 이를 뒷받침하는 힘에 의해서만 보장되기 때문이다.

　1637년 1월 30일 조선의 16대 임금 인조는 전쟁발발 후 45일 만에 청나라 황제에게 항복의 예를 올렸다. 인조는 삼전도에서 청태종에게 삼배구고두三拜九叩頭 : 한번 절할 때마다 세 번 머리를 땅바닥에 찍는 것의 예를 올렸다. 청태종이 소리가 나지 않는다고 하여 인조는 얼어붙은 땅에 머리를 사정없이 부딪쳐 이마는 피투성이가 되었다. 조선이 조공을 바치던 이민족 왕에게 머리를 조아린 굴욕의 순간이었다. 김훈은 역사소설 『남한산성』에서 이 처참한 광경을 적나라하게 기술하고 있다.

　이러한 삼전도의 굴욕은 왜 당해야 했는가? 병자호란이 일어나기 39년 전 조선은 이미 7년 동안이나 임진왜란의 국란을 겪었다. 임진왜란이 있기 10년 전 이율곡이 조정에 건의한 '10만 양병설養兵說'을 무시한 결과였다. 그리고 불과 39년 만에 임진왜란의 교훈을 잊고 국방을 소홀히 하여 군사대국으로 성장한 청나라에 삼전도의 굴욕을 당하게 되었다.

　앨빈 토플러는 『부의 법칙과 미래』라는 책에서 미래에 대한 '전쟁과 반전쟁'을 언급하였다. 그는 미래전장을 주도할 수 있는 군사력을 바탕으로 전쟁이 일어나지 않도록 억제하고 예방할 것을 강조하고 있다. 그는 "전쟁의 방식은 이익을 창출하는 경제의 원리와 비슷하므로 국가는 전쟁을 통해 부를 창출할 수 있다. 따라서 전쟁지식을 갖추는 것이 국가 이익에 도움이 된다"라고 강조하고 있다.

우리는 근대사에서 힘없던 조선의 멸망과 일본의 식민지로서의 아픔을 경험하였다. 힘이 없던 당시의 우리는 숨죽여 살아야 했다. 왜 산소가 부족해서인가? 아니다. 힘이 없는 자는 숨도 제대로 쉴 수 없었기 때문이다. 스스로를 지킬 수 있는 힘이 없으면 굴욕의 역사를 되풀이할 수밖에 없다는 진실을 여실히 보여 준 것이다.

우리의 기본적이고 전통적인 '국방의 임무'는 외부의 군사위협과 침략으로부터 국가를 보위하고 국민의 생명과 재산을 보호하는 것이다. 한국군은 국가의 평화와 안전 그리고 독립을 위협하는 제반요소를 제거하고 예방하기 위한 국가의 물리적 생존수단을 확보하는 것에 기본적인 목표를 두고 있다. 국군은 국민의 절대적 지지에 기초하여 국가발전을 지원하는 집단으로 역할을 수행할 수 있어야 한다. 즉 전문성을 갖춘 명실상부한 군사엘리트 집단으로서 외부의 위협에 대응하고 국가내부의 안보의 보루로서의 사명을 다해야 한다.

군사력은 전쟁을 수행하는 기능과 함께 평시에 전쟁을 억제하고 영향력을 투사하는 역할도 수행한다. 평시 대외정책의 수단으로서 정치·외교적인 역할을 수행하는 것이다. 군사력은 여러 외교수단 중의 하나로서가 아니라 이를 포괄하는 '와일드카드'와 같은 성격을 지닌다. 특히 평시 군사력은 강압외교强壓外交와 평화창출의 수단으로서 중요한 역할을 수행한다. 따라서 튼튼한 군사력의 확보는 국가보위뿐 아니라 국가이익

추구에 필수적인 수단이다.

우리는 평소에 산소의 고마움을 느끼지 않듯이 안보의 고마움도 느끼지 못하고 살고 있다. 그러나 안보가 튼튼하지 못하면 우리는 나라를 다시 잃을 수도 있다. 우리의 사랑스런 딸들이 '정신대'로 끌려갈 수도 있다. 우리가 조국을 스스로 지키겠다는 결의를 다져야 할 이유이다!

조국수호의 험난한 영광의 길을 가자! 

모든 국가는 국가이익을 추구하며, 이 국가이익을 추구하기 위하여 힘 또는 권력을 추구한다는 것이 한스 모겐소Hans J. Morgenthau 교수의 국제정치에 관한 핵심적인 이론이다. 역사적으로 볼 때 우리 조국을 수호하는 길은 험난하였다. 우리는 국가이익을 수호하고 증진하는 방향에서 변화하는 상황에 냉철하게 대응해야 한다. 국군은 한반도에서 전쟁을 억제해야 하며, 억제 실패 시는 반드시 승리해야 한다. 한반도의 평화적 통일을 힘으로 뒷받침해야 한다. 정부의 통일정책은 튼튼한 안보태세에 바탕을 두고 있다. 남북 간에 화해와 교류협력을 실시하여 한반도에 평화를 정착시키는 정책적 노선이다. 튼튼한 안보태세가 확립될 때에만 평화를 파괴하는 일체의 무력도발을 억지 및 응징할 수 있을 것이다. 안보는 국가의 번영을 지켜주는 보호막이며 발전의 기반이다.

안보 없는 조국은 존재하지 않는다. 우리는 역사에서 상무정신이 없는 국민이 무기와 장비만 가지고 그 국가를 지켜냈다는 이야기를 들어본 적이 없다. 국민들이 국방의 대의大義를 인정하고 내 나라는 내가 지킨다는 상무정신으로 충만할 때 우리나라의 안보태세는 확립되는 것이다.

지난 반세기 동안 대한민국의 안보에 대한 위협의 근원은 주로 북한이었다. 지금도 북한의 위협이 지속되고 있다. 북한의 전쟁수행능력 한계로 인해 전면전 발발의 가능성은 낮아지고 있다. 반면에 다양한 정치군사적 목적으로 북한의 국지도발 가능성은 상존하고 있다. 남북한은 구조적 군비통제를 시작할 정도의 군사적인 신뢰구축을 이루지 못하고 있다.[32] 남북한은 이념과 민족, 그리고 의도에 있어서 대립되는 이념과 체제에서 서로에게 정치적 위협을 가하고 있다. 특히 탈냉전으로 그 체제가 시대착오적임이 드러난 북한의 경우 구조적 위협이 더욱 심각하다. 결국 남북한 간에는 상호적인 위협과 공포가 여전히 상존하고 있는 것이다. 다만 그 균형이 남한에 유리하게 작용하고 있을 뿐이다.

안보의 핵심은 자강自强과 균세均勢다. 대한민국의 국가이익과 국가목표를 방해할 수 있는 최대의 위협은 통일이 안 될 경우에는 북한으로부터의 군사적 위협이다. 그리고 동북아 지역 차원에서 보면 역내 대립과 갈등구도의 재현이라 할 수 있다. 우리는 이러한 위협요소를 국민들의 상무정신의 강화, 대한민국의 국력배양과 국력결집, 동맹과 우방관계의 확대, 지역질서 구성을 위한 적극적 구상의 제시와 협력체 결성 주도를 통해 억제해 가야 할 것이다.

굳건한 국방력은 전쟁을 예방하고 억제하기 위해 필수적인 요소이다. 강력한 대북 억제력 없는 대화는 매우 위험하다. 평화정착을 위해서는 튼튼한 안보태세를 확립해야 한다. 대한민국이 북한의 남침이나 무력도발을 격퇴할 수 있는 튼튼한 국방력을 유지할 때 북한도 무력통일을 포기할 것이다.

북한은 체제위기가 심화될 경우에는 국면전환을 위하여 무력도발을 감행할 가능성이 상존한다. 우리는 북한의 어떠한 도발에도 즉각 대처할 수 있는 양상별 대응책을 구체적으로 수립하고 훈련을 내실화하는 등 확고한 대비태세를 확립해야 한다. 북한의 다양한 도발에 적극적으로 대응하기 위해서는 정부 각 부서가 '총력안보總力安保' 개념으로 유기적으로 협조해야 한다. 중앙과 지방이 하나가 되어 움직이는 민·관·군 통합방위체제를 강화해야 한다. 평화통일을 추구하는 과정에서 발생할 수도 있는 우발적 위기상황에 효과적으로 대처하면서 안전보장에 만전을 기해야 하는 것이다.

국가안보를 군사력으로만 유지하는 시대는 지났다. 안보전략을 번영전략 및 일류국가전략과 연계해야 하는 시기가 도래했다. 군사력보다 경제력이 더 강력한 안보체제를 가져올 수 있다. 대외적인 적의 위협보다 국가 내부의 불안정이 더 위협적일 수 있다. 안보의 개념이 보다 포괄적으로 바뀌면서 경제력, 정치적 안정 및 민주주의, 정부의 질, 첨단기술, 국민결속 등이 안보에 필수적인 요소로 떠올랐다. 국방예산이나 군대를 늘리는 것 못지않게 이를 효율적으로 관리하고 국민적 신뢰를 이끌어 낼 수 있도록 정부의 질을 향상시키는 것이 중요할 수 있다. 군사력 이외에 안보강화에 필수적인 비군사적 영역에서의 국가적 역량과 자원을 개발하는 국가전략을 수립해야 한다.

우리는 한반도가 갖는 지정학적인 중심성을 기초로 하여 국가의 위상을 확립하고 민족웅비의 기상을 드높일 수 있는 비전을 추구하여야 한다. 우리가 민족적인 통합역량과 자주적 국력을 확보하고, 한반도의 지정학적인 중심을 잘 활용하면 세력균형자의 역할을 수행할 수 있을 것이다. 한반도를 중심으로 한 주변 국가들의 세력관계가 불투명하면 할수록 지역 내의 안전을 증대시킬 수 있는 '공동안보체' 나 '다자협력체제'

의 필요성이 높아질 것이다. 즉 세계 4강의 중간 위치에 있는 대한민국
은 국제질서 변화로 인해 위험도 따르지만 새로운 기회도 주어진다는 점
을 중시할 필요가 있다.[33]

최근의 사태에서 보듯 조국수호의 길은 당분간 험난할 것이다. 그러
나 우리가 조국수호 의지로 하나 되어 '평화 만들기'에 나선다면 평화통
일의 길은 활짝 열릴 것이다. 하자! 우리는 할 수 있다!

자주적 방위충분성
전력의 확보

군사이론가로 유명한 칼 폰 클라우제비츠는 그의 저서 「전쟁론On War,
Vom Kriege」에서 "전쟁이란 자국의 의지를 구현하기 위해 상대에게 무력을
강요하는 행위"라고 정의하고 있다. 로마의 전략가 베제티우스Vegetius는
"평화를 원하거든 전쟁을 대비하라"는 명언을 남겼다.

인류 역사에서 전쟁을 살펴보면 그 원인은 전쟁의 수만큼이나 다양하
고 복잡하다. 원시시대에는 식량과 토지, 노예 획득이 주원인이었다. 중
세 유럽에서는 종교적 이유가 많았다. 근대사회에서는 자원과 상품시장
확보를 위한 식민지 쟁탈과 제국주의 건설을 위한 전략적 요충지 확보를
위한 전쟁이 많았다.[34] 우리 민족도 970여 회에 달하는 크고 작은 외침
을 받았으며, 20세기에는 일제강점기의 쓰라린 과거사를 갖고 있다.

안보전략은 적국 또는 가상적국의 기도와 군사적인 능력을 고려하여
판단해야 한다. 북한은 약 120만 명의 병력을 포함한 방대한 재래식전
력과 대량살상무기를 보유하고 있다. 그들은 강성대국强盛大國[35]과 선군정

치先軍政治[36]를 강조하면서 휴전협정을 수시로 위반하고 있다.[37] 대남적화 통일을 포기하지 않고 있다. 따라서 대한민국은 북한의 어떠한 도발도 억제해야 하고, 유사시는 싸워 이길 수 있어야 한다. 하지만 우리는 싸우지 않고 이겨야 한다. 왜냐하면 6·25전쟁 당시와는 비교도 할 수 없는 파괴력을 가진 남북한의 군사력이 충돌한다면 그동안 우리가 심혈을 기울여 이룩해온 일류국가로 도약할 수 있는 민족적 역량을 송두리째 잃어버릴 수 있기 때문이다.

"당신은 전쟁에 관심이 없을지 모르지만 전쟁은 당신에게 관심이 있다"라고 엘빈 토플러는 말했다. 최근의 일련의 사태에서 보듯, 우리의 의지와 상관없이 한반도에서 전쟁이 언제 발생할지 모른다. 우리는 이 땅에서 전쟁을 억제하고 예방하기 위해 최선을 다해야 한다.[38]

세계는 경제뿐 아니라 안보 측면에서도 상호 의존의 시대로 접어들었다. 스스로만의 힘으로 완벽한 국가안보를 보장받을 수 있는 나라는 미국을 포함해서 이 지구상에 단 한 나라도 없다. 최근 일본은 한국과의 군사협력을 확대하고 강화하자는 러브콜을 보내고 있다. 미국은 한미일 3국의 3각 군사협력을 은근히 바라고 있다. 중국은 북한을 동맹국 차원에서 적극적으로 감싸고 옹호하고 있다. 중국은 북한에 대한 영향력을 지닌 유일한 강대국으로서 무너지는 북한정권을 떠받쳐왔다. 중국이 북한의 붕괴를 마을 건너 불 보듯이 하지는 않을 것이다. 앞으로 우리가 북한을 방치할 경우 북한의 중국 의존도는 높아질 수밖에 없을 것이다.

한미동맹은 중요하다. 그러나 우리 안보의 중요한 지주인 한·미간의 동맹체제도 결국은 우리가 주인이 된 입장에서 협조를 받는 것이다. 자국의 힘을 믿지 않고 외국세력에 의존하는 것은 국토를 빼앗기는 화근이 된다. 조선말의 역사가 이를 여실히 증명하고 있다. 그럼에도 불구하고 우리는 과거 너무도 오랫동안 우리의 생존문제를 미국에 맡겨 왔다.[39] 21세기의 불확실한 안보환경 속에서 그러한 태도는 지속될 수 없고 그것이 허용되어서는 안 된다. 우리가 민족의 통일을 이루고 태평양시대의 주도국가로 도약하는 목표를 성취하고자 한다면 방위역량의 강화는 필수불가결한 전제조건이 될 것이다.

한국 사회는 한미동맹의 출범 당시와는 비교할 수 없을 정도로 발전하였다. 이제 우리도 국가적 자존심을 주요한 덕목으로 추구할 시기가 됐다. 한반도 방위에 관한 한 우리의 '주인 의식'을 자각해야 한다. 스스로 방어할 능력이 없는 국가가 가치 있는 것을 얻었다는 기록이 역사에는 없다. 지금 당장 편하고 좀 더 안전해 보인다고 부담 없는 편승(便乘, Bandwagon)을 지속하는 것은 동맹국인 미국과의 관계 강화에도 결코 도움이 되지 않는다. 대한민국은 '포기의 공포와 연루의 두려움'에서 벗어나기가 힘들다. '한반도 방위의 한국 주도-미국 지원'의 구도는 우리의 지향일 뿐만 아니라, 미국 역시 바라는 바다.

북한은 일찍부터 자주국방의 중요성에 눈을 뜨고 적극 노력해 왔다. 그러나 우리는 국방을 주한미군에 의지하여 스스로 자주국방의 노력이 미흡하였다. 무엇보다도 미래의 안보 상황에 대비한 전력의 운용개념을 구상하고 이에 따라 우리의 군사력을 어떻게 설계하고 건설해 나갈 것인가 하는 등등의 우리 나름의 군사사상과 철학이 확고히 정착되어 있지 못했다. 그 때문에 우리의 전력 증강방향과 노력은 관계되는 사람이 바뀔 때마다 덩달아 변경되었다.

우리는 지극히 자연스럽게 미국의 군사사상과 통상적 개념을 그대로 따랐다. 핵심적 기능의 발전에 소홀했다. 북한에 비해 전력량도 부족하면서 미국식의 힘 위주의 '대량군(大量軍주의)'적 사고방식에 근거하여 미래전쟁에 대비하려 하고 있는 모순을 지녀왔다.

자주성 문제는 국가방위태세 확립을 위한 노력에 있어서 유의해야 할 기본원칙이다. 물론 오늘날과 같은 상호 의존의 시대에 있어서 국가안보를 전적으로 내 힘으로 할 수는 없다. 그것은 근본적으로 가능한 일도 아니고 반드시 필요한 것도 아니다. 여기서 강조하는 것은 국가방위를 기획하고 구현함에 있어서의 자주성을 의미하는 것이다. 즉 우리에게 맞는 국방사상과 군사사상을 정립하고 이를 바탕으로 군사독트린 즉 군사이론체계를 발전시켜야 한다.

국방태세의 근본은 스스로의 사고와 힘으로 싸울 수 있는 능력과 체제를 갖추는 것이다. 즉 우리의 지혜와 힘으로 전쟁을 억제하여 평화를 유지하고 유사시에는 현대적 전쟁을 수행할 수 있는 능력과 체제를 갖추는 일이다. 이를 위해서는 전쟁지도체제를 재조정해야 한다. 전력증강 분야에서도 자주성이 요구된다. 조기경보 및 정보획득능력을 포함하는 독자적인 전쟁수행능력과 자주적 억제전력을 조기에 확보하는 등의 다양한 노력이 수반되어야 한다. 그러한 능력을 갖출 때만 한국군은 세계 일류정예강군으로 우뚝 설 수 있을 것이다.

적절한 전력규모의 확충도 중요한 과제이다. 인력의 규모는 늘리지 않더라도 전력은 증강해야 한다. 이것은 우리도 선진 국가처럼 기술집약형 군대가 되어야 함을 의미하는 것이다.

우리가 추구하는 일류국가 건설은 전쟁억제를 위한 강력한 군사대비태세가 뒷받침될 때만 비로소 실현될 수 있다. 튼튼한 안보가 뒷받침되지 못한다면 번영과 발전은 그저 희망에 불과할 것이다. 이를 위해서는 이스라엘이나 스위스처럼 총력안보체제를 굳건히 유지해야 한다.[40]

군사력 건설의 정당성은 적의 현존위협과 미래에 예상되는 위협에서

나온다. 특히 군사력 건설에는 많은 시일이 소요되므로 예상되는 위협
도 중요한 변수가 된다. 북한의 군사적 위협은 북한체제의 불변하는 대
남적화전략의 산물이다.

전쟁을 억제하면서 평화를 관리해나가기 위해서는 국방태세부터 확
립해야만 한다. 평화는 주어지는 것이 아니라 지켜지는 것이다. 국가가
스스로 자신의 평화를 지킬 수 있는 능력을 확보하지 못하는 한 번영과
발전은 보장될 수 없다. 국제사회에서 민족과 국가의 자존을 지켜나갈
수도 없을 것이다.

어느 국가를 막론하고 생존과 번영에 대한 일차적인 책임은 스스로에
게 있다. 모든 주권국가는 국가의 안전보장과 국익의 옹호 및 증진을 최
우선적인 목표로 지향하고 있다. 이러한 목표를 구현할 수 있는 능력을
갖추고자 하는 것이 바로 '방위충분성 防衛充分性 전력'[41]의 확보라 할 수 있
다.

'방위충분성'이란 불특정하고 불확실한 안보상황하에서 상황변화에
대비할 수 있는 국방에 필요한 최소한도의, 그러면서도 충분한 수준의
군사능력을 말한다. 주변국이 우리의 국가이익을 결코 함부로 침해할
수 없는 수준이다. 주변국과의 관계에서 균형추 역할을 할 수 있고, 주
변국과의 국지전이나 제한전시 우리의 능력으로 격퇴할 수 있는 수준의
군사력을 의미한다.

그 능력이 어느 정도가 되어야 하느냐는 군사력의 구성요소에 따라
달라질 수가 있다. 동맹군사력의 지원규모 및 능력이 크면 독자군사력
의 수준을 낮춰도 국가방위가 가능하다. 동원군사력을 잘 구축하면, 작
은 규모의 상비군사력으로도 방위충분성의 달성이 가능하다. 정보 · 전
략군을 잘 구축하면, 작은 규모의 육 · 해 · 공군으로도 방위충분성의 달

성이 가능하다. 그리고 기술집약적 군사력이 크면 병력집약적인 군사력은 작아도 방위충분성의 달성이 가능하다. 무형전력이 강하면 유형전력의 규모가 작아도 된다. 북한처럼 비대칭전력을 갖추면 재래식 군사력의 규모가 상대적으로 작아도 방위충분성이 달성될 수 있다.

방어전략이냐 공격전략이냐에 따라 방위충분성이 영향을 받는다. 방위충분성은 침략을 하지 않을 것임을 명백히 선언하는 것이다. 그러나 수세적으로 방어만 하는 것이 아니라 방어가 확실히 보장될 수 있는 방어, 즉 '선제공격先制攻擊, Preemptive Strike'도 가능하기 때문이다. 방자의 전력수준은 산업시대에는 공자의 1/3 수준으로 충분하였다. 정보 · 지식사회의 전쟁인 경우에도 방자도 상대적으로 약하기는 하지만 공자의 중심을 직접 타격 · 마비시킬 수 있는 수단을 보유하는 '작지만 강한 군사력'의 의미가 커지고 있다.

자위적인 방위역량을 확보하는 데는 통일 이전의 북한의 위협뿐 아니라 통일 이후의 주변국의 위협에 대비할 수 있도록 장기적인 안목에서의 통합적인 대비가 필요하다. 이를 위한 추진방안은 먼저 대북 억제력을 완비하고, 군의 조직과 운영체계의 효율화를 도모하는 것이다.

북한의 도발에 대해서는 국가이익을 수호하고 증진하는 방향에서 냉철한 대응이 필요하다. 우선 북한의 대남 기습공격능력, 핵과 미사일 등 대량살상무기, 장거리 포병 등 상존하는 위협에 대처할 수 있어야 한다. 북한의 속전속결 능력과 고속기동전 기도를 무력화하기 위해서는 평시 조기경보태세의 강화와 효과적인 즉응태세 완비가 필요하다. 각종 전장기능의 통합과 군사력 운용능력의 제고, 훈련강화, 전쟁지속능력의 보강, 무형전력의 제고와 군 운용의 효율화 등이 요구된다.

방위충분성전력을 확보하기 위해서는 전략적 억제 전력 확보가 우선적으로 추진되어야 한다. 적이 도발 시에는 치명적인 응징보복을 가할 수 있는 전략적 억제 전력을 확보함으로써 적의 침략의지를 사전에 무력화할 수 있을 것이다.

미래전 양상에 부합된 첨단 정보기술 전력을 구축해야 한다. 적의 군사 활동을 감시할 수 있는 정보자산을 확보해야 한다. 정보자산을 활용하여 북한과 불특정 위협세력의 핵심표적을 지속적이고 주기적으로 감시할 수 있어야 한다. 수집된 정보를 처리하여 실시간 전파하고 모든 전투요소를 지휘 및 통제할 수 있는 C4I체계와 선택된 표적을 정밀 타격할 수 있는 전력을 복합적이고 체계적으로 발전시켜야 한다.

미래에는 국가 기간시설 및 군사지휘통제체계 등이 네트워크체계에 의해 결합된다. 유사시 이를 전략적으로 활용할 수 있는 사이버 공격능력을 포함한 정보마비 능력을 확보해야 한다.

다양한 유형의 분쟁에 신속히 대응하여 적의 군사행동을 거부할 수 있는 신속대응전력을 체계적으로 발전시켜야 한다. 국경선 일대에서 적의 침공을 격퇴할 수 있는 지상군 전력과 전장에서 우세를 달성할 수 있는 전력의 확보가 중요하다.

국방기술이 불과 수 십 년 전에는 꿈에도 생각지 못했던 전투능력을 향상시켰다는 것은 의심의 여지가 없다. 그러나 국방전략가는 비록 현대 기술이 전승을 위해 중요하지만 그 기술적 가치는 과장될 수 있고, 위험은 축소될 수 있으며, 기회비용은 모호해지거나 무시될 수 있다는 점을 명심해야 한다.

모든 조건이 동일하다면, 전장에서 우세한 기술은 현저한 이점을 제공한다. 다른 조건이 동일하지 않을 때에도 우세한 기술이 전장에서 핸디캡을 줄이는 데 중요한 역할을 할 수 있다. 그러나 군사적으로 중요한 기술적 이점은 손상되기 쉽다.

방위산업 역량을 더욱 발전시켜야 한다. 자주적 국가방위역량은 우리의 방위산업능력이 우리의 국방력을 뒷받침해줄 수 있을 때 비로소 완성될 수 있는 것이다. 그래야만 우리의 작전환경과 우리의 필요에 맞는 무기와 장비도 확보할 수 있게 될 것이다. 방위산업은 단순한 일반적인 산업과는 달리 국가생존과 민족적 자존심의 수호 문제와 직접적으로 연계되어 있는 산업이다.

국방태세의 확립을 위해 가장 중요한 것은 온 국민과 군이 한마음으로 협조하면서 다 같이 나라를 방위해야 한다고 자각하는 일이다. 국민의 국가방위에 관한 일체감과 의지를 돈독하게 다져야 한다. 특히 우리의 경우는 안보상의 일차적인 위협이 동족으로부터 오는 것이기 때문에 국민적 일체감과 국민의 국방의지가 동요되지 않아야 한다.

다양하게 만들어 놓은 수많은 각종 병역특혜제도와 그 제도의 남용은 국민들로 하여금 병역의무를 자랑과 긍지의 대상이 아니라 경멸과 기피의 대상이 되게 하였다. 국방의무의 형평성과 공정성이 철저히 지켜져서 예외가 없어야 한다. 적어도 국방의무가 여러 가지 이유로 특혜의 대상이 되게 하거나 정치목적의 교육 및 처벌의 도구로 전락하는 일은 없어야 한다.

어느 것보다 중요하고 효과적인 방법은 국방의 대의를 구현하여 국방의무의 신성함에 공감하고 병역의무를 자랑스러운 권리로 알게 하여 국방의 의무를 명예스럽게 만드는 일이다. 그리고 적어도 병역의무를 정상적으로 수행한 사람이 그렇지 않은 사람들보다 사회 적응과 처우의 여건이 더 나빠져서는 곤란하다. 말하자면 군대 갔다 와서 손해 보았다는 말은 안 나오도록 해야 한다. 대한민국 국민이 의무를 다하는 것이 그의 인생에 현실적으로 손해가 되어서는 국방의 대의를 살려나갈 수 없을 것이다.

우리는 통일 이후까지를 바라보며 미래를 준비해야 한다.[42] 자주적 국방역량의 강화는 모든 국민의 소원일지 모른다. 그러나 그것은 하루아침에 이루어지지 않는다. 해방 이후 온 국민이 결집해 경제성장에 총력을 기울여 밥은 먹고 살게 되었다. 그러나 미국과의 동맹 없이 군사력으로 중국과 일본을 견제할 수 있는 게임은 이미 끝났다고 해도 과언이 아닐 정도로 우리의 군사력은 부족하다. 북한뿐 아니라 주변국들을 견제할 수 있는 국방역량을 갖추기 위해서는 당분간은 한미동맹의 바탕 위에서 방위산업을 육성하고, 국방역량을 계속 배양해 나가야 한다. 국제질서에서 힘없는 안보는 공허한 메아리에 불과할 뿐이기 때문이다.

방위충분성 전력을 확보하기 위해서는 꾸준한 국방비의 투자가 필수적이다.[43] 한반도에 손을 얹고 있는 각국의 군사비는 2010년을 기준으로 미국이 6610억 불, 중국은 약 1500억불, 러시아 530억불, 일본 510억불, 한국 240억불, 그리고 북한이 약 55억불 등이다. 우리나라는 안보위협이 높은 국가임에도 불구하고 GDP 대비 국방비의 부담률은 1980년에 6.0%에서 2010년에는 2.6%까지 하락하였다. 세계 분쟁국의 평균수준인 6.3%에 절반도 안 되며, 세계 평균 수준인 3.5%에도 크게 못 미치는 실정이다. 장기적으로 GDP 대비 3.0% 수준 이상의 국방비가 안정적으로 배분되어야 한다. 세계 13위인 우리 국가의 경제력을 고려할 때 노력하면 부담이 가능한 것으로 판단된다. 그러나 이를 위해서는 무엇보다도 국민적인 합의와 공감대 형성이 중요하다. 피 흘릴 각오 없이 평화를 얻고자 하는 자는 피 흘릴 것을 각오한 자에 의해서 반드시 정복된다. 스스로 지키려고 하지 않는 나라는 결코 일류국가가 아니다.

스스로 지키려고 하지 않는 국민은 결코 일류국가의 주인이 될 수 없다. 우리나라는 우리가 수호할 수 있어야 한다.

지키는 평화에서  만들어 가는 평화로

우리는 최근의 안보 상황을 겪으며 한반도의 평화가 얼마나 쉽게 깨질 수 있는가를 피부로 느꼈다. 특히 북한의 공격행위보다 더욱 걱정스러운 것은 한반도 위기에 대한 중국의 태도다. 북한의 무모한 공격에도 불구하고 중국은 북한을 감싸기에 바빴고 우리에 대해서는 적의를 감추지 않았다. 심지어 한·미·일 대 북·중·러의 新냉전체제의 도래를 걱정해야 하는 상황에 이르렀다. 한반도에서의 전쟁은 한국전쟁 때와 같은 국제전의 성격을 지닐 가능성이 높아졌다.

전쟁은 평화를 위한 목적 이외에는 할 것이 아니다. 반세기가 넘는 분단 경험 속에서 누구도 거부할 수 없는 합의사항으로 자리 잡은 것은 어떠한 경우에도 이 땅에서 전쟁이 재발되어서는 안 된다는 것이다. 손자는 "전쟁은 국가의 존망과 생존이 달려 있음으로 심사숙고하지 않으면 안된다 孫子曰 兵者 國之大事 死生之地 存亡之道 不可不察也"라고 하였다. 국가가 강대하다 하여도 전쟁을 좋아하면 반드시 망하고, 비록 천하가 평화롭다하여도 전쟁을 잊으면 반드시 국가가 위태롭다.

대한민국 헌법 제3조는 "대한민국의 영토는 한반도와 그 부속도서로 한다"라고 명시함으로써 조국의 영토의 범위를 명확히 규정하고 있다. 우리 민족은 수천 년 동안 한반도라는 지리적 공간 속에서 하나의 민족

생활권을 이루며 살아 왔다. 즉 조국의 강토는 남과 북의 온 겨레가 더불어 가꾸어야 할 새로운 삶의 터전이자, 후손들에게 안전하게 물려주어야 할 생활의 공간인 것이다. 분단시대를 살아가는 우리 세대는 영토를 평화적으로 통합하여 민족 구성원 모두가 한반도 내에서 자유롭게 왕래하고 거주할 수 있는 터전을 만들어야 한다. 더불어 우리는 이를 아름답게 가꾸고 보존하여 후손들에게 물려 줄 책임과 의무를 성실히 수행해야 할 것이다.

한국인은 행복하지 못한 가장 큰 요인 중 하나로 전쟁과 테러 위협 등 안보 불안요인을 꼽고 있다. 즉 한반도의 평화를 갈망하고 있다. 남북 간의 냉전이 종식되고, 평화체제가 구축되어야만 평화가 보장될 수 있다. 민족의 번영과 발전을 이룩하기 위해서는 한반도에서 전쟁을 억제하고 평화를 보장하는 것은 모든 문제에 앞서는 선행조건先行條件이다.[44] '대북 화해협력 정책'과 '평화번영정책' 및 '공생공영의 비핵개방 3000 정책'도 한반도의 전쟁억제와 평화보장을 대전제로 해서만 추진이 가능하다. 이를 위해 우리는 '평화지키기Peacekeeping'에서 한 발짝 더 나아가 '평화만들기Peacemaking'를 병행해야 한다.[45] 즉 우리의 안보는 분단시대에 자신을 지켜내는 안보를 넘어 민족이 하나 되는 통일시대로 건너가는 안보의 기틀을 닦아가야 한다.

대한민국이 평화와 안정을 보장하고 나아가 화해와 협력의 장을 열어 평화통일을 이룩하기 위해서는 북한으로 하여금 대남적화전략을 포기토록 해야 한다. 즉 군사적인 위협으로는 아무것도 이룰 수 없다는 것을 명확히 인식시켜야 한다. 이를 위해 우리는 강력하고 확고한 전쟁억지력을 갖추어야 한다. 국군의 강력한 억지력은 한반도의 냉전구조의 해체와 자신감 있고 유연한 대북정책의 추진을 위한 전제조건이다.

평화통일은 전쟁억제를 토대로 평화가 보장되는 조건 위에서 성립된다. 전쟁은 인간들의 의지의 싸움이다. 의지 없는 정신은 무가치하며, 정신없는 의지는 위험하다. 역사는 강한 의지를 가진 자가 우세한 적과 싸워서 승리한다는 교훈을 알려준다. 한 국가의 안전은 그 이웃나라의 자제심에만 의존할 수 없다. 힘의 균형이 존재하는 경우에만 평화를 확보하고 유지할 수 있다. 생존의 열쇄는 보복력을 갖는데 있다.

한반도의 평화를 만들어 가기 위해서는 남북 간 화해와 교류협력을 실천해 나가는 전략을 추진해야 한다. 즉 북한이 스스로 평화공존과 공영의 길로 나올 수 있는 환경과 여건을 조성하여 전쟁을 근원적으로 방지해야 한다. 전략적으로 최선의 방책은 북한의 전쟁하려는 의지를 분쇄하는 것이다. 손자의 명언대로 싸우지 않고 이기는 길이 최선이다 不戰而 屈人之兵 善之善者也. 그 다음은 우리의 동맹체제 안으로 끌어들이든지 북한의 동맹관계를 끊어 고립시키는 일이다. 민족공동체통일방안의 목표는 평화와 화해협력을 통한 남북관계를 개선하는 것이다. 남북한 간의 상호 이해의 폭을 넓히고 민족동질성을 회복하면서 사실상의 통일을 실현시키기 위해 평화를 만들어 가는 것이다.

한반도에서 긴장완화를 통해 평화를 유지하고, 남북한 간 교류협력을 강화하기 위해서는 군사적인 신뢰구축이 우선적으로 추진되어야 한다. 남북한 간 군사적인 긴장완화는 기본적으로 남북군사회담을 통해 추진되어야 한다. 긴장완화의 추진원칙은 합의와 시행이 용이한 분야부터 추진하고, 상황변화에 맞게 신뢰구축과 군비제한 및 군축과정을 배합하여 점진적·단계적으로 추진해야 한다.

남북한 간의 군사적 대결 및 긴장은 쌍방의 군사적 능력과 의도에 대한 의구심에서 비롯되었다. 따라서 상호 신뢰구축을 통한 군사적 투명성 제고가 우선적으로 실시되어야 한다. 신뢰구축은 군비제한과 군축 추진의 기초요, 토양이기 때문이다.

군사적 신뢰구축은 북한의 군사적 투명성과 개방성을 향상시키는 데 목표를 두고, 상호 합의 및 이행이 용이한 분야부터 추진해야 한다. 국방장관회담과 군사공동위원회 군사실무회담 등 군사대화를 정례화한다. 이를 통해 남북한 간 군사적 적대감을 해소하면서 긴장완화를 위한 조치 사항을 협의해 나간다. 주요 군사연습과 연례적인 대규모 군사활동을 서로 통보할 수 있도록 협의한다. DMZ 인근 지역에서의 대규모 군사연습 축소, 상호 기초적인 군사력 현황자료 교환, 고위군사당국자 및 작전 책임자간 직통전화설치 등 우발적 충돌과 오해를 방지할 수 있는 조치도 병행하여 시행해야 할 것이다.

군사회담 초기단계에서는 기 합의한 군사적 신뢰구축조치를 중점적으로 협의하고 이를 이행하는 노력을 계속해야 한다. 그리고 신뢰구축조치의 실천방안의 협의를 위해 '남북 군사공동위원회'의 정상 가동을 관철시켜야 할 것이다.

교류협력 단계에서의 군사적 조치는 우선 불신, 긴장, 기습공격의 우려를 제거해야 한다. 남북한이 군사력의 투명성조치透明性措置, Transparency Measures를 취하게 될 경우, 군사적 신뢰구축에 상당한 도움이 될 것이다. 기습공격을 방지하기 위해서는 쌍방 군사력의 위치, 장비소유 및 운용에 관한 제한방안을 검토해야 한다.

한반도에서 항구적인 평화구조를 정착시키기 위해서는 남북한 간 평화체제라는 법적·제도적 장치가 마련되어야 한다. 그리고 남·북한 및 북·미간 신뢰구축을 위해서는 한반도에 비핵화가 우선적으로 실현되어야 한다.

신뢰구축을 위해 더욱 노력해야 한다. 남북한 간 첨예한 군사적인 대치상황 하에서는 우발적 충돌이나 오판에 의해 안보위기상황이 발생할 가능성이 높아진다. 이를 사전에 방지하고 관리할 수 있는 제도적 장치와 실천이 필요하다. 남북한 간에 군사정보의 교환과 군 인사교류, 군사분계선에서의 우발적 충돌 등에 효과적으로 대처하기 위한 군사직통전화의 추가설치 등이 필요하다. 정부는 이러한 군사적 신뢰구축을 위한 노력을 꾸준히 경주해 나가야 한다. 특히 남북 간에 이미 합의되어 있는 남북군사공동위원회의 가동을 추진하고 비무장지대의 평화적 이용을 모색해야 할 것이다. 이러한 노력들을 통해 남북 간 군사적 신뢰구축이 이루어지면, 남북 간 군비통제를 위한 협상을 남북 간에 또는 4자회담을 통해 추진해야 할 것이다.

북한이 보유하고 있는 핵과 화생무기 등 대량살상무기의 위협이 제거되어야 한다. 특히 최근 개발, 시험 중에 있는 핵과 중장거리 미사일 등과 같은 대량살상무기는 한반도와 동북아 지역, 나아가 세계의 안정과 평화에 심각한 위협을 주고 있기 때문에 반드시 제거되어야 한다.

공격형 무기의 위협이 제거되고 축소지향적인 군사력의 균형이 달성되어야 한다. 남북관계 개선과 평화공존이 이루어질 경우, 우선 남북 간에 상대방에 대한 위협을 주고 있는 주요 공격형무기와 제반 군사적 조치들을 제거하기 위해 남북 군비통제협상을 적극 추진해야 한다. 전반적으로 축소지향적인 군사력 균형을 추구해야 할 것이다. 이는 남북한의 군사적 안정성을 한층 더 높이고 전쟁의 위협을 제거하여 남북한 간의 평화공존을 공고히 하는 데 기여할 것이다. 그리고 소중한 자원과 인력을 보다 생산적인 부문에 이용될 수 있도록 하여 남북한 간의 공동번영과 발전에 도움이 될 것이다.

수도권의 안전을 보장하기 위해 북한의 기습공격 능력을 제거해야 한다. 기습공격을 방지하지 위해서는 기습공격용 무기 제한에 중점을 두고 주요 군사활동을 통제하고 배치를 제한해야 한다. DMZ의 실질적 비무장화 및 인접 일정지역 내 군사력의 추가 배치를 금지하고, 대규모 부대이동 및 군사연습을 제한해야 할 것이다. 수도권의 안전보장지대를 설치하기 위해서는 쌍방이 수도권에 대한 '안전보장 선언'을 채택하여 이를 이행하며 직접적인 위협을 주는 특정무기를 안전보장지대 사거리 밖으로 배치를 조정해야 할 것이다.[46] 전력배치 제한구역을 설치하기 위해서 기본적으로 고려해야 할 사항으로는 무기와 병력을 감축 시 부대배치 조정과 연계하여 추진한다. 이러한 전제조건하에 배치 제한구역은 수도권 안전보장지대를 보장한다는 조건하에서 볼 때 군사분계선에서 남북한 간 동일 거리를 고려하여 배치 제한구역을 설정하는 것이 바람직할 것으로 생각할 수 있다.

군사적 비대칭성을 완화해 나가야 한다. 군사력에 관한 자료를 교환하는 것을 비롯한 검증檢證, Verification의 방법이 군사력의 비대칭성을 해소하는 과정 중 가장 본질적인 부분이다.[47] 남북한은 쌍방의 군사력에 대해서 위협을 느끼지 않도록 군축협상을 실시해야 한다.

군비통제는 국가안보목표를 달성하기 위해 적대국가 또는 잠재적 적대국가와의 정치적·군사적 협의를 통해 근본적으로 군사적인 불안정성으로부터 발생하는 위협을 제거하려는 국가안보정책의 일부로 추진하는 것이다.

한반도 군비통제의 기본원칙은 통일 후의 군사력 역할을 고려하면서 적정 규모로 상호 균형된 군사력을 유지하는 것이다. 단계적으로는 북한의 핵, 미사일, 화학무기와 전방배치 장거리 포병 등 기습공격이나 공세작전 능력을 우선적으로 감축시켜 신뢰구축 상황을 조성하는 것이다. 동수 보유 원칙에 입각하여 군사력의 상호감축을 추진하고, 군축을 감시하고 보장하는 검증체계를 확립해야 한다.

군비통제의 가장 바람직한 방향은 남북한이 합의에 의해 소모성 군비경쟁을 중지하는 일이다. 이러한 맥락에서 한국정부는 그동안 북한에 대해 단계적이며 기능적인 군비통제정책을 추구해 왔다. 즉 정부는 '남북화해협력 · 남북연합 · 통일국가'의 형성을 단계별로 상정한 '민족공동체 통일방안'과 병행하여 각 단계별로 군비통제목표를 '군사적 신뢰구축 · 군비제한 · 군비축소'로 이어지는 3단계를 설정하였다.[48] 반면 북한은 군비통제 문제를 정치적으로 이용하고 있다. 즉 북한은 한국과의 군사적 긴장완화를 추구하는 것에 목적을 두기보다는 정치적으로 미국과의 새로운 관계구조를 형성하여 한반도에서 미국의 영향력을 약화 내지 무력화를 시도하고 있다.

우리는 북한의 의도를 간파하고 국내외 정세변화에 능동적으로 대처하면서 국가안보를 증진시키고 나아가 평화통일을 지원하는 차원에서 남북 군비통제를 모색해야 한다. 우리는 남북한 간의 신뢰구축을 바탕으로 북한체제를 개혁과 개방으로 유도하여 평화적 공존관계를 구축하고, 나아가 평화통일의 기반을 조성해야 한다.

군비통제 정책의 접근방법은 '先신뢰구축, 後군비축소'가 바람직할 것이다. 북한은 지금까지 '先군비축소, 後신뢰구축'이라는 논리를 지속적으로 주장하였다. 이러한 북한의 주장은 다분히 평화공세에서 나온 위장전술로서 진정으로 남북한 군비통제를 추진하겠다는 의도를 의심케 하는 단적인 예라 할 수 있다.

정치적 차원에서는 상호 체제인정과 불가침, 내정 불간섭 등 남북 당국 간의 신뢰를 증진해야 한다. 정치, 경제 및 문화 분야의 교류협력을 통해 관계를 개선해 나가야 한다.

군사적 차원에서는 상호 군사 활동에 대한 정보교환을 통해 투명성과 예측 가능성을 제고시키야 한다. 기습공격 능력을 제한 및 제거하여 군사적 안정성을 확보해야 한다.

신뢰구축 없는 군축은 이루어지지 않는다. 역사는 믿을 수 없는 상대방과의 군축은 실패한다는 교훈을 남기고 있다. 상호간의 정치·군사적 신뢰의 조성이 전제되지 않은 군축의 시도는 결과적으로 평화체제를 구축하기 위한 적절한 틀을 제공하지 못한다는 것이 역사의 교훈이다.

국가차원의 안보전략을 구현하기 위한 국방전략이 수립되어야 한다. 한국군은 한미연합방위체제의 부작용의 하나로 전시 군사력 운용에 중점을 두는 군사전략軍事戰略을 수립하였다. 그러나 전시작전권의 전환 등 대내외 안보환경 변화를 보면 이제는 국방전략을 자체적으로 수립할 시점에 서 있다.

주변 4국에 대해서는 기능적인 접근을 강화해야 한다. 한반도는 역사적으로 볼 때 주변 강대국으로부터 영향을 받아왔다. 주변 4국은 한반도에 대해서 지정학적인 관심이 매우 높다. 따라서 남북한이 평화를 만들어 가는 과정에서 이들 주변 4국을 적절히 관리해야 한다. 주변 4국은 기본적으로 한반도의 안정유지를 위해 남북한의 평화정착 노력을 지지하고 있다. 동시에 한반도에 대한 영향력을 확대하기 위해 노력하고 있다. 한반도의 평화협정체결 문제에 주변 4국은 비교적 높은 관심을 갖고 있으며, 적극적으로 개입하려 할 것이다.

우리 정부는 먼저 주변 4국에게 평화체제 전환문제는 '민족자결원칙'과 '당사자 해결 원칙'에 입각하여 남북한 간에 직접 해결해야 한다는 기본입장을 설득시키는 노력을 강화해야 할 것이다. 단 남북한 평화협정에 대한 국제적 보장을 확보하는 데 미국과 중국을 참여시킬 수 있다. 그러나 주변 강대국의 영향력을 제도화할 위험성이 있는 방안은 가급적 회피하는 것이 좋을 것이다.

국가의 안보는 미래의 정세변동에 대응할 유연성을 열어 놓을 때 가능한 법이다. 우리는 조국의 영토를 사수하고 보존하기 위해서 평화를 지키는데 만족해서는 안 된다. 오늘의 안보와 내일의 통일에 대비하는 통찰력을 갖고 한반도 평화를 주도적으로 만들어 가야 한다. 특히 갈등이 고조되어 전쟁위험이 증가할 경우에는 어떻게 다시 평화상태로 전환할 것인지 심사숙고해야 한다. 북한을 붕괴시킨다면 붕괴이후에 우리에게 유리한 상황이 전개되도록 전략을 수립해야 한다. 대한민국의 강한 수단으로 북한의 약점을 쳐야 한다. 즉 리델하트의 간접접근이 필요하다.

우리는 능동적으로 행동하는 한반도의 주인이 되어야 한다. 우리 스스로 한반도의 평화를 만들어 가는 주역이 되어야 한다. 당신은 대한민국의 주인이다. 무엇을 결정할 것인가?

왜?
한반도의 평화통일이 필요한가? 

요즈음 통일에 대한 논의가 실종되었다. 국민적인 관심도 줄어들었다. 통일비용에 대한 우려가 확산되고 있다. 현 상태로 그냥 살아가는 것이 더욱 바람직하지 않느냐고 주장하는 사람들도 늘어나고 있다. 평화통일보다 무력통일이 더 좋다는 과격파도 등장하고 있다. '통일세'에 대한 논의는 불꽃을 피우기도 전에 잠재워지는 모습이다.

통일은 우리 조국의 숙원이며 과제임이 분명하다. 대부분의 국민이 평화통일을 당연시하고 있으며, 그 날이 오기를 고대하고 있다. 해방 이후의 역사는 남북 분단사이자, 동시에 통일 노력사이다. 분단과 분열에서 생기는 엄청난 고통과 불이익의 종식이 요구되고 있는 것이다. 우리에게는 한반도를 통일해야 할 책임이 있다. 역사 속에서 우리 민족이 한 민족이라는 정체성을 지니게 된 후 처음 겪은 분열의 시기인 후삼국後三國시대892~936도 44년 만에 통일을 이루었다. 1945년에 시작된 제2의 분단시대도 벌써 65년을 훌쩍 뛰어넘었다.

통일의 당위론과 필요론 측면에서 볼 때, 우리 민족 스스로 통일의 당위성을 단일민족에서 찾고 있다. 단일민족 의식은 역사의 뿌리와 깊게 연관되어 있다. 우리 민족은 통일신라 이후 약 1300년 동안 단일민족국가를 형성하여 한반도에서 살아왔다. 우리 민족이 나뉘어 산다는 것은 부자연스러운 현상이다. 단일 민족사회공동체로의 복원이 필요하다.

분단으로 생긴 이질화의 극복 및 동질성 회복이 필요하다. 남북한에서 사회와 문화 등 모든 영역에서 상당한 이질화가 진행되어 왔다. 이질화 현상은 세계관, 사회관, 역사관에 큰 차이를 형성하고 있다. 이러한 이질화는 시간의 흐름에 따라 더욱 심화될 것으로 판단된다. 민족적 동질성과 단일성 회복을 위하여 통일이 필요하다.

한국전쟁 시 동족상잔의 참극을 비롯하여 우리 민족이 겪고 있는 정신적 · 물질적 고통과 불안 및 희생은 대부분 국토와 민족의 분단에서 연유한다. 따라서 전쟁의 불안과 공포를 비롯한 부당하고 억울한 고통과 희생으로부터 벗어나기 위해서는 국토와 민족의 통일을 이룩해야 한다.

우리는 이산가족의 고통을 해소하고, 가족의 재결합을 보장해야 한다.

평화통일은 북한의 핵과 인권문제 등을 완벽하게 해결 할 수 있는 근원적인 지름길이다. 약 70년 동안 형기 없는 무기수처럼 징역을 살고 있는 2400만 명의 북한 동포에게 보여줄 수 있는 최고의 동포애이기도 하다. 한반도에서 평화통일이 강조되는 이유는 한반도에 고도로 집중된 남북한의 무장력을 고려할 때 오직 평화통일만이 민족의 지속적인 번영을 보장할 수 있기 때문이다.

대한민국이 일류국가로 발돋움하기 위해서는 과도한 분단비용을 생산과 복지를 증대하는 비용으로 전환시켜 경제발전을 이루어 나가야 한다. 이를 위해 산업구조에서 선진적인 남한이 북한의 인력을 활용하고, 지리적인 이점을 극대화시켜 나가야 한다. 북한을 부담만 안겨주는 거추장스러운 존재로 보는 시각에서 전략적인 자산으로 활용하려는 접근이 필요하다. 남북한이 소모전을 지속한다면 경쟁력이 약화될 가능성을 배제할 수 없을 것이다.

평화통일의 필요성에 따라 대한민국 헌법의 전문에서는 "평화적 통일의 사명에 입각하여 정의, 인도와 동포애로써 민족의 단결을 공고히 할 것"을 강조하고 있다. 그리고 제4조에서는 "대한민국은 통일을 지향하며, 자유민주주의적 기본질서에 입각한 평화적 통일정책을 수립하고 이를 추진한다"라고 규정하고 있다.

평화통일은 우리 조국이 번영하고 일류국가로 발돋움하기 위한 필수적인 조건이다. 경제적으로 남북이 통합되어야만 인구, 자원 등 모든 면에서 비로소 하나의 독립된 발전이 가능한 경제권을 형성할 수 있다.

국제사회에서 우리 조국이 민족적 자존심을 지키고 참된 자주성을 회복하려 해도 통일이 이루어져야만 가능하다. 국제사회에서 민족 상호간에 갈등으로 인해 감수하지 않으면 안 되는 국가적 불이익과 제한은 심각하다. 현 분단 상태는 안보, 정치, 외교, 경제, 사회, 문화 등 각 분야에서 우리 민족의 도약에 결정적인 족쇄가 되고 있으므로 이를 지혜롭게 풀어야 한다. 우리가 민족의 주권을 되찾으려면 반드시 통일을 이루어야 한다. 지금처럼 남북이 갈라져서는 평화를 얻을 수 없다.

그러나 당위적인 책임과 의무가 아무리 크다 하더라도, 낭만적 민족주의와 통일 지상주의는 한반도를 다시금 주변 열강들의 세력 각축장으로 만들고 민족의 장래를 위험에 빠뜨릴 수 있다. 또한 영토의 부분적인 상실을 가져올 가능성도 있음을 유념해야 할 것이다. 통일을 달성하기 위하여 무리하게 전쟁을 일으켜 민족이 공멸하는 경우가 생긴다면 핵심적인 이익을 과도하게 추구하다가 생존 자체가 문제되는 상황이 발생하는 것이다. 따라서 우리는 통일에 대한 성급한 기대를 갖기보다는 우리가 정치·경제·사회·문화적으로 안정된 기반 위에서 발전하면서 영토를 안전하게 통합하려는 노력을 강화해나가야 한다.

우리 모두는 시대적인 소명의식을 갖고 평화통일을 위해 헌신, 노력해야 한다. 분단시대의 끝이 아직도 멀다면 우리가 가깝게 만들어야 한다. 그것이 민족사적인 전통을 계승한 대한민국의 사명이다. 이러한 역사적인 책임을 다하는 우리들이 바로 조국 대한민국의 참다운 주인이다. 통일은 우리 민족의 숙명이자 우리 시대에 반드시 풀어야할 과제이다. 책임을 다하자! 우리는 통일의 주인공이 될 수 있다!

열린 민족주의가
살 길이다!

　세계는 지식정보화 추세 속에서 경제·사회·문화적으로 하나의 세계로 통합되어 가고 있다. 우리가 이런 추세에 능동적인 주체가 되기 위해서는 대내외적 환경변화에 대한 적응력을 키워야 한다. 세계를 향해 문을 활짝 열고 남을 받아들이며 사회갈등을 해소할 수 있는 능력 배양이 중요하다. 이를 위해 우리는 열린 포용의 사회를 만들어 가야 한다.

　우리나라는 대외개방정책을 표방하여 오늘날의 성장을 이루었다. 그럼에도 불구하고 우리의 법, 제도와 관습 안에는 각종 배타적인 요소들이 자리 잡고 있다. 외형적으로는 개방이 거의 100% 가까이 진행되고 있다. 그러나 외국인이 국내에서 활동하기에는 상당한 장애요인이 존재하고 있다. 세계에서 유례없이 종족적 동질성이 강한 한국인들은 외국인에 대한 차별이 심하다. 세계에서 화교가 성공하지 못한 유일한 지역이 대한민국이다. 외국인 노동자에 대한 차별이 가장 심한 나라 중 하나가 우리나라다. 외국인에 대한 관용의 부족이 한국인들로 하여금 세계화시대에 글로벌 시민사회의 일원이 되게 하는 데 장애요인이 되고 있다. 이러한 관용의 부족은 외국인의 인권이 존중되지 못하게 하는 기본요인이 되고 있다.

　법과 제도가 미비한 것도 일부 원인이다. 그리고 이를 집행하는 데 있어서 원칙에 따르기보다는 정치적인 논리나 국민정서를 부각시켜 처리하는 관행과도 연계되어 있다. 세계화의 진전으로 국경의 의미가 퇴색하고 자원의 이동이 자유로운 상태에서 배타적인 사고방식을 탈피해야 한다. 그렇지 못한다면 우리나라는 국제적인 경쟁에서 낙오될 수밖에 없을 것이다.

　정부는 국민에게 우리나라가 견실한 성장을 유지하고, 지속적인 번영을 구가하기 위해서는 세계인과 더불어 사는 의식이 필요함을 강조할 필요가 있다. 국제화시대에서 우리 혼자만이 살아갈 수 있다는 생각은 금물이다. 더불어 살아야 한다는 의식을 갖추어야만 한다. 정부는 관련된 법과 제도를 폭넓게 검토해야 한다. 열린사회를 지향하여 개혁하면서 사회 전반에 확산되어 있는 배타적인 관습과 관행을 개선해 나가야 할 것이다.

　'유엔 인종차별철폐위원회Committee on Elimination of Racial Discrimination'는 대한민국이 다민족 사회임을 인정해 단일민족 국가 이미지를 극복하라고 권고하였다. 유엔은 "한국사회에 '단일민족' '순수혈통' '혼혈'과 같은 용어들과 더불어 인종 우월적인 관념이 널리 퍼져 있는데 주목한다"며 이주노동자, 외국인 여성배우자, 혼혈아의 인권 문제와 함께 한국인의 혈통주의를 비판했다. 이 내용을 한국인의 자화상에 비춰보면 그리 자존심 상할 일도 아니다. 우리 사회 내부에서조차 핏줄을 지나치게 강조하는 경향에 대한 반성이 줄곧 제기돼 왔기 때문이다. 한 개의 촛불로 많은 초에 불을 붙여도 처음 촛불의 빛은 약해지지 않는 법이다. 한국인의 의식 속에 깊숙이 자리 잡고 있는 편견과 폐쇄성을 개선해 나가야 한다.

　2010년에는 장·단기 국내 체류 외국인이 100만 명을 넘어 전체 인구의 2%를 초월하였다. 1990년에는 9500명에 불과했으나, 2008년 이후에는 100만 명 시대를 기록했다. 2010년에는 농촌 총각 10명 중 4명이 외국인 여성과 결혼했다. 전체 결혼 건수의 12% 정도가 국제결혼이다. 이런 추세는 앞으로 더욱 가속화할 것이다. 이처럼 외국인이 급증하고 있지만 배타적 감정과 사회적 차별이 크게 개선되고 있다고 보기는 어렵다.[49] 우리는 자기를 희생할 줄 아는 민족만이 위대해질 수 있다는 점을 인식해야 한다.

인적 교류의 확대도 중요하다. 정부는 더 많은 국민이 국경을 넘어 외국에 나가고 더 많은 외국인이 우리나라에 들어올 수 있도록 정책적인 노력을 기울여야 한다. 외국에 나간 한국인도, 한국에 들어온 외국인도 모두 우리의 소중한 인적 자원이다. 외국인 입국자나 국내 거주 외국인이 지속적으로 증가하고 있다. 그러나 총인구 대비 외국인 비율은 2% 수준으로 선진국에 비해 매우 낮다. 다양한 정책과 프로그램으로 외국인의 방문을 유도하고 교육, 의료, 복지, 생활정보 등 외국인의 생활여건을 개선해야 한다.

그릇이 큰 사람은 남에게 호의와 친절을 베푸는 것을 자신의 기쁨으로 삼는다. 미국과 독일이 우리에게 그랬듯이, 우리도 장학금을 주면서 경제 도상 국가의 학생들을 우리 대학에 유치해야 한다. 그들이 학업을 마치고 귀국하면 지한파 知韓派와 친한파 親韓派가 되지 않겠는가?

북에서 남으로 자유를 찾아 넘어 온 새터민이 2만 명을 넘어섰다. 우리의 동포인 그들이 생명을 걸고 찾아온 대한민국에서 행복한 삶을 누릴 수 있도록 최대한 지원해야 한다. 그것은 북쪽 주민들이 남쪽을 바라보게 하는 촉매제 역할을 할 것이다. 지금 새터민을 포용하지 못하면 통일 후 북한주민을 포용하기는 더욱 어려울 것이다.

다양성을 인정하지 못하고 획일주의와 흑백논리에 익숙한 우리 문화는 다양성을 기초로 하는 민주주의 의식과는 괴리가 크다. 이러한 문화 속에서 선진형 정치행태가 쉽게 자라나리라고 기대할 수 없다. 대한민국이 일류국가가 되기 위해서는 남북한은 물론 다른 문화와 문명의 다양성을 인정하고 포용하면서 상생의 문화와 공존의 틀을 마련해야 한다.

우리는 한국전쟁과 경제성장과정에서 많은 나라의 도움을 받아 잘살게 되었다. 이제는 우리가 되갚아야 할 때이다. 우리가 추구할 남북한의 통일은 남북한이 폐쇄적 민족주의에 입각한 닫힌 통일이 아니라, 안으로는 8천만 한민족에게 열린 통일이어야 하며, 밖으로는 아시아와 세계에 열린 통일이어야 한다.

북한정권을 미워해도 북한 주민을 미워해서는 안 된다. 북한정권의 붕괴를 원한다 해도 북한주민이 굶어 죽은 것을 당연시해서는 안 된다. 북한의 인권의 문제를 모른척해서도 안 된다. 우리가 가슴을 열고 그들을 포용할 때 그들은 마음을 열고 우리와의 통일을 희망할 것이다. 유사시 우리에게 기우러질 것이다. 동독이 붕괴의 위험에 처했을 때 동독주민들이 왜 서독과의 통일을 원했는지 헤아려 보아야 한다. 은혜를 베풀 때는 없는 자, 되갚기 어려운 자에게 힘써 베풀어야 한다.

공동이익을 추구하는
민족공동체를 만들자! 

최근 들어 남북갈등은 더욱 심화되고 있다. 남북갈등을 해결하기 위해서는 우선 북한에게 공격적인 행동으로 크게 얻을 것이 없다는 확신을 주어야 한다. 즉각 응징 보복할 수 있는 능력과 의지도 갖추어야 한다. 그러면서 남북 갈등이 위기로 치달아 한반도 전체의 위기로 확산되지 않도록 관리해야 한다.

남북갈등을 해결하기 위해서는 지속적으로 화해협력 정책을 추진하는 것도 중요하다. 북한이 개방과 개혁을 지속적으로 추진하여 통일시

생존능력을 갖추도록 지원하는 것이 바람직하다. 특히 남북 갈등이 위기로 치달아 통일한국으로 가는 길목이 불안하지 않도록 관리해야 한다. 갈등해결방식이 상대를 생존공간에서 배제하는 제로섬게임 방식보다는 상대방과의 공존을 전제로 하는 '상생相生, win-win'의 관점으로 전개되어야 한다. 특히 남북한 관계에서는 통일 이전의 준비단계에서도 서로 다른 사고와 문화를 소유한 집단 혹은 세력 간의 이해를 기반으로 하는 교류협력이 중요하다.

남북한은 통일을 추구하면서 서로를 공동이익을 추구할 수 있는 민족으로 바라보아야 한다. 통일은 국가존망의 이익이다. 한국인은 대한민국의 생존이 보장된 상황에서 자유민주주의체제나 이와 유사한 체제하의 통일을 원하고 있다. 민족의 생존과 인권이 보장되지 않는, 즉 자기존재가 없는 상태에서의 통일은 존재할 수 없다.

국가존망의 이익은 국가최고의 이익이다. '우리'의 존재가 있는데서 통일의 여망과 통일에 대한 최고의 가치도 부여할 수 있다. '우리' 없는 통일은 있을 수 없다. 이것은 북한의 경우도 마찬가지이다. 북한의 인민이 자의적으로 북한의 체제가 상대적으로 남한의 체제보다 우월하고, 북한체제 쪽으로 남한이 통일이 되어야 한다고 믿는다면 그들에게 있어 북한의 존망의 이익은 국가최고의 목표일 수밖에 없다. 그러나 근현대사의 역사는 민주주의와 시장경제체제의 우월함을 보여 주었다.

통일을 추진하는 과정에서 한민족의 전통은 발전적으로 이어져야 한다. 반세기를 훌쩍 넘어선 분단사는 우리 민족의 역사와 전통이 외부세력의 강요로 중단된 부끄러운 역사이다.

한반도의 분단구조는 남북에서 정치, 경제, 사회와 문화 등 다방면에 걸쳐 왜곡과 모순을 심화시키고 있다. 남북 분단의 고통과 불안이 종식되어야 한다. 한국전쟁이라는 동족상잔의 비극, 이산가족의 생이별, 중무장한 군사적 충돌 등 민족 간 갈등은 조속히 해결되어야 한다. 평화통일을 위한 일관된 노력만이 동족상잔의 재발을 원천적으로 막고, 국제사회에서 적극적 개념의 평화가 정착되도록 유도할 수 있을 것이다. 따라서 남북 사이의 화해, 교류협력과 평화는 반드시 제도화되고 정착되어야 한다.

남북관계를 개선해서 통일에 접근하려는 노력은 분단이라는 특수상황 아래서 비용의 효율화와 일류화를 도모하는 모체이다. 통일이 실현되면 우리는 국제사회의 주역으로 부상할 수도 있다. 우리는 세계 10위이내의 일류국가가 될 수 있다. 북한의 잠재력과 노동력 그리고 자원이 통합되어 민족의 경제역량이 확대될 것이다. 우리가 지정학적인 위치를 적극적으로 활용한다면, 우리는 국제사회 및 주변국의 균형자로서 외교역량을 발휘할 수도 있을 것이다.

정치·경제적인 통일 못지않게 사회·문화적으로도 공동체 의식을 가질 수 있는 실질적인 통합노력도 신중하게 추진되어야 한다. 우리가 추구하는 것은 단순히 사회·문화적인 이질성을 극복하여 동질성을 회복하는 분단이전 상태의 회복이 아니다. 온 민족이 하나 되어 보다 밝은 미래를 만들어 나갈 수 있는 창조적인 대통합과정이 병행되어야 한다. 통합은 시스템을 합치는 체제통합과, 사람의 마음을 합치는 사회통합으로 나눠 볼 수 있다. 그런 의미에서 체제통합에는 성공하였으나 사회통합에는 지금도 어려움을 겪고 있는 독일의 통일사례는 우리에게 시사하는 바가 매우 크다.

남북은 통일과정에서 같이 승리하며 민족 공동번영의 보람을 누려야 한다. 즉 상생공영 相生共榮해야 한다. 논어의 말처럼 덕은 외롭지 않고 반드시 이웃이 있다德不孤 必有隣. 평화와 번영을 실현하는 민족공동체를 구현하기 위해서는 남북 공동의 가치와 정체성을 창조하고 가꾸어 가는 것이 중요하다. 남북으로 분단되어 있어도 민족의 동질성과 통일성의 범위를 확대시켜 나가는 조치가 필요하다. 이를 위해 남북한 사이에 평화를 정착시키고 교류와 협력을 적극적으로 증대시켜 민족공동체를 복원하면서 남북한 사이의 연계를 증대시키는 것이 중요하다.

남북한 간에 인식의 괴리가 있는 민주주의, 평화와 인권 등에 대해서 이견을 줄이고 공통의 영역을 확장해 나가야 할 것이다. 번영과 발전의 민족공동체 달성을 위해서는 남북이 상호 이해의 폭을 넓히고 공통의 이익과 가치영역을 확대해 나가야 한다. 두레, 향약, 품앗이 등에서 볼 수 있듯이 한민족은 전통적으로 높은 공동체의식과 가치영역을 지니고 있다. 이를 확대해 나갈 때 평화통일도 가능할 것이다. 우리는 사회의 한 부분이 배타적으로 이익을 추구할 때 이는 곧 마찰과 갈등을 유발하였음을 역사적 경험으로부터 배울 수 있다. 특히 남북한 간에는 체제와 이념 그리고 지역감정을 극복하고 함께 살아가는 공동체의식을 회복할 때 미래의 통일한국의 사회가 보다 건강하고 성숙될 수 있다. 정성이 지극하면 하늘도 감동하는 법이다.

통일이 포기할 수 없는 민족적 과제라고 해서 어떤 통일이든지 성급히 받아들일 수는 없다. 통일은 한민족의 이상을 실현할 수 있는 것이어야 한다. 그리고 공동이익을 추구하는 민족사회를 가장 바람직하게 건설할 수 있어야 한다. 민족구성원 모두가 보다 자유롭고 행복하게 살 수 있어야 한다.

사실상의 통일과
제도적 통일의 병행 추진

평화통일의 당면목표는 한반도에서 전쟁을 방지하고, 평화공존을 실현하며 통일의 기반을 다지는 것이다. 남북이 지리적 통합과 주권의 통합을 의미하는 완전한 통일을 당장 이루기는 어렵다. 우선 제도적 통일이 가능할 수 있는 상황을 만들어 내는 것을 목표로 차근차근히 추진해 나가는 것이 현명하다. 즉 남북이 상호교류와 협력을 심화시켜 사실상의 통일을 점진적이고 단계적으로 구현해 나가는 것이다.

한반도의 통일은 원론적으로 보면 민족주의와 국가주의의 통합적 수렴이다. 단계적으로는 분단역사의 전개순서를 되돌아가는 과정을 밟아야 한다. 되돌아가자면 무엇보다 먼저 6 · 25로 갈린 민족 분단을 봉합해야 한다. 여기엔 상호 신뢰구축이 중요하다.

남북한은 서로 상이한 사상과 제도를 가진 채 60년이 넘는 기간 동안 적대적인 관계를 유지해 왔다. 북한은 집단적이고 권위주의적 통제체제를 유지하고 있다. 계급성과 혁명성을 강조하면서 농업 중심적 사회를 형성하고 있다. 이에 반해 남한은 다원화된 자유민주주의 시장경제를 지향하고 있으며, 산업사회와 도시사회적인 성격이 강하다.

사실상의 통일 상황은 남북한 간에 정치, 경제, 사회, 문화 등 모든 방면에서 교류협력이 제도화되고, 군사적 긴장이 해소되어 평화체제가 정착된 상황이다.[50] 이런 상황이 되면 남북 주민간의 적대감은 해소될 것이다. 두 개의 상이한 사회체제도 빠른 속도로 동질화 과정에 들어설 것이다. 남북연합을 통해 남북한 간에 상생공영의 분위기가 정착되고 통일여건이 성숙되면 마지막 단계인 통일국가 단계로 접어들 수 있을 것이다.

통일국가란 남북연합단계에서 구축된 민족공동의 생활권을 바탕으로 남북한 두 체제의 기구와 제도를 완전히 통합한 정치공동체로서 '1민족 1체제 1국가'의 단일국가를 의미한다. 통일국가는 단일민족 국가로서 7천 3백만 민족 구성원 모두가 주인이 되며, 개개인의 자유와 복지 및 인간존엄성이 보장되는 일류국가를 의미한다.

통일국가의 완성은 통일헌법統一憲法이 제정되어 발효되는 때가 기점이 될 것이다. 통일헌법이 이행되고 실천되는 단계이다.

통일국가의 가장 중요한 통합과제는 무엇보다도 국가체제의 완비이다. 관료체제를 정비하여 통일국가의 기틀을 확립해야 한다. 실질적인 통합단계 또는 통일초기에는 남북한의 기존조직을 기반으로 하되, 새로운 환경에 맞는 행정조직으로 개편하는 방법이 효율적일 것이다.

경제적 측면에서는 북한이 시장경제체제로 전환되는 과정에서 재산 소유권, 고용문제 등을 둘러싼 갈등과 막대한 통일비용에 따른 경제적인 혼란이 예상된다.[51] 따라서 화해·협력단계나 남북연합단계에서는 가능한 많은 분야에서 북한 경제체제를 시장경제체제로 변화시켜 남북 경제가 유기적으로 결합되고 통일비용이 최소화되도록 노력해야 한다.

사회적 측면에서는 북한 주민이 자유민주주의와 시장경제체제에 적응하지 못하는 가치관의 갈등과 심리적 불안 등을 치유토록 노력해야 한다. 이를 위해서는 지속적인 시민교육이 중요하다. 두 사회의 갈등이 해소되고 동질성이 회복되어야 실질적인 통일이 달성되고, 안정된 통합을 이루게 된다.[52]

남북연합의 형태에서 통일국가로 들어서는 시점은 평화통일의 전 과정에서 가장 중요한 시기이다. 이 시기에 통일을 완수하기 위한 통일과제가 집중되기 때문이다. 사실상의 통일단계는 남북연합체제의 제도화가 심화되고 공고해지는 남북연합의 성숙기부터 시작된다. 제도적 통일을 이루기 이전에 남북한 양 체제가 실질적인 부분에서 체제의 결합에 따른 부작용이 최소화된 상태에서 두 체제를 물리적으로 결합해 나가야 한다.

남북한은 통일국가로의 이행절차와 경과조치 등에 대해 협의하여 최종적으로 '통일조약統一條約'을 채택해야 한다. 통일조약은 형식상으로 국가 간의 조약과 같은 절차를 거쳐 체결되어야 할 것이다. 통일조약은 통일을 달성하기 위한 절차로서 민족내부간의 법적 합의문이라는 특성을 지닌다. 통일헌법은 통일국가의 이념과 국가의 기본질서를 정하는 근간으로 통일단계에서 가장 중요한 요소이다. 통일헌법과 병행하여 남북한 간 법과 제도의 통합이 실시되어야 한다. 남북이 물리적인 결합을 하기 이전에 법과 제도의 통합과 정비는 체제의 동질성 확보에 매우 중요한 요소이다.

남북한 군대의 통합 문제는 평화통일이 성공하느냐 그렇지 못하느냐를 결정하는 가장 핵심적 사안이다. 따라서 남북한은 통합단계에서 남북한 군사통합의 기본 틀뿐 아니라 절차적 문제도 합의해야 한다.[53]

남북한이 법적·제도적 통일을 달성한 후에는 생활조건의 균형적 발전과 내적 통합이라는 과제의 수행이 중요하다. 통일 직후에는 상이한 체제, 제도와 문화의 과거 유산들이 아직 존속하고 있으므로, 여러 갈등이 발생할 여지가 많다.

통합에 대한 제도적 문제 해결이 급선무지만, 중장기적으로는 양측 지역의 균형적 발전을 위한 투자와 노력이 필요하다. 양측 지역의 경제·생활수준의 격차를 해소하기 위해서는 장기간의 의식적인 노력이 중요하다. 통일은 단순히 지리적 통합을 의미하는 것이 아니라 이질화되었던 민족이 다시 동질화되어 가고 민족공동체를 재구성하는 과정이다. 이 과정에서 단순히 법적 · 제도적 통일을 통해 국가를 합치는 것보다 민족의 재통합을 이루는 것이 더 긴 시간과 더 많은 노력이 필요한 작업임을 잊어서는 안 될 것이다. 통일이 된 후 20년 이상이 지난 현 시점에서도 어려움을 겪고 있는 독일의 사례를 반면교사反面教唆로 삼아야 한다.

북한이 붕괴될 가능성이 크다고 하드라도 이를 기정사실화하면 안 된다. 불확실성이 너무 크기 때문이다. 급변사태에 대비해 준비를 하면서도 대한민국의 통일정책인 '민족공동체통일방안'을 추진해나가야 한다. 이 길이 곧 민족의 살 길이다. 통일비용을 줄이는 길이다. 외세의 간섭을 제한하는 전략이다. 대한민국이 주도권을 가지고 평화적으로 통일을 달성할 수 있는 최적의 방안이다.

세계평화에 기여하는 통일국가

세계화 · 지식정보화시대에는 안보 · 외교 · 경제전략이 다층구조를 이루고 상호 연계되어 있다. 따라서 각 전략 간의 상충성相衝性을 줄이고 이를 전체적으로 조망할 수 있는 다차원적이고 종합적인 전략이 요구된다. 그동안 긍정적인 방향으로 변화하고 있는 지역정세를 주도적으로 활용하여야 한다. 한 · 미 안보동맹을 견고하게 유지하고 주변국들과의 균형외교를 실시하면서 '동북아 평화체제 구상'을 구체화해야 한다.

아 · 태지역은 막강한 경제력과 군사력을 통해 세계 패권국가로 발돋움하고 있는 중국, 경제·군사 강국으로 역할을 하고 있는 일본, 그리고 미국과 러시아 4국이 포진하고 있다. 이 지역에서 대한민국의 위상을 높이고 국가의 생존을 보장할 수 있는 역량의 제고가 절실하다.

균형외교란 상호주의 원칙에 입각한 외교관계를 기본으로 하여 '불공평성'을 불식할 수 있는 대 주변국 외교활동을 의미한다. 동북아 및 동남아의 안정을 추구하면서 주변국간의 경쟁과 마찰이 첨예한 대립과 갈등으로 비화될 수 있는 한반도의 지정학적 요인을 약화시켜 나가야 한다.

한반도는 대륙 및 해양세력의 이해가 교차되는 지역으로 안정적 안보여건을 구축하기 위해 동맹관계의 활용이 필요하다. 그러나 통일한국의 안보전략에 대한 주변4국의 관심과 이해가 지대하므로 통일 후 동맹관계의 재정립은 주변국을 함께 배려하는 전략적인 선택이 중요하다.

미래 세계질서에서 대한민국은 어느 국가군(群)과 전략적 동반자관계를 형성할 것인가를 결정해야 한다. 국가대전략을 구상할 때, 우리가 속해야 할 연합은 국제질서의 상층부에 속하는 동시에 가치와 제도를 공유하는 국가군이어야 한다. 향후 20년 동안 대한민국은 강대국 반열에는 오르지 못하지만, 적어도 '일류국가'에는 오를 전망이다.

국력에 비해 상대적으로 발언권이 약한 대한민국은 동북아에서 영토적 야심이 없고 역사적 갈등이 없는 미국과의 동맹을 유지·강화하는 전략을 선택해야 할 것이다. 대한민국은 한·미동맹의 장기 비전을 새롭게 정의하는 작업을 미뤄서는 안 된다. 오히려 한·미동맹을 전략차원으로 삼아 남북관계 발전의 자원으로 이용하고, 동북아 지역 외교 발전 및 위상 강화에 적극 활용하는 전략을 만들어 가야 한다. 미·중·일 관계가 악화되지 않는 한, 대한민국은 한미동맹을 통해 민주주의와 시장

경제 가치를 공유하는 민주국가 그룹에 편승하는 것이 유리하다.

장기적으로는 주요 갈등과 분쟁요인이 미국과 중국의 관계에서 파생될 것으로 예상된다. 미국과 동맹을 유지할 경우 미국이 중국문제에 개입 시는 중국과의 충돌 가능성이 내재되어 있다. 즉 연루의 두려움에 빠질 수 있다. 중국 변수 등 역학구도의 변화를 고려하여 동맹관계의 발전적인 정립이 요구될 것이다.

우리는 동북아에서 한반도의 평화와 동북아 평화체제 구축을 위해 기여할 수 있도록 다자안보 협력에 힘을 쏟아야 한다. 동북아 평화체제 구축을 위해 대한민국이 할 수 있는 역할은 이 지역의 쌍무적인 동맹유지와 우호 협력 관계를 유지하면서도 다자적인 협력을 제도화하는 데 주요한 역할을 할 수 있어야 하는 것이다. 이는 동북아 강대국들의 상호 견제와 경쟁으로 동북아 다자안보 협력과 이를 토대로 한 공동체 형성이 여의치 않다는 점에서 중강국인 대한민국의 역할이 더욱 중요할 수 있다. 동아시아 역사에서 강대국이 주도하는 다자안보 구도는 모두 실패했다. 그러나 대한민국이 주도권을 행사할 경우 그 의도를 의심할 필요가 없기 때문에 성공 가능성이 높다.[54]

앞으로 동북아의 군사력 경쟁은 더 심화되는 반면 경제적 상호의존은 더욱 높아질 가능성이 높다. 동북아 질서에서는 미·중 관계와 중·일 관계가 협력적이냐, 갈등관계이냐에 따라 다양한 시나리오가 나올 수 있다.

대한민국의 동북아 전략은 중국변수를 둘러싼 올바른 위치정립이 중요하다. 대한민국은 경제통합에서 군축에 이르기까지 다양한 영역에서 중국을 효과적으로 관리할 수 있는 다자협력을 제도화하는 것이 필요하다. 특히 중국경제는 지속적으로 성장할 수 있지만, 성장방식에 대한 한계를 드러낼 가능성을 염두에 두어야 한다. 이른바 '중국 리스크'에도 대비해야 한다.

통일과정에서 주변국들의 지지와 협조는 반드시 필요한 요소이다. 그들은 한반도의 분단 상황이 지속되는 것이 자국의 이익에 유리하다고 판단할 수 있다. 그러나 통일 한국이 주변국들에게 위협이 되지 않고 동북아 지역의 평화와 안정에 기여하리라는 확신을 준다면 한반도의 통일을 직접적으로 반대하지는 않을 것이다. 한반도는 지정학地政學·지경학地經學적으로 중요한 위치에 있으므로 주변국들은 자신들의 안정을 위해 한반도의 안정적 구조를 바랄 것이기 때문이다.

대한민국은 통일 이전과 이후로 구분하여 통일과 관련한 외교전략을 운용해야 한다. 통일 이전의 외교목표는 북한의 대외관계 '정상화'를 유도해야 한다. 북한이 주변국을 포함한 세계 주요 국가와의 정상적인 외교관계를 수립하여 국제사회에서 합리적인 행위를 하는 정상국가가 될 수 있도록 지원해야 할 것이다. 통일 이후의 외교전략은 불확실성의 복잡한 외교환경 속에서 보다 일관되고 통합되며 효율적으로 추진되어야 한다.

통일 이후의 외교목표는 통일의 공고화를 위한 대외협력을 유지하면서 통일과정을 효율적으로 수습하는데 목표를 두어야 한다. 대내외의 반통일적 세력을 차단해야 한다. 미국, 중국, 러시아 및 일본의 지속적인 협력과 지지를 확보하면서 동북아 평화 및 안정에 기여해야 한다. 한반도 통일로 인해 동북아지역에서 큰 역학변동이 발생하지 않도록 해야 한다. 대한민국이 능동적이고 적극적으로 정치, 경제, 군사 분야에 걸쳐 국가 간의 협력 체제를 추구함으로써 통일한국의 역량을 과시해야 한다.

통일을 전후해서 해외 동포의 관리정책도 중요하다. 민족통일의 가치

를 높이 세우고 한반도 평화통일의 촉매제로서 해외교민에 대한 정책을
확충해야 한다.

북한의 개방과 국제화를 지원하여 북한 외교형태의 예측 가능성을 높
여 나가야 한다. 한반도 냉전구조해체를 위해서는 북한이 국제사회에서
정상적으로 활동할 수 있도록 여건을 지원해야 할 것이다. 북한의 핵폐
기 및 대량살상무기 비확산에 대한 북한 측의 의지와 투명성을 유도하
여, '벼랑 끝 외교'를 중단하고 외교고립을 탈피하도록 지원해야 한다.

북한이 미국 및 일본과의 관계를 정상화할 수 있도록 지원하여 한반
도에 평화체제가 정착되도록 해야 한다. 동북아의 평화구도를 위하여
북한을 지역차원의 각종 다자간 대화에 적극 동참토록 주선하는 것도 중
요하다. 북한체제의 한계성에 따른 경제발전의 제한요소를 해소토록 주
변국 및 국제기구의 대북지원을 적극 도모해야 한다. 우리는 주변국과
의 균형외교를 통해 한반도 및 동북아의 평화와 안정에 주변국의 적극적
인 지지와 협조를 도출해야 할 것이다.

미래 불확실성시대의 국제질서는 도전인 동시에 기회이다. 한반도의
통일은 민족 문제이면서 동시에 국제정치적인 문제이다. 지역 내에서
적지 않은 파장을 일으킬 현상의 변경이다. 따라서 평화통일을 위해서
는 국제 정치적 여건의 조성이 필요하다. 대한민국의 국제적 영향력은
국력에 비해 아직도 부족하다. 국제적 게임의 규칙을 제정하는 데 참여
하기보다는 제정된 규칙을 강요받고 있는 실정이다. 우리는 국력에 맞
는 영향력을 확보하여 평화통일을 위해 적절히 활용해야 할 것이다.

국제환경의 변화에 대하여 적실성 있는 통일외교의 기조를 제대로 수
립해야 한다. 이를 위해서는 통일을 위한 정치·경제·사회적 기반의
확립이 우선적으로 필요하다. 이러한 국내적 기반의 확립 위에서 일관

되고 자주적인 통일전략과 통일외교정책을 수립하고 추진해야만 소모적인 시행착오를 피할 수 있다. 그리고 통일목표를 실현하는 과정에서 예상치 못한 난관에 봉착하더라도 장기적인 안목과 인내로써 이를 극복할 수 있다. 즉 일관된 원칙을 가지고 자주적인 정책을 추진하면, 정부에 대한 국민과 외국의 신뢰도가 높아지기 때문에 정책추진에 힘을 받을 수 있을 것이다.[55]

평화통일을 위한 여건과 기반을 확충하기 위하여, 통일을 상정하여 경제적 능력을 강화해야 한다. 통일비용을 감당할 수 있는 역량을 축적하기 위해 정부차원에서는 '통일세'를 민간차원에서는 '통일기금'을 모아야 한다.

통일된 조국은 자주권을 유지하는 독립국가의 위상을 확보해야 한다. '민족공동체 통일방안'은 아무리 통일이 민족지상의 과제요, 절실한 염원이라 할지라도 이를 달성하기 위해 민족의 희생을 강요하거나 자주권을 상실해서는 안 될 것임을 강조하고 있다. 즉 통일은 무력의 사용이나 폭력적인 수단을 배제하고 통일의 주도권을 한민족이 갖고 대화와 교류를 통하여 평화적인 방법으로 달성해야 한다. 그래야만 통일과정에서 외세의 불필요한 간섭을 배제할 수 있고, 통일조국도 자주권을 가지고 독립국가의 역량을 발휘할 수 있을 것이다. 따라서 대한민국의 독립을 보장하고, 대외관계에서 위상에 맞는 자주적 외교권을 행사하면서 통일 이후까지를 조망하는 국가전략이 요구된다.

국제외교 전문가들 중에는 대한민국은 경제성장에만 관심 있지 국제사회에 대해서는 관심도 없고 타 국가에 대해서 영향력도 없는 나라라는 비판이 있다.[56]

한국인들은 일본인을 보고 경제적 동물, 국가이익만을 추구하는 나라라고 비판한다. 일본이 국제적으로 역할을 증대시키려 하면 식민주의에 대한 반성도 않고 국제적인 영향력만 강화시키려 한다고 비판하곤 한다. 정작 대한민국은 수출증대와 경제성장에만 관심이 있지 국제적 문제에 대해서는 관심이 없는 나라라고 인식되어 있다. 1988년 서울올림픽과 북방외교, APEC과 ASEM 정상회담, 월드컵, G20 주최 등에서 지역적 · 국제적 문제에 대해 관심을 갖고 국제적 참여를 본격화하고 있지만 아직도 일정 수준에 도달하려면 요원하다. 그동안 국가지도자가 국가목표와 전략을 내부문제 해결에만 쏟아온 결과이겠지만 내부지향성은 너무 심각하다.

대한민국은 21세기에 들어서는 이라크와 아프가니스탄에 병력을 파견하였고, 각종 PKO활동에 병력파견과 지원금 분담 등 세계평화 유지에 기여하고 있다. 그리고 한국인의 UN사무총장 선출 등으로 각종 국제기구에서 역할이 확대되고 있으나, 국력에 부합된 발언권과 참여는 극히 제한되고 있다.

대한민국은 한국전쟁 동안 많은 나라의 지원으로 위기를 극복할 수 있었고, 냉전체제하에서는 생존을 유지할 수 있었다. 그리고 경제성장에 매진하여 이제는 경제 강국의 일원이 되었다. 이제는 그동안 받아온 것을 세계평화와 번영을 위해 되갚을 때이다. 앞으로 대한민국이 '매력 있는 일류국가'가 되는 길은 국제사회 일원으로서의 인류공영에 이바지하는 역할을 충실히 수행하는 것이다. 이를 위한 올바른 전략이 수립 · 집행되어야 한다.

사랑하는 대한민국 국민들이여! 우리도 남을 도울 수 있는 능력과 여건을 갖추었다. 돕자!

시간은 우리를
한없이 기다려 주지 않는다!

우리에게는 남북관계나 통일의 문제에서 시간은 우리 편이라는 인식이 팽배해 있다. 과연 그럴까? 시간이 지나면 위기는 자연히 해결되고 통일이 되리라는 막연한 낙관론은 역사인식의 가장 큰 함정이다.

첫째, 남북한의 환경을 분석해보면 남북이 장기간 분단 상황에서 거주하면서 그 상황에 적응하여 사실상 통일의 필요성에 대한 절실함이 점진적으로 약화되고 있다. 남과 북이 너무도 대립적인 이념을 바탕으로 정치 및 사회체제가 확고하게 고착되어 있음으로 완전하고 전면적인 통일이 쉽지 않을 것이다. 또한 시간이 흐를수록 국민들의 통일의 열망과 필요성은 감소될 것이다.

둘째, 우리가 일류국가로 발돋움하기 위해서는 과도한 분단비용을 생산과 복지를 증대하는 비용으로 전환시켜 경제발전을 이루어 나가야 한다. 이를 위해 산업구조에서 선진적인 남한이 북한의 인력과 자원을 활용하고, 지리적인 이점을 극대화시켜 나가야 한다. 남북한이 소모전을 지속한다면 경쟁력이 약화될 가능성을 배제할 수 없을 것이다. 평화통일을 하지 않고 '일류국가'가 될 수는 없을 것이다.

셋째, 지금까지 중국이 한반도 문제와 관련하여 제일 신경을 쓰는 일은 맹방인 북한이 멸망하는 일과 미국이 한반도에서 주도권을 독식하는 것이다. 국력이 제한되었던 시점에서 중국은 한반도에서 전쟁이 발발하는 것도, 사회주의 국가인 북한이 소멸되는 것도 원하지 않으면서 현상유지를 바라고 있었을 것이다. 그러나 중국의 국력은 날로 성장하고 있으며 북한에 대한 영향력은 점차 증대되고 있다. 미국 국력의 상대적인 저하 속도와 중국 국력의 부상속도는 현재로서는 가늠하기는 쉽지 않다. 2011년 골드만삭스는 향후 10년 동안 중국이 매년 7.75% 성장하고, 미국이 2.5% 성장하며 위안화가 매년 3%식 절상되면, 중국이 2019년에는 미국을 제치고 세계 제1의 경제대국으로 떠오를 것이라는 전망을 내놓았다.

즉 한반도에 대한 중국의 영향력이 미국의 영향력보다 커지는 시점이 오는 것만은 확실하다. 앞으로 한반도에 대한 중국의 영향력이 미국의 영향력보다 커지는 시점이 되면 우리가 원하는 자유민주주의 시장경제체제로의 통일은 어려워질 수 있다. 그리고 중국은 한반도의 중국화를 시도할 가능성이 높아질 것이다. 국제정치에서 세계패권을 노리는 국가들은 항상 지역패권을 먼저 장악하려 하기 때문이다. 힘이 있는데 누가 자기 앞마당을 남에게 쉽게 양보하려 하겠는가? 즉 시간이 한없이 우리 편이 아닐 수가 있다.

넷째, 우리의 통일지원세력인 미국은 한반도 평화정착과 한반도 통일문제에 관심이 많다. 그러나 미국은 한반도에서 계속해서 주도권을 행사할 수 있느냐 없느냐 하는 문제에 더 큰 관심이 있다고 판단된다. 미국은 남북한이 갖고 있는 갈등을 해결함에 있어 미국이 주도적인 역할을 하면서 남북한을 통제할 수 있는 상태를 내심 바라고 있을 것이다. 이러한 현상은 중국의 영향력이 확대되어, 한반도에 대한 양국 간의 국가이익의 충돌이 확대되면 될수록 갈등국면으로 전환될 수 있는 가능성이 높아질 것이다.

다섯째, 우리가 우려하는 통일비용도 뒤로 미루면 미룰수록 더욱 증가할 것이다. 평화통일을 위한 여건과 기반을 강화하기 위하여, 통일을 상정하여 경제적 능력을 강화하며, 통일비용을 감당할 수 있는 역량을 축적하고 외교적으로 사전에 충분한 협력관계를 조성해야 한다. 남북한 간의 경제적인 편차가 더욱 확대되면 우리가 우려하는 통일비용도 증가하고 평화를 관리하는 분단비용도 증가할 것이다. 그리고 통일을 비용이 아니라 투자 개념으로 접근하는 지혜가 필요하다. 북한은 값싼 토지와 풍부한 노동력이란 잠재력을 갖고 있다. 따라서 장기적인 측면에서 보면 통일이익이 비용보다 더 많을 것이다.

여섯째, 세계 경제위기에서 보듯 앞으로 우리가 경험할 다가올 20년은 과거 60년 세월 이상의 대변혁이 예상된다. 북한을 지원하는 중국은 2010년을 계기로 일본을 추월하고 확실한 G2국가가 되었다. 제2차 세계대전 이후 국제규범과 국제기구를 주도해왔던 서방 선진 7개국의 역할과 기능이 중국을 새로운 중심축으로 하는 G20으로 빠르게 이동하고 있다. 성큼 다가오고 있는 환태평양시대에 우리는 더 이상 멈칫거릴 시간이 없고 세계는 우리를 기다려 주지 않는다.

앨빈 토플러도 한반도 미래의 핵심은 시간이라고 주장한다. 일종의 전술적 탱고로 변질한 북한 핵협상에서 최종 승자는 가장 느린 템포로 춤을 춘 팀이 될 거라는 것을 아는 북한은 최대한 시간을 질질 끌려고 애쓰고 있다. 대한민국도 30년 앞을 내다본 점진적 통일 정책을 구사하고 있지만 과연 시간이 한반도를 기다려줄지 의문이라는 것이다. 대한민국의 속도 지상주의 문화와 신중하고 더딘 외교정책 사이의 모순을 어떻게 극복하느냐에 한반도의 미래가 달려 있다고 그는 강조한다. 시간이 한없이 기다려주지 않으니 서둘려야 한다는 것이다.

시간이 한없이 우리 편이 아닐 수가 있다. 중국의 힘은 점점 강해 질 것이다. 미국의 힘을 압도하는 시점이 다가올 수 있다. 북한의 중국 의존은 더욱 심화될 것이다. 따라서 북한이 급변사태로 붕괴된다고 해도 우리 쪽으로 넘어지지 않을 것이다. 앞으로 우리에게 남은 시간은 최대한 15년 정도일 것이다. 그 이후에는 중국의 지원을 받고 회복한 북한이 통일의 주도권을 행사할 가능성이 높아진다. 전쟁의 원칙 중에 집중集中, Concentration의 원칙이 있다. 집중이란 불필요한 지역에서 힘을 절약하여 필요한 곳에 투입한다는 의미가 있다. 국가전략에서도 집중의 원칙이 중요하게 적용된다. 제너럴일렉트릭사 잭 웰치 회장은 '당신이 원하는 일을 할 수 없다면 할 수 있는 일을 하라' 고 했다. 쉽게 말하자면 잘하는 것을 하라는 의미이다.

통일을 열어야 하는 시대를 사는 우리 모두는 시대적인 소명의식을 갖고 대한민국 주도의 통일을 위해 헌신하고 노력해야 한다. 우리의 후손들에게 막중한 책임을 떠 넘겨서는 안 된다. 통일을 향한 역사적인 책임을 다하는 우리들이 바로 조국 대한민국의 헌법정신을 준수하는 참다운 주인이다.

제4장

일류국가의 길

님의 발자국

당신은 근원을 알 수 없는
시간이 이끄는 신비의 베일 속에서
고요보다 더 깊은 발걸음으로
우리에게 다가오고 있습니다

당신은 오래고 아주 먼 나의 기다림
청자빛 솔바람처럼 묻어오는 품격
지극히 낮은 자로
섬기는 자의 반열에 서서
고요한 발짓으로
맑고 밝은 세상을 깨우고 있습니다

사알짝 산들바람 타고 오실 것 같은
온 겨레의 염원인 님이시여
지금 어디쯤 오고 있습니까

나의 길 나의 생명
그대 안에 있음에
잎새 잎새마다
그대 숨결 새기시어
기다림의 순간들마저
행복이었음을 느끼게 하소서

일류국가를 향해 발돋움하자!

미래 대한민국의 지향점은 세계 일류국가로의 진입이다. 우리가 추구해야 할 일류화는 국민의 삶의 질과 국가의 품격이 한 단계 더 높아져 행복한 국민 희망찬 국가가 되는 것이다. 일류화를 위한 국민의 노력은 새로운 국가의 정체성과 국민의 정체성을 찾아가는 노력이다. 그러나 대한민국 국민의 행복지수와 나라의 선진화지수는 아직도 경제협력개발기구OECD국가 중 꼴찌 수준에 머물러 있다.[57] 일류국가란 주어지는 것이 아니라 만들어지는 것이다. 따라서 일류화라는 큰 목표를 정해놓고 부단히 노력하는 우리는 역사의 진정한 승리자가 되어야 한다.

일류화란 한 국가의 총체적 변화와 도약을 의미한다. 단순한 양적 변화가 아니라 의식과 제도의 질적 변화를 의미한다. 따라서 국가의 구성원인 국민도 일류국가 국민에게 걸맞은 선진적 사상과 의식을 가져야 한다. 국가의 법과 제도, 전략과 정책도 일류국가의 법과 제도 및 정책으로 변화해야 한다. 사회의 지배적인 의식과 사상과 국가의 기본제도 및 전략이 변화해야 일류화를 이룰 수 있다.

대한민국은 지금 산업화와 민주화를 병행하면서 산업구조를 정보사회에 맞게 고도화하고, 민주주의를 심화시키는 선진화의 단계에 있다. 일류화는 건국의 기초 위에서 산업화, 민주화와 선진화의 성과를 변증법적으로 종합하는 것이어야 한다. 본시 변증법에서 합合, Synthesis이란 단순히 정正, Thesis과 반反, Antithesis의 산술적 합이 아니다. 그것은 제거, 보존, 발전이란 세 가지 의미를 동시에 지니고 있다. 그런 의미에서 '지양止揚, Aufheben이라고도 한다.[58]

대한민국의 일류화는 지난 세기 우리의 근대화를 이루었던 산업화세력과 민주화를 이루었던 민주화세력이 함께 손을 잡는 데서부터 시작해야 한다. 그리고 일류화를 위하여 함께 힘을 합쳐 앞으로 나아가야 한다. 이는 이념적으로 일류화의 주체가 개혁적 보수와 합리적 진보로 구성되어야 함을 의미한다.

대한민국은 우리 제품을 해외에 자유로이 수출하면서 외국 상품의 수입을 규제하는 제도나 정책을 고집해서는 안 된다. 우리 기업은 해외에 진출하고 우리 학생들은 해외에서 유학하면서 외국기업의 국내진출에 반대하거나 외국인 학생들의 국내입학에 차별을 두어서는 안 된다. 우리는 미국으로 이민가고 재일동포나 재미동포에 대한 차별을 비판하면서, 우리나라에서 일하는 외국인 근로자나 중국교포에 대한 편견과 냉대가 있어서는 안 된다. 수출입국輸出立國만을 강조하고 수입규제를 좋아하던 '신중상주의정책新重商主義政策'은 중진국으로 올라설 때까지 나름의 의미가 있었다. 지금은 그러한 비경쟁적 제도와 자기중심적인 우물 안 개구리식의 사고를 가지고는 일류국가가 될 수 없다. 가능한 한 자유주의적 글로벌 스탠더드에 우리의 의식과 제도를 맞추려고 노력해야 한다. 개방된 자유경쟁을 수용해야 한다. 내국인과 외국인을 동등하게 대우하는 상호주의로 의식과 제도와 정책이 크게 바뀌어야 일류국가 진입이 가능하다.

싱가포르가 세계경쟁력 순위에서 항상 상위로 평가되는 저력은 무엇인가? 그것은 싱가포르 독립 이후 리콴유 총리의 '강한 정부-솔선수범하는 정부 구현'이라는 강력한 리더십이 있었기 때문이다. 그리고 지리적 위치를 유리하게 활용하는 중계무역에 기반을 둔 공업화정책과 첨단정보화를 통한 금융산업 등의 발전에 기인한 것이다. 싱가포르는 공무원의 서비스정신이 체질화되어 있다. 태형제도 등 타국가보다 비교적 강한 법 체제를 유지하고 있다. 일반사회제도 및 국민의식이 선진화되어 있으며 치안상태도 양호하다. 아울러 'Clean & Green' 정책을 표방하고 있어 환경도 깨끗하다.

대한민국 경제가 일류경제에 진입하기 위하여서는 총수요관리의 케인즈Keynes적 경제운용과 혁신적인 투자 중심의 슘페터Schumpeter적 경제운용을 잘 융합해서 조화롭게 활용해야 한다. 총수요관리를 중시하는 케인즈 경제는 기본적으로 폐쇄경제 시대의 논리이다. 때문에 오늘날과 같은 세계화 시대의 개방경제에서는 정책적인 함의含意가 약하다. 세계화 시대에는 좋은 제품을 저렴하게 만들 수 있으면 그 제품에 대한 수요는 풍부하다. 해외수요라는 큰 시장이 항상 열려 있기 때문이다. 즉 우리는 수요여건보다는 공급능력이 문제가 되는 시대에 살고 있다. 어느 나라든 빠른 성장을 하여 선진국에 진입하려면 최고의 제품을 저렴하게 만들어 내는 능력을 확충하면 된다. 바로 이 공급능력을 결정하는 것이 투자다. 그 중에서도 슘페터가 말하는 혁신적 투자Investment for Innovation가 중요하다. 그러나 세계경제위기에서 보듯 총수요관리가 제대로 작동하지 못하면 위기해소를 하지 못하는 상황이 올 수 있다.

일류국가가 되려면 국민들의 의식과 사상이 선진화되어야 한다. 아직도 선진국 수준에 훨씬 못 미치고 있는 국가청렴도를 높이기 위해 부패는 추방되어야 한다.[59] 과거를 무조건 부정하고 비하하는 과거 청산형 역사관 혹은 자학적 역사관을 가지고는 일류국가가 될 수 없다. 기회의 평등이 아니라 결과의 평등을 주장하면서 사촌이 땅을 사면 배가 아픈 의식과 정서 수준을 가지고는 일류시민이 될 수 없다. 폐쇄적 민족주의나 배타적 지역주의가 우리의 사고와 의식을 지배하는 한 세계화 시대,

열린 네트워크의 시대에 일류국가를 건설할 수 없다. 헌법과 법치주의를 가볍게 생각하면 선진사회를 이룰 수 없다. 유사민주화類似民主化의 포퓰리즘populism이 정치를 지배하는 한 대한민국 정치는 일류화라는 국가비전을 실천하는 장이 되지 못한다.[60)

일류화를 위한 제도와 정책의 개혁은 적어도 정치세력과 정책세력이 협력해야 성공할 수 있다. 일류화를 지향하는 정책정당과 국가정책의 전문가 그룹, 즉 싱크탱크 그룹이 합작을 해야 제도와 정책의 올바른 개혁이 가능하다.[61) 이익정당 · 지역정당을 비전정당 · 정책정당으로 개혁하고자 하는 노력이 성공해야 한다. 소위 선진정당이 나와야 한다. 동시에 이론연구와 실무경험을 고루 갖춘 전략 · 정책전문가의 싱크탱크운동이 활발하게 일어나야 한다. 이들이 일류화를 이루기 위한 각종 제도개혁의 청사진과 정책개혁과제의 방향 및 구체적인 추진전략도 제시해야 한다.

일류국가 진입 키워드는 작은 정부, 규제 완화, 성장과 복지의 균형이 될 것이다. 스위스 · 미국 · 노르웨이 등 선진국들의 공통된 특징은 작은 정부, 개방화와 규제완화 및 성장과 복지의 균형정책을 폈다는 점이다. 반면 아르헨티나, 그리스 등은 계속된 정치 혼란과 노사갈등에 시달렸거나 성장보다 분배에 치우친 사회복지 강화 정책 때문에 선진국 진입에 실패했다.

대한민국은 그동안 급격한 사회변화를 겪어 왔다. '한강의 기적'이라 불리는 경제발전이 가져온 변화는 폭발적이었다. 도시화가 진전되었고 그 과정에서 주거양식이 변화되었다. 가족 형태는 핵가족이 주류主流를 이루게 되었다. 전통적인 농경사회에 기반을 둔 대가족제도 및 가족규범 또한 급속도로 해체되기 시작했다. 경제수준이 획기적으로 향상되었다. 정치적으로 민주화가 진전되면서 공공의 사회적 가치보다 개인의 가치를 강조하는 인식이 확산되었다.

이러한 변화는 거의 한세대 만에 급격하게 이루어졌다. 그 결과 사회 전반적으로 규범의 혼란이 생겨 법과 질서를 존중하는 준법정신은 많이 약화되었다. 성별·계층별 문화지체 현상도 나타났다. 이러한 문화갈등 현상이 가장 첨예하게 드러나고 있는 것이 바로 가족관계이다. 그 지표가 되는 것이 자살률과 이혼율이라 할 수 있다.[62]

대한민국 국민들은 법과 질서가 존중되는 안전하고 정의로운 나라에서 살고 싶어 한다. 그러나 이를 법제화하고 정착시켜나가는 정치권의 능력은 제대로 발휘되지 못하고 있다.

정부에는 3가지의 기본적인 기능이 있다. 첫째, 국민의 생존과 안전을 보장하고, 둘째, 국가의 번영과 발전을 촉진하며, 셋째, 국민의 사회적 가치를 고양하는 일이다. 정부는 바로 이 기본 기능을 수행하기 위해 만들어진 조직체이다. 대통령의 기본임무는 정부를 지도하고 관리하여 이 기능을 직접 수행하는 것이다. 이를 구현하기 위해 정부는 중장기 국정운영에 대한 미래의 전략기능을 강화해야 한다.

대한민국의 국가적 위기를 되돌아보면, 국내역량을 미래지향적으로 결집할 수 있는 강력한 정치지도세력의 부재는 국내역량의 분열을 초래하고 국가를 혼란에 빠뜨렸다. 건강한 정치지도세력을 중심으로 국론통일이 이루어져야 할 이유다. 정치제도는 형식적으로는 근대적인 모양을 갖추고 있으나, 내용적으로는 전근대의 수준을 벗어나지 못하고 있다. 일류국가의 수준에 맞추어 미래지향적 시각으로 정치제도의 개혁이 추진되어야 한다.[63]

세계 각국은 보다 안전하고 살기 좋은 나라를 만들기 위한 국가주도의 개혁을 추진하고 있다. 어떻게 하면 경제성장률을 지속적으로 높이면서 국가의 기강을 확립하느냐가 개혁의 초점이다. 개혁의 방향은 작은 정부를 만들고 꼭 필요한 규제를 강화하는 것이다.[64] 세계화·민주화 시대에 걸맞은 국가능력을 향상시키며 법질서를 확립하는 방안을 찾아내야 한다. '작지만 똑똑하고 강한 정부'를 만들어 내야 한다.

국가능력은 세 가지 분야로 나누어 생각할 수 있다. 첫째, 전략과 정책의 개발능력이다. 즉 국가의 비전을 구상하고 목표를 제시하며 국가의 전략과 정책을 올바로 수립할 수 있는 능력이다. 둘째, 전략과 정책의 집행능력이다. 아무리 좋은 비전과 정책을 수립했다 하여도 그 집행이 부실하면 의미가 없다. 일단 확정된 전략과 정책을 확실하게 추진할 수 있는 능력이 필요하다. 셋째, 전략과 정책의 학습능력이다. 전략과 정책의 성공을 위하여서는 과거의 경험에서 배워야 한다. 그 교훈이 다음의 전략과 정책추진과정에 반드시 반영되어 유사한 실패가 반복되지 않도록 하여야 한다. 우선 정부가 솔선수범하여 국가예산을 효율적으로 집행하고, 법치질서를 확립하여 국민의 안전을 보장해야 한다. 국민의 안전을 보장할 수 없는 정치는 공염불의 정치이다. 올바른 법질서와 제도 확립을 통해 바르게 사는 사람들이 성공하는 정의로운 나라를 만들어야 한다.

우리 선조들은 질서를 잘 지키고 서로 도왔으며 자존심이 강했다. 향약과 두레 등의 미풍양속이 있었다. 굳이 성문화된 법으로 일일이 규율하고 서로 송사訟事를 벌이지 않더라도 규범의식으로 자리 잡은 도덕률에 의해 자율적으로 질서를 유지했다. 이러한 자발적 질서가 유지될 수 있는 정치적인 노력이 필요하다. 선진화된 국민의식 없이 국가의 일류화는 달성될 수 없다.

일류국가가 되는 참다운 미래는 이를 생각하고 화합을 꿈꾸는 사람들이 참여하고 힘을 모아 서로의 생각과 가치를 나누는 데에서 출발해야 할 것이다. 우리 속담에 '천리 길도 한 걸음부터'라고 한다. 이제 일류국가를 향해 발돋움을 시작하자!

미래지향적인 시대정신을 창출하자!

시대정신時代精神, Zeitgeist, Spirit of the Times이란 한 시대의 사회에 널리 퍼져 그 시대를 지배하거나 특징짓는 정신이다. 즉 한 시대의 문화적 소산에 공통되는 인간의 정신적 태도나 양식樣式 또는 이념을 말한다.[65] 광복 후 시대정신의 발전방향과 지금의 시대정신을 알아보는 일은 우리는 어떻게 발전되어 왔으며, 지금 어디에 서있는가라는 물음과 연결된다. 즉 우리가 사는 시대의 정체성의 본질이다.

우리 조국은 광복 이후 약 반세기 동안 급격한 발전과 변화를 겪어 왔다. '한강의 기적'이라 불리는 경제발전이 가져온 사회와 환경의 변화는 폭발적이었다. 도시화가 진전되었다. 그 과정에서 주거양식이 변화되었다. 핵가족이 주류主流를 이루게 되었다. 가족규범 또한 급속도로 해체되기 시작했다. 경제수준이 획기적으로 향상되었다. 정치적으로 민주화가 진전되면서 공공의 사회적 가치보다 개인의 가치를 강조하는 인식이 확산되었다. 대가족제도가 붕괴되었고, 이혼과 자살률이 대폭 증가하였다. '우리의 소원은 통일'이 이제는 통일비용의 문제로 통일은 두려워하는 대상이 되었다. 그 가운데 우리 시대를 일관하는 정신 즉 시대정신도 끊임없이 변화 발전되어 왔다.

우리나라는 요즈음 일류국가의 문턱에서 어려움을 겪고 있다. 많은 나라들이 선진국 진입의 문턱에서 주저앉은 중진국 증후군의 이유는 발전하려는 마음을 시대정신에 접목시키지 못했기 때문이다. 발전의 주체인 국민이 미래를 위해 나설 마음의 준비가 안 되어 있는데 자본과 기술을 공여한다고 발전이 일어날 수는 없는 것이다. 국가발전이란 국민들의 자기발전의 동기로부터 출발한다고 보아야 한다.

일반적으로 인간의 행동은 동기부여動機附與에 의해 결정되고, 동기부여는 결국 제도에 의해 결정된다. 제도-동기부여-행동의 관계를 제대로 이용하려면, 먼저 제도가 무엇에 의해 결정되느냐 하는 질문에 답을 찾을 수 있어야 한다. 제도를 만들어 내는 것은 한 사회의 시대정신, 즉 구성원들의 다수가 공유하는 세계관의 특징에 의해 결정된다고 할 수 있다.

현 세대를 살아가는 우리에게 시대정신은 무엇인가? 당연히 던져야 할 질문이다. 우리는 이 질문에 쉽게 대답할 수 없을 것이다. 이를 고민하지 않았고, 여기에 대한 국가차원의 담론이 없기 때문이다. 정신없이 사는 우리가 올바른 가치를 구현할 수 없듯이, 정신없이 사는 민족이나 국가는 의미 있는 민족정기나 국가사상을 정립할 수 없다.

따라서 광복 이후 최근까지의 시대정신을 살펴보는 일은 다가올 미래의 시대정신을 정립하는데 도움이 될 것이다.

광복 후부터 정부수립 이전에는 미군정에 의해 통치되던 시기라 변변한 국가전략이나 정책은 수립될 수 없었다. 당시의 국가이익은 신생국의 안전보장과 자유민주정부의 수립 및 체제의 안정 등에 있었다. 1948년 8월 15일 광복 제3주년을 맞아 정부수립 선포식을 거행하였다. 외세의 개입과 국민분열로 혼란이 가중된 당시의 시대정신은 '건국建國'에 바탕을 둔 '자주, 독립, 반공'으로 요약할 수 있을 것이다. 국가목표는 '건국, 헌정질서의 확립, 반공과 북진통일'이었다.

한국전쟁을 겪은 대한민국의 1950년대의 국가전략은 생존보장에 치우쳐 있었다. 미국과의 안보동맹을 확립하여 미군을 대한민국에 주둔시키는데 중점이 있었다. 군사원조를 획득하여 우리의 군사력을 증강하면서 반공 및 안보태세를 강화하는데 모든 노력을 기우렸다. 한편 미국의 경제원조를 획득하여 재해복구와 국가재건을 추진하는 것은 국가의 핵심 사업이었다. 보릿고개로 대표된 배고픔의 해결도 국민들의 열망이었다. 이승만정권 당시의 시대정신은 '반공, 안전보장과 국가재건'이었다. 정부는 반공이념의 공고화를 통한 국민단결, 대미의존에 의한 안전보장과 재해복구 및 경제 재건을 핵심 국가정책으로 추진하였다. 그러나 법과 제도가 정비되지 못한 신생국가가 이를 한꺼번에 추진하기에는 여러 가지 어려움이 많았다.

4·19혁명의 산물로 1960년 8월 23일에 수립된 장면정부는 혁명의 이념과 기본정신을 충실하게 반영하는 헌정체제를 지향하였다. 가장 풍요로운 자유와 민권이 존중되는 민주정치의 구현을 추구하였다. 즉 당시를 관통하였던 시대정신은 '인권의 보장과 민주주의의 정착'이었다. 그러나 장면정권은 신구파의 대립으로 정권을 완전하게 장악하지 못하였다. 온갖 부조리와 시위에 시달리던 장면정권은 국민들의 요구를 구현하기도 전에 바로 무너지는 결과를 초래하였다. 그러나 '자유'와 '민주'의 시대정신은 그 후 우리 시대를 연결하는 큰 화두와 담론이 되었다.

박정희정부는 가난퇴치를 가장 중요한 과제로 추진하였다. '근면·자조·협동정신'으로 국민의식을 고양하기 위한 '새마을 운동'을 대대적으로 전개하였다. 박정희정부는 '하면 된다', '우리도 잘 살 수 있다'는 자신감과 용기를 불러일으키는 국민의식 개혁운동을 실시하였다.[66] 경제건설에 국민을 총동원하였다. 국민들은 호전적인 북한이 군사력증강에 박차를 가하고 대남적화통일을 목표로 도발을 지속하는데 따른 불안감을 가지고 있었다. 이러한 불안감은 당시의 시대정신에도 그대로 반영되었다. 당시의 시대정신은 '하면 된다'는 화두 하에, 자주自主, 자조自助, 자립自立에 바탕을 둔 '자주국방'과 '자립경제'의 확립이었다. 이러한 시대정신은 장기적으로 볼 때 구현되었다. 그러나 유신체제의 확립으로 민주주의 이념을 훼손하는 결과를 초래하였다.

전두환정부는 국정목표로서 '선진조국의 창조'라는 대명제 아래 '민주주의의 토착화, 복지사회의 건설, 정의사회의 구현, 교육혁신과 문화창달' 등 구호를 내세웠다. 과거 성장제일주의 정책에서 벗어나 저물가, 저금리, 저환율의 '3저低정책'과 부동산 투기억제 등 '안정우선정책'을 추진하여 성공하였다. 1986년 아시안 게임을 성공적으로 개최하였고, 1988년 서울올림픽 유치에 성공하여 국제적인 위상을 높였다. 당시를 일관하는 시대정신은 '선진조국 창조'와 '민주화'로 요약될 수 있을 것이다. 그러나 국가권력의 무분별한 사용으로 국민의 자유는 제한되었고, 신분별·지역별 갈등은 더욱 증폭되었다.

노태우정부는 '6월 민주항쟁'에 이은 '6·29 민주화특별선언'의 결과로 수립되었다. 역사상 최초의 평화적 정권교체를 이룩한 노태우정권이 당면한 과제는 국가적인 대행사인 '88서울올림픽'을 성공적으로 치루는 것이었다.[67] 노태우정권은 권위주의를 청산하고 정치, 경제, 사회 모든 분야에서 민주화와 자율화를 실현하고자 노력하였다. 탈냉전의 호기를 포착하여 소련과 중국 등 북방 사회주의국가들과의 관계정상화를 시도하였다. 정부는 국정목표로 "민족자존, 민주화합, 균형발전, 통일번영"을 내세웠다. 당시의 시대정신은 '권위주의 청산과 민주화, 균형발전, 평화공존'으로 요약될 수 있었다. 그러나 권위주의를 청산하고 민주화를 추진하는 과정에서 국가의 권위마저 무너지는 결과를 초래하였다.

김영삼정부는 '문민정권'과 '역사 바로 세우기'를 앞세웠다. '신한국 창조'를 국가목표로 제시하고, '과감하고도 중단 없는 위로부터의 개혁'을 선언하였다. 김영삼정권은 국가목표를 달성하기 위한 국정지표로 '깨끗한 정부, 튼튼한 경제, 건강한 사회, 통일된 조국'을 설정하였다. 그 당시의 시대정신은 '개혁과 개방, 세계화, 문민화'로 요약될 수 있을 것이다. 그러나 방향 없이 조급하게 추진된 개방과 세계화는 환란IMF체제을 초래하였다. '역사 바로 세우기'는 무분별한 파괴와 국민의 갈등을 부추기는 결과로 나타났다.

김대중정부는 IMF환란을 맞아 국민 모두가 괴로워하였던 시점에 정권을 인수하였다. 당시를 관통하는 시대정신은 '나라사랑' '경제난국의 극복'과 '화해와 협력'이었다.[68] 국민들은 초유의 금모으기 운동을 통해 나라사랑의 정신을 발휘하였다. 김대중정권은 정부의 성격을 '국민의 정부'로 규정하였다. 국민의 정부의 국정목표는 당면한 경제위기 극복과 한반도에서 평화체제의 정착 등이었다. 포용정책으로 상징되는 김대중정부의 대북정책의 목표는 평화·화해·협력실현을 통한 남북관계의 개선이었다. 즉 평화정착을 통한 남북 간 평화공존을 실현하고, 평화통일로 가는 기반을 조성한다는 것이었다. 나라사랑의 마음속에서 경계난국은 극복할 수 있었으나, 국민의 공감대가 부족한 가운데 추진된 대북화해협력정책은 '퍼주기' 논란으로 점화되어 진보와 보수의 갈등이 증폭되는 결과를 초래하였다.

　노무현정부는 '효선이, 미선이 사건'과 함께 시작하였다. 노무현정권 시기에는 '자주와 한미동맹 재조정'이 큰 화두가 되었다. 즉 1970년대 시대정신의 하나인 '자주'가 다시 대두된 것이다. 노무현정권은 '국민과 함께하는 민주주의 실현', '더불어 사는 균형발전 사회', '평화와 번영의 동북아시대'를 국정목표로 정하였다. 이 시기의 시대정신은 '자주, 혁신, 균형발전'으로 요약할 수 있을 것이다. 그러나 노무현정권의 잘못된 역사인식과 독선적인 국정운영 방식은 국민갈등을 심화시켜 국력을 낭비하는 결과를 초래하였다.

　이명박정부는 '보수와 실용'을 내세우며 집권하였다. 이명박정권에서는 아직까지 시대정신으로 명확하게 가시화된 것은 없다고 볼 수 있다. 남북관계의 재정립을 내세운 대북 통일정책은 혼돈상태에 있다. '선진일류국가건설'을 국정목표로 내세우고 경제발전을 추진하고 있으나, 이 시기의 화두가 되어 시대정신으로 승화될 수 있는 단계로 발전되지는 못하고 있다. 거대한 담론이 없기 때문이다. 조금 더 지켜 볼 일이다.

　시대정신을 포함한 문화적인 변화나 개혁은 최소한 10년 또는 세대 단위로 이루어진다고 볼 수 있다. 가치관, 의식과 관행 등을 포괄하는 문화의 경우에는 공식적인 법과 제도가 장기간에 걸쳐 습관화되면서 문화의 일부로 자리잡아가기 때문이다. 그러나 한국적 특성으로 정권의 교체에 따라 시대정신도 급속하게 변화되어 왔다는 점을 부인할 수 없다.

　지난 60여 년의 시대정신을 일관하는 '빨리빨리' 문화는 대한민국의 발전의 원동력이 되었다. 물론 동전의 양면처럼 그늘진 면도 많았다. 날림·부실 공사, 적당주의와 법 경시 풍조가 판쳤다. 또한 빨리빨리 강박

감은 '예스'만을 강요하는 비합리적인 조직문화를 낳았다. '모로 가도 서울만 가면 된다'는 편의주의적 사고방식은 목표 달성을 위해 수단과 방법을 가리지 않는 목표지상주의도 대세를 이뤘다. 사회 전반적으로 규범과 가치관의 혼란이 생겨 법과 사회질서를 존중하는 준법정신은 약화되었다. 즉 조급함이 안정을 저해하는 요소로 작용한 것이다.

우리가 지향하는 일류국가에서 모든 국민은 누구나 애국심을 갖고 나라를 사랑하고 지켜야 할 의무가 있다. 국민은 국가로부터 보호받는 동시에 국가를 지키며 주인으로 번영발전을 선도해야 한다. 이를 위해 전 국민이 공감하며 동참할 수 있는 충·효·예의 한국적인 전통가치와 선비정신의 바탕 위에 세계화시대의 요구사항을 접목시킨 미래지향적인 시대정신이 절실히 요구된다.

21세기 전반기의 지식정보화시대에 우리 조국의 시대정신은 무엇일까? 그것은 담론화 과정을 거쳐야 하겠지만, '평화통일'과 '희망찬 일류국가' 및 '행복한 선진 시민'이 될 수 있을 것이다. 여기에 추가하여 '소통'과 '화합', '자주'는 통일 이후까지 우리가 붙들고 있어야 할 담론화의 주제가 될 것이다.

우리는 빠른 시간 내에 통일을 이루어야 한다. 그 무거운 짊을 후손들에게 물려주어서는 안 된다. 시간이 우리 편이 아닐 수도 있다는 것을 역사의 시계는 증명하고 있다. 우리는 사랑스런 후손들이 살아야 할 이 한반도를 우리가 자부했던 금수강산으로 만들어 물려주어야 한다. 우리는 조국을 선진국을 뛰어 넘어 희망찬 일류국가를 만들어 가야 한다. 우리는 대한민국 국민으로서 긍지와 보람을 느끼며 행복하게 살 수 있도록 삶의 질을 향상시켜야 한다. 조국은 문화대국으로 성장하여야 한다. 우리는 이러한 시대적 소명을 다하면서, 시대정신을 실천하는 제도를 만들고 동기를 부여하는 일에 앞장서야 한다. 즉 일류국가의 선진 시민으로서 역할과 사명을 다할 수 있도록 노력해야 한다.

시대정신은 우리나라의 전통과 사상을 토대로 세워진 하나의 건축물이다. 이를 위해 지금 당장 우리가 할 수 있는 일이 있다면 일류국가와 선진시민에 부합된 법과 제도를 바른 방향으로 만들어 내고, 이를 엄격하게 집행하는 일이다. 즉 국민들이 새 환경에 맞추어 행동양식을 바꾸어 나가는 과정을 인내력을 가지고 지켜 볼 수 있어야만 발전적인 국민의식과 시대정신을 함양할 수 있다. 국가의 정체성과 국민의 가치관을 바로 세우는 일은 동시대를 살아가는 우리들과 정부의 공동의 책임이다. 올바른 시대정신을 정립하는 것은 어떠한 일보다 선행되는 것으로 우리는 '할 수 있다' 는 '신바람' 의 재창출로 이것을 이루어 낼 수 있을 것이다. 이를 위해 '소통' 과 '화합' 이 필요하다.

견실한 제도의 정착

21세기에 들어선 지난 10여 년은 우리 사회가 본질과 토대를 바꾸는 형질전환의 시기였다. '산업사회에서 정보사회로의 변화', '아날로그에서 디지털로의 변화' 가 급속하게 이루어지고 있다. '권위주의에서 수평적 인간관계', '기성세대와 신세대', '대중문화의 고급화와 일반화', '글로벌 흐름 속의 한류韓流' 등의 다양한 사회변화의 동인이 작용되고 있다. 이러한 사회변화를 일으키고 있는 한국인의 꿈과 욕망은 무엇인가? 현재 우리의 모습은 이런 변화 속에 어떻게 투영되고 있는가? 이런 변화는 제도화되고 있는가? 이러한 질문에 답하는 것은 우리는 어디에 서 있는가에 대한 의문을 해소해준다.

국가의 번영과 발전을 위해서 제도와 사람 중 무엇이 더 중요한 것인가 하는 문제는 끝없는 토론의 대상이다.[69] 부잔Barry Buzan은 국가의 3대 구성 요소로서 조직이념, 제도와 물리적 기반을 들고 있다. 그만큼 견실한 제도의 정착은 국가발전을 위한 필요조건이다. 국가나 사회가 가지고 있는 경기규칙으로서의 제도는 그 구성원들의 행동과 사회의 특성을 결정하게 된다. 한 사회의 구성원들의 일반적인 행동에 문제가 있다면, 이것은 그 사회가 가지고 있는 일반적인 경기규칙인 제도에 문제가 있기 때문이다.

행위규칙으로서의 제도는 다양한 내용을 갖는다. 사회 구성원들 사이에 공유하는 가치관, 문화와 관습 등 비공식적인 규칙에서부터 공식적인 법령에 이르기까지 인간관계를 규율하는 공식적 혹은 비공식적인 행위규칙을 포함한다. 국민들의 행동을 바꾸고자 하는 노력은 그 사회의 행동규칙인 제도를 고치는 작업이다. 제도를 고치는 것은 개혁의 충분조건은 아닐지라도 필요조건이 될 수 있다.

미국의 '국립경제연구소NBER'는 세계 72개국을 대상으로 분석하였다. 그 결과에 따르면 빈국과 부국을 가늠하는 가장 중요한 요인은 '제도와 정책'이었다. 세계 최고의 경제학술지 중 하나인 '미국경제학회지 American Economic Review'는 효율적 제도를 받아들인 대부분의 국가가 부자 나라가 되었다는 결과를 발표하였다. 부유한 국가를 만드는 묘약이 바로 정부조직과 제도의 효율성에 있음을 역사적 경험에서 찾은 것이다.[70]

지금 우리는 제도경쟁의 시대에 살고 있다. 정보통신과 수송수단의 급격한 발달이 가져온 세계화와 글로벌화는 생산요소의 이전을 자유롭

게 만들었다. 그 결과 생산요소 보유에 대한 경쟁체제에서 생산요소의
조달에 대한 경쟁체제로 전환되었다.[71] 즉 좋은 제도가 더 우수한 생산
요소를 유인하기 때문에 생산성과 효율성은 제도에 의해 결정된다고 해
도 과언이 아니다.

대한민국은 정치, 행정, 사법 등 국가운영의 기본 틀에 해당하는 제도
개혁을 제대로 추진하지 못했다. 사회 전반적인 제도개혁은 더딘 상태
로 진행되어 왔다. 정치실패로 인한 사회적 갈등의 증폭과 경제적인 부
담의 증대, 정부의 개입 확대, 사법부 기능의 약화 등이 지속되고 있다.

국가발전을 위한 제도개혁은 노력하는 국민과 집단들이 성공할 수 있
는 방향으로 이루어져야 한다. 즉 그들의 부담을 완화시키는 방향으로
추진되어야 한다. 이러한 제도개혁을 '발전 친화적인 제도개혁'이라 할
수 있다.

대한민국이 성숙한 자유민주주의 국가로 정착하기 위해서는 아직도
해결해야 할 많은 개혁과제가 산재해 있다. 사회의 구석구석에 민주적
원리와 제도가 적용되어 사회체제의 전반적인 민주화가 심화되어야 한
다. 국민의식이 개혁되어 스스로 법을 지키고, 남의 권리를 인정하며 자
신의 의무를 충실히 수행하는 사회적 분위기가 조성되어야 한다. 정치
제도는 국민의 의사를 보다 정확히 반영하고, 효율적으로 작동될 수 있
도록 되어야 한다. 자유민주주의의 가장 큰 장점은 그 효율성에 있다.
인간은 오직 자유로울 때 특유의 개성과 창의력을 발휘하여 효율성을 극
대화시킬 수 있다.

속도가 중시되는 지식정보화 시대라도 혁신은 하루아침에 이루어지
는 것이 아니다. 혁명이나 전쟁, 혹은 경제위기와 천재지변 등에 따라
혁신의 계기가 마련된다면 변화의 속도는 더욱 빠를 수 있다. 그러나 그

동안의 역사적인 경험에 비추어 보면, 법과 제도의 개혁에 따라 일반 국민들의 정치, 경제, 사회 등의 관련 생활을 변화시켜 나가는 데에는 약 10년 단위의 기간이 소요되었다.

세계화·지식정보화시대에는 국경의 폐쇄적 공간을 뛰어 넘는 기업 간의 경쟁과 국가 간의 시스템 혹은 제도적인 경쟁이 치열하게 전개될 것이다. 그리고 국가단위의 경쟁력의 원천은 기업을 중심으로 한 각 부문의 효율성과 경쟁력에서 비롯될 것이다. 대한민국의 현 시스템, 즉 정치, 경제, 사회 관련 법규 및 제도가 국제수준에 크게 못 미치고 있다. 시장기구에 대한 정부기구 우위의 시대가 지속되는 한 고비용 저효율의 시스템 구조에서 벗어나기가 어렵다.

국가정책의 효율성과 책임성을 강화하기 위해서는 무엇보다도 정책실명제를 지속적으로 강화해야 한다. 그리고 반드시 정책성공에 큰 보상이 뒤따라야 한다. 경제적이고 명예적인 보상이 있어야 한다. 실패 시에는 사법적 책임을 묻기는 어렵지만 도덕적 책임은 반드시 물어야 한다.

제도개혁의 변화는 입법과 예산으로 나타난다. 입법과 예산의 지원 없이는 새로운 제도는 공허한 이야기가 된다. 아무리 훌륭한 제도라도 예산이 뒷받침되지 않으면 실현가능성이 없다. 선진적인 정치세력과 정책세력이 서로 연대해야 일류화를 위한 제도개혁과 정책변화가 성공할 수 있다. 정치세력과 정책세력의 결합이 효율적으로 이루어져야 한다. 이들이 합작하여 일으키는 제도개혁이 의식개혁의 국민운동과 결합하여 나아가면 그것이 선진화운동이 된다. 이러한 운동의 결실로 대한민국의 일류화는 성공할 수 있을 것이다.

제도의 개선만으로 인간과 공동체를 바꿀 수 있다고 생각하는 것은

어쩌면 오만한 발상일지도 모른다. 지상낙원을 만든다는 공산주의 제도
는 구소련과 북한 등 이를 추구한 국가들을 지옥으로 만들었다. 제도만
을 중시하면 인간의 중요성이 과소평가된다. 동일한 제도 아래에서 왜
어떤 때는 부흥하고 어떤 때는 고난을 겪는가? 바로 사람 때문이다. 제
도를 움직이는 것은 바로 사람이다. 그래서 인류는 끊임없이 "제도가 먼
저인가, 혹은 사람이 먼저인가?"에 대한 질문을 반복하고 있는지도 모른
다.

국가전략가는 제도를 바꾸기 위해 노력하는 만큼 국민의식의 변화와
국민과 함께하는 제도개선에도 높은 관심을 가져야 한다. 일류국가는
행복하고 희망찬 국민과 제도의 선진화를 바탕으로 이루어질 수 있기 때
문이다. 우리 모두 좋은 제도를 만들고 이를 정착시키기 위해 최선을 다
하자!

국익과 공익을 위한 화합의 정치

대한민국은 '87년 체제' 출범 이후 제도적 민주화를 위해 노력해 왔
다. 영국 시사 주간지 이코노미스트가 발표한 '2010년 민주주의 지수'
에서 대한민국은 167개국 중 20위로 상위권을 차지하였다. 민주주의가
어느 정도 공고해지고 있다는 사실을 말해준다. 그러나 우리는 그 결과
를 보면서 과연 대한민국의 민주주의가 그렇게 높은 평가를 받을 수 있
는지 고개를 갸우뚱하게 된다. 우리의 민주주의 수준에 대한 외부적 평
가와 내부 인식 사이에서 괴리가 존재하는 것이다. 그것은 민주주의를

위한 제도적인 규칙이나 경쟁의 틀은 어느 정도 갖추었다고 해도 정치가 작동하는 방식은 만족스럽지 못하기 때문이다.

대한민국의 정치는 아직도 대결정치를 벗어나지 못하고 있다. 다른 분야는 일류를 향해가고 있는데 정치는 아직도 겨울잠을 자고 있다. 여야 간의 대결은 심화되어 공존의 정치가 자리를 잡지 못하고 있다. 우리의 정치수준을 낮게 평가하는 이유도 정치적인 갈등이 국회 내에서 제도적으로 해결되지 못하기 때문이다. 지역 간의 대결은 정치공동체의 단결과 화합을 위협할 정도로 심화되고 있다. 해방 이후 정치가 분단으로 점철되다 보니, 세계가 조화질서를 모색하고 있는 와중에서도 한반도는 여전히 냉전의 섬으로 남아 있다. 즉 분단은 이데올로기적 대결구조를 청산하는 데 걸림돌로 작용하며, 보·혁갈등이 우리의 정치지형을 축소시키고 있다.

일류국가 건설을 위해 우리 사회가 직면한 최대의 난제難題는 통합과 화합의 빈곤과 국가비전과 국가전략의 상실이다. 그것이 아무리 바람직한 의제라 하더라도 정치적 손익계산에 따라 찬성과 반대가 선택되고, 승패가 결정된다. 이 과정에서 다수의 국민은 소외되고, 대상을 찾지 못하는 분노를 겪고 있다. 한국인은 정치인의 부패보다는 정치인의 싸움질에 더 스트레스를 받는 것으로 나타나고 있다.[72] 그러다 보니 한국인의 투표율로 나타나는 정치참여도는 호주가 95%, 덴마크가 85%인데 반해 우리는 46%대여서 선진국 중 꼴찌에 속한다.

대한민국이 올바르게 발전하기 위해서는 정치의 큰 틀이 국익과 공익에 기여해야 한다. 즉 대통령과 청와대, 행정부, 입법부와 정당이 국가전략의 큰 틀에서 국익을 구현하고 공익을 위한 정치를 해야 한다.

대통령중심제하에서 대통령의 의사결정은 바로 조국의 운명을 좌우하는 것이다. 안보전략과 통일정책의 추진 등을 보면, 국가의 의사결정 기능은 그 중요성에 비해 효율성이 뒤떨어진다.

청와대는 정부의 각 부서보다도 한 단계 높은 차원에서 국가전략을 검토하고 국가전체를 조감해야 한다. 정부 각 부처의 업무를 국가차원에서 분석 지도해주고, 부서별 업무를 통합·조정함으로써 통합적·입체적으로 국정을 관리해야 한다. 즉 국가전략 차원에서의 국정의 큰 흐름에 대한 정책적인 방향을 연구·개발·검토함으로써 대통령의 의사결정을 보좌해야 한다.

정부는 공익성 있는 전략과 정책을 결단력 있게 선택하고 효율적으로 추진해야 한다. 지식정보화시대에 전략과 정책결정과정에서 정부의 결단성과 신속성이 요구되는 이유는 사회 전반에 미치는 중요한 이슈의 대부분이 정부의 즉각적인 대응이 필요하기 때문이다.

국회는 정책전문성이나 직종대표성을 크게 높여야 한다. 정치에서 지역대표성은 첨차 그 비중이 낮아져야 한다. 지방이나 지역의 정치참여 욕구는 상당 부분 지방자치제도에서 흡수할 수 있기 때문이다. 국회와 정당의 정책 역량을 높이는 문제는 매우 중요하다.

국민이 정치인을 국가정책능력과 국가경영능력을 가지고 판단해야 한다. 그러면 정치인도 국가정책을 개발하고 국가경영능역을 높이기 위해 노력하게 된다. 그러나 정치인을 판단할 때 객관화하고 과학화하기 어려운 심정윤리에 속하는 문제를 중시하면, 정치인은 이미지 정치, 이벤트 정치 중심으로 나아간다. 국가전략과 정책을 개발하고 국가경영능력을 높이려는 노력을 소홀히 한다.

국민의 자발적인 정치 참여를 건강한 민주주의의 원천으로 만들기 위해서는 국가와 시민사회를 잇는 매개체로서 정당의 역할이 중요하다.

국가발전의 비전과 전략을 중심으로 정당이 조직되어야 한다. 즉 이념정당과 정책정당으로 바뀌어야 한다. 정당이란 본래가 이념과 가치를 같이하는 사람들의 모임이어야 한다. 고향이나 출신학교가 같아서 모이는 것이 아니라 국가발전의 이상과 이념이 같아서 모이는 것이 정당이어야 한다. 끼리끼리 정당을 넘어서려는 노력은 우리 민주주의의 개방성과 포용성을 높이기 위해서 절실한 과제이다. 정당들은 사회적으로 제기되는 요구를 규합하고 다양한 이해집단과 네트워크를 구축할 수 있는 정당으로 변신해야 한다. 정당이 서로 상이한 국가발전 비전과 전략 및 정책을 가지고 토론하고 공방하고 경쟁해야 한다. 그래야 제도발전으로 연계되는 생산적인 정치가 뿌리내릴 수 있다.

국가의 일류화전략과 정책을 개발하고 수립하는 '싱크탱크' 가 당의 중심에 놓여야 한다. 중장기 비전과 전략방향의 제시뿐 아니라 단기적인 정책현안에 대해서도 당의 입장을 일관성 있게 정리하여 제시해야 한다.

한 때 동구 사회주의권 국가들의 붕괴는 '이데올로기의 종언' 으로 비춰졌다. 하지만 우리 사회에서 그 위력은 줄어들지 않고 있다. 민주화의 여정이 시작된 이후 오히려 '이념의 과잉시대' 가 확산되었다. 진보진영에서는 '사회변혁이론' 이, 보수진영에서는 권위시대의 논리를 대체할 국가론이 백가쟁명百家爭鳴을 이뤘다. 그러나 치열한 논쟁 속에서도 국민의 인식의 지평과 공감대를 넓혀가는 순기능을 보여 주지 못하고 있다. 사상 논쟁의 주축들이 사회적 역할을 반성하고 새롭게 설 자리를 모색해야 할 시점에 서 있는 셈이다.

국가의 운명을 좌우할 수 있는 통일문제 등 국가전략에서도 '이념논쟁' 이 판을 치고 있다. 국가이익이나 현실적인 대안은 철저히 외면당하고 있는 실정이다. 국가적인 핵심 사안은 보수와 진보를 넘어 양측 모두가 우리의 국익과 앞으로의 국가전략에 대한 대승적大乘的이고 창조적인 자세로 문제를 해결해 나가야 한다.

정치란 본래 갈등의 해결과정을 전제로 하기 때문에 갈등의 존재 자체가 문제되는 것은 아니다. 중요한 것은 갈등의 내용과 성격이다. 갈등구조가 비상생zero-sum 또는 비생산negative적일 경우와 균열의 축이 많을 때는 정치주체들이 협상을 통해 자신들의 갈등을 해소할 가능성이 적어진다. 정치시스템의 효율성이 그만큼 낮아지는 것이다. 그리고 과도하게 분열된 정당체제와 분산된 권력구조는 정치성과에 부정적인 요인으로 작용할 수 있다. 장 자크 루소Jean-Jacques Rousseau가 말한 대로 다양한 이해관계에서 어떻게 국민의 일반의지一般意志, General will를 계산하고 추출하느냐 하는 것은 늘 중요한 정치철학적 문제였다.

국가전략과 정책이 일사불란하게 실천되기 위해서는 국민의 통합된 지지가 있어야 한다. 전략이란 고민의 산물이며, 그 해결의 방향이다. 정부 입장에서는 기획력보다는 실천력과 집행력이 중요하다. 정부는 국가발전차원에서 국론분열과 갈등 양상을 조기에 수습하고 화합의 정치를 구현하려는 의지를 보여줘야 한다. 그러한 의지의 핵심은 국민을 껴안는 일이다. 적과 아군이라는 이분법적 논리로는 화합과 통합을 이룰 수 없다. 우리 모두는 자랑스러운 대한민국 국민이다.

참여민주주의는 이제 거스를 수 없는 시대적인 추세가 되었다. 인터넷을 통한 정치적인 소통이 갈수록 더 강화되는 추세를 보이고 있다. 과거와 같이 소수의 정치인이 대중을 이끌고 간다는 것은 불가능한 일이 되었다. 정치가는 국민의 작은 목소리에도 귀 기울일 줄 아는 지혜로운 사람이 되어야 한다. 국민을 위한 정치인은 정의를 위해서는 치열하면서도 소외된 계층을 위해서는 온화해야 한다. 또한 이상주의자이면서 현실주의자이어야 한다.

정치가는 위엄과 신의가 있어야 한다. 위엄은 청렴한 데서 나오고 신의는 충성된 데서 나온다. 논어 이인 편에 나와 있는 "군자는 의에 예민하고 소인은 이득에 예민하다 君子喻於義 小人喻於利"는 말을 새겨들어야 한다.

정치가는 우물 안 개구리가 되어서는 안 된다. 머리는 냉철하게, 심장은 따뜻하게 가져야 한다. 눈은 세계를 바라보지만 가슴은 조국을 품어야 한다. 더 넓은 안목과 시야로 총체적인 문제를 바라보아야 한다. 이러한 지혜로운 정치가를 대한민국 국민은 기다리고 있다.

국가의 품격을 높이는 외교

대한민국은 모든 영역에서 국가이익을 추구하며 자주권을 확보하고 국가적 위상을 높일 수 있는 외교전략을 강화해야 한다. 즉 대한민국의 외교적 위상은 국가이익과 자주성에 기반을 두어야 한다. 독자적인 외교노선을 확립하고 실천하기 위해서는 국가이익을 보호하기 위한 국제적 영향력을 증진시켜야 한다. 자주적인 외교전략의 기본방향은 쌍무적이고, 지역적이며, 세계적 차원에서의 협력을 통해 국익구현을 위해 다층적으로 추구하는 것이 바람직할 것이다.

이승만대통령은 한국전쟁 기간 중 군사력 부족을 이유로 한국군에 대한 작전지휘권을 UN군사령관에게 이양했다. 그리고 1953년 한국전쟁 종전 이후에는 북한의 군사위협에 대처하기 위해서 1954년 한미안보동맹을 결성하였다. 그 후 경제력에서나 군사력에서 열세를 면치 못했던 대한민국은 先 경제발전 後 방위역량강화라는 전략 하에 안보는 미국에 의존하면서 경제발전에 전념해 왔다. 안보외교는 한미동맹을 유지, 발전시키기 위한 목적에 최우선을 두고 전개되어 왔다. 주한미군의 계속 주둔을 확보하는 데 중점을 둔 대미안보외교를 전개해온 것이다.

이러한 환경은 우리에게 두 가지 안보딜레마를 갖게 했다.[73]

첫째, 벼랑끝전술 등 군사모험주의를 정책수단으로 택하고 있는 북한에 대해 우리의 억제정책이 신뢰성이 있는가 하는 것이다. 북한 지도자들은 1 · 21사태에서 연평도 공격사태 등에 이르기까지 도발에 대해서 응징을 받아본 적이 별로 없었다. 앞으로도 '응징 · 보복면제론'을 믿고 있을지도 모르기 때문에 '계산된 모험'으로써 한반도의 위기를 조성하여 정치적 · 외교적 이익을 증대시킬 가능성이 상존한다.

둘째, 국민과 정부의 우유부단한 전쟁관을 잉태시켰다. 외부의 군사위협이나 테러에 대해서 단호하게 대처하는 선례를 만들지 못함으로써 패배주의 의식을 국민에게 만연시켰다. 그 결과 위기라는 말만 들어도 도피하려는 국민이 생겼다. 결국 국가목표를 위한 군사력의 자율적 사용을 의미하는 순수한 의미의 국방전략을 유보하였다. 군사전략에 대한 활발한 토론과 정책개발을 저해해 왔다고 할 수 있다. 2015년도 전시작전권 전환에 맞추어 국가이익구현과 국가목표달성을 위한 외교와 군사의 관계 재정립이 필요하다.

세계화시대에 들어와 남북분단에 영향을 준 정치 · 이념 · 군사적 요인들이 점차 약화되고 있다. 우리는 한반도의 평화통일을 위해서 평화공존 平和共存, Peaceful Coexistence과 평화교류, 평화협력을 우리 손으로 창출해야 한다. 이것은 바로 우리 민족의 역량에 달려 있다.

남북이 지금처럼 적대적인 상황에 있는 한, 화해와 평화정착을 거치지 않는 통일접근은 사실상 불가능하다. 통일의 주체는 민족구성원 전체이다. 통일과정에 있어서 주권문제에 관한 외교는 중요한 영역이다. 대한민국의 외교는 국가의 주권문제를 국제적 차원에서 관리하면서 한반도의 주변 4국에 대한 통일지지를 획득하는 과제를 수행해야 한다. 주변 4국에 대한 통일지지 획득 외교는 통일방법과 통일한국의 대외정책이 4국의 이익에 순기능적이어야 한다. 통일과정은 한반도와 주변 4국 간의 관계가 포괄적인 우호증진 방향으로 진전되는 것이 바람직할 것이다.

통일된 조국은 자주권을 유지하는 독립국가의 위상을 확보해야 한다. '민족공동체 통일방안'은 아무리 통일이 민족지상의 과제요, 절실한 염원이라 할지라도 이를 달성하기 위해 민족의 희생을 강요하거나 자주권을 상실해서는 안 된다는 점을 강조하고 있다. 통일은 무력의 사용이나 폭력적인 수단을 배제하는 것이 바람직하다. 헌법에도 이를 명시하고 있다. 통일의 주도권을 한민족이 갖고 대화와 교류를 통하여 평화적인 방법으로 달성해야 한다. 이렇게 했을 때만 통일과정에서 외세의 불필요한 간섭을 배제할 수 있다. 통일조국도 자주권을 가지고 독립국가의 역량을 발휘할 수 있을 것이다. 따라서 대한민국의 독립을 항구히 보장하고, 대외관계에서 위상에 맞는 자주적 외교권을 행사하면서 통일 이후까지를 조망하는 외교전략이 요구된다.

한반도 주변의 미국, 중국, 일본, 러시아 등은 모두 세계의 강대국이다. 당분간 우리나라의 국력은 군사력과 경제력 지표에서 이들 국가들에 미치지 못할 것이다. 우리는 증진된 국가적 위상과 국력 기반을 바탕으로 보다 적극적인 균형외교를 통한 역할확대를 모색해야 한다.

대한민국의 외교는 한반도 정세를 더 높은 곳에서 멀리 내다보며, 오늘의 안보와 내일의 통일에 대비하는 통찰력을 갖추어야 한다. 즉 대한민국은 외교와 안보 문제의 포괄적 해결에 동참하고, 때로는 문제해결을 선도하는 역할을 자임해야 한다. 앞으로 테러, WMD 반확산, 난민, 지역 안보문제 등 우리가 기여할 부분은 다양하다. 우선 그동안 다져진 기존 양자관계의 틀을 활용하면서 다자관계 외교를 강화하기 위해 적극 노력할 필요가 있다. 우리는 지정학적 여건을 고려하는 동시에 세계적 차원에서의 적절한 역할 모색을 시도해야 한다.

한 국가가 군사적 목적을 달성하기 위해서 타국과 관계를 발전시켜 나가는 행위를 안보외교라고 말할 수 있다. 다른 국가로 하여금 자국이 원하는 행위를 하도록 폭력, 즉 군사력으로 위협하거나 실제로 사용함으로써 국가의 의지를 관철시키는 행위를 강압외교라고 부른다.[74]

국가가 외교를 수행함에 있어 예측 가능하도록 행동하고, 그를 통해 다른 나라의 신뢰를 얻는 것은 쉽지 않다. 외교란 국민들의 지지를 얻어야 한다. 그러나 국제문제에 대해서 여론의 이해와 지지를 얻기는 쉽지 않다. 외교문제에 대한 여론은 분위기를 크게 타기 때문이다.

대한민국은 국력에 걸맞도록 세계평화에 기여하는 유엔의 평화유지 활동 등에 적극 참여해야 한다. IAEA, 세계은행, IMF 등에 국력에 맞는 분담금을 지출하면서 각종 국제기구에 한국인들이 많이 근무할 수 있도록 해야 한다. 즉 일류국가로서의 위상을 제고할 수 있도록 외교역량을 강화해 나가야한다.

대한민국의 외교가 이 모든 것을 올바르게 수행하기 위해 필요한 것이 있다. 한반도와 주변 동아시아를 둘러싼 강대국의 전략의 바닥과 표면흐름, 성층권의 흐름의 방향과 속도 및 각 흐름 간의 상호작용을 꿰뚫어 보는 통찰력이다. 참다운 외교는 정권의 이익을 추구하는 것이 아니라 국가의 이익을 구현하는 것이다. 외교관들의 국가관이 올바로 정립되어야 할 이유이다.

정의로운 나라
법을 지키는 국민

　최근에 마이클 샌델Michael J. Sandel 교수의 『정의란 무엇인가』란 책이 베스트셀러가 되었다. 우리도 이제 사회 정의에 대해 깊은 관심을 갖게 되었다는 반증의 하나일 것이다. 그는 민주사회에서 시민들이 정의Justice와 공익Common Good에 대한 활발한 토론을 진행하는 것이 정치에서 도덕을 묻는 것이라고 강조하고 있다.

　우리는 대한민국은 어때야 하는지, 즉 어떤 원리들이 공동체의 삶을 지배해야 하는지 고민하고 토론해야 한다. 대한민국이 추구하는 일류화를 위한 국민의 노력은 사실상 새로운 '국가정체성'과 '국민정체성'을 찾아가는 노력이라고 할 수 있다. 우리는 근대화라는 국가과제를 성공적으로 끝내고 선진일류화라는 새로운 국가과제 앞에 서 있다. 과연 우리는 우리나라를 어떠한 문명국가로 만들어서 후손에게 물려주어야 하는가? 그런데 이 문제는 우리 국민이 앞으로 어떠한 삶을 살고자 하는가, 우리에게 보람 있고 가치 있는 문명이란 어떠한 것인가 하는 문제와 깊이 관련되어 있다. 즉 대한민국이 일류시민들이 모여 사는 정의로운 선진문명국가를 창출할 수 있느냐 하는 문제와 직결된다.

　우리는 최근 중동지역에서 독재 권력의 부패와 오만이 붕괴되는 모습을 지켜보았다. 북한 김정일의 독재정권도 이런 과정을 거칠 가능성이 높다. 정치와 권력이 독재, 부패와 오만에 빠지지 않으려면 법과 정의의 원칙을 지켜야 한다. 각종 불법시위와 공권력의 실종은 사회적 비용의 증가로 이어진다. 민주화가 진전될수록 공권력의 집행은 엄정해야 한다. 그러나 우리사회는 민주화 이후 인권이 부각되면서 공권력이 법과 원칙보다는 임기응변식 대처에 치중하는 치안 포퓰리즘에 빠져 스스로 권위를 무너뜨렸다. 정치권이 표를 의식하여 불법 행위를 법으로 단죄하는 게 아니라 정치논리에 따라 타협하는 바람에 '국민정서법國民情緖法' 이 실정법 위에 군림하고 있다. 우리는 이러한 치안 포퓰리즘 현상을 시급히 개선해 나가야 한다. 정치권이 정치적 이해관계 대신 법과 원칙에 따라 정책을 결정하고 스스로 준법정신을 발휘해야 불법 시위가 근절될 것이다.

이념과 가치에 뿌리를 내리지 않은 원칙이 없는 정치는 타락하고 붕괴한다. 미래 국가전략의 틀 속에서 원칙을 지키는 정치로 바뀌어야 한다. 국가권력은 통상 독재, 부패, 오만불손 등의 세 가지의 큰 질병에 빠지기 쉽다. 우리는 이것을 북한 김정일 정권에서 쉽게 확인할 수 있다. 19세기 유명한 종교가이자 캠브리지 대학의 교수였던 로드 악톤Lord Acton의 "권력은 부패한다. 절대적인 권력은 절대적으로 부패한다"는 말은 권력의 속성을 갈파한 명언이다.

성숙하고 밝고 따뜻한 민주주의 사회란 사회정의가 살아 숨 쉬는 사회이다. 존 밀John S. Mill은 사회정의 혹은 분배정의分配正義에 대해 "사회는 동등한 권리를 갖는 사람들을 동등하게 취급해야 하며, 각자가 자기가 받을 자격이 있는 것을 받는 것이 정당한 것이다"라고 정의하고 있다. 즉 공익과 민주시민의 도덕적인 가치가 제 자리를 잡는 것이다.

외국에 가서는 폴리스 라인도 잘 지키고 쇠파이프 드는 일도 없이 모범적이던 시위대가 국내에서는 난장판을 만드는 이유는 무엇일까. 법을 어겨도 처벌이 약하거나 관용받기 때문이다. 특히 파이프나 각목을 사전에 다량 준비하는 조직적인 시위에 대한 처벌은 너무 약하다. 시위를 극렬하게 만들기 위해 사전에 조직적으로 준비된 불법 시위용품에 대한 처벌은 더욱 강력해야 한다. 무기력한 공권력이 더 큰 문제를 만든다. 공권력은 맞아도 되는 불쌍한 방어자가 되어서는 안 된다. 법과 질서를 철저히 지키는 파수꾼이 되어야 한다. 질서를 잃어버린 사회는 혼란의 집단으로 퇴락하기 쉽기 때문이다.

사회정의를 구현하기 위해서는 법질서 유지를 위한 강제력도 중요하다. 대한민국의 경찰도 시위를 막는 것을 주 임무로 하는 시국경찰이 아니라 범죄로부터 국민의 생명과 재산을 보호하고 사회정의를 구현하는 치안경찰위주로 운영되어야 한다. 그러자면 민생치안에서 공을 세우는 사람을 발탁하고 그들이 대우받는 풍토를 조성해야 한다.

하지만 그 이전에 사회적 관습과 도덕적 규범의 확립이 더 중요하다. 오늘날 가치체계가 붕괴된 우리의 문제는 대부분 과거 우리 사회를 지배하던 도덕적 권위가 붕괴된 데에서 연유한다고 할 수 있을 것이다. 특히 미래의 사회에서는 더 이상 강제력만으로 법질서를 확립한다는 것은 불가능하다. 이제 우리도 민주사회의 사회환경에 맞는 새로운 권위를 창출하는 데 각별한 관심을 가질 필요가 있다.

우리가 소중하게 생각하는 민주주의란 근본적으로 인간의 생활양식이며 공동체 운영의 원리이다. 요람에서부터 무덤에 이르기까지 공동체 생활을 해야 한다는 것이 인간의 숙명적인 존재조건存在條件이다. 따라서 공동체 생활의 전제조건이 되는 준법정신을 갖추어야 한다. 준법정신은 민주주의 체제유지를 위한 희생과 봉사정신이다. '모로 가도 서울만 가면된다' 는 사고에서 벗어나서 준법정신을 강화해나갈 때 우리는 선진일류시민이 될 수 있을 것이다. 우리는 일류사회와 시민을 향한 세계시민으로서의 윤리적이고 도덕적인 능력을 구비해야 한다. 물질적 성장이 윤리적, 정신적, 문화적 성숙으로 연결되어야 한다. 세계시민으로서의 자질과 윤리의식이 없이는 나눔과 품격의 일류문화국가를 이루는 것은 불가능한 것이다.

우리는 대부분 바르게 살고자 노력한다. '의인대로야義人大路也' 라고 맹자가 외쳤듯이 정과 의는 우리가 가야 할 길이기 때문이다. 우리는 광명과 대의大義정신을 가지고 인생의 정도와 대도를 정정당당하게 걸어가는 늠름한 한국인이 되고자 노력해야 할 것이다. 우리가 정의로운 나라에 살기를 원한다면 스스로 법을 지켜야 한다.

세계화된 선진민주사회의 건설

냉전체제의 종식과 국민국가의 퇴조는 시장의 광역화와 국경개념의 약화를 불러왔다. 세계질서의 재편은 교통과 통신의 발달과 더불어 정보유통과 인적·물적 교류의 신속성과 양적인 확대를 이끌어 내어 개인과 기업의 활동영역을 세계로 확대시켰다. 이러한 환경은 국민국가의 공권력을 통한 영토 내 국민과 정보의 독점을 더 이상 허용하지 않는 엄청난 변화를 초래하였다. 기업들은 산지에서 가장 저렴하게 원료를 도입하여 가장 생산비가 저렴한 지역에서 생산하고 이를 세계시장에 파는 글로벌소싱·생산·마케팅을 하고 있다. 개인도 특정국가의 국민으로서의 지위를 포기하거나 획득하는 것이 과거에 비해 비교적 수월해졌다.

세계화의 물결은 국가, 지역, 산업의 상호 작용과 의존을 크게 증대시키고 있다. 우리는 외교와 국방 분야뿐 아니라 정치, 경제, 사회, 문화 모든 분야를 통틀어 외국에서 일어난 일이 바로 우리에게 영향을 미치는 '평평한 세상Flat World'에 살고 있다. 즉 외치外治와 내치內治를 구별하기 어려운 세상이 되어가고 있다. 따라서 올바른 세계 전략을 세우는 일과 국내의 올바른 국가전략을 세우는 일은 동전의 양면처럼 서로 떼어놓고 생각할 수 없는 세상이 되고 있다.

지식정보화는 지리적·국가적 경계로 분리되어 있었던 인류사회를 하나로 묶는 거대한 힘이다. 그동안 발전의 원동력은 국민국가 단위로 활용 가능한 자원을 극대화하는 것에서 나왔다. 미래의 국가경쟁력은 다른 국가들과 긴밀한 네트워크를 구축할 수 있는 능력에 따라 좌우될 것이다.

경제 분야에서는 금융, 기업, 노동, 기술의 세계화가 진행되고 있다. 정보통신 혁명과 생산기술의 혁명은 국민국가 단위로 진행되어 왔던 세계자본주의 경제를 질적으로 변화시키고 있다. 금융시장, 생산시장, 노동시장에서 국경의 개념이 약화되고 있다. 통화에 대한 국가의 주권이 약화되고 있으며, 초국적 기업들은 국가의 통제를 넘어서 행동하고 있다.

생산에서도 국경을 초월한 네트워크 생산의 개념이 등장하고 있다. 생산, 기술, 노동, 자본의 국적이 중요한 것이 아니라 국제화된 생산, 기술, 노동을 결합하여 상품을 만들어 낼 수 있는 능력이 중요해지고 있다. 생산의 세계화를 주도하고 있는 경제 행위자는 다국적 기업이다.

세계화가 우리 사회에 미칠 영향은 네 가지로 요약할 수 있을 것이다.

첫째, 세계화시대에는 생산, 기술, 노동과 자본의 국적에 집착하는 지난 시대의 낡은 인식을 버리고 글로벌 정체성을 갖도록 요구하고 있다. 세계화의 범세계적 물결은 우리에게는 기회이자 도전이다. 대한민국이 대외의존형 개방경제를 갖고 있다는 점에서 세계화는 기회이다. 그러나 개방의 역사가 짧고 개방에 저항하는 폐쇄적인 민족주의의 의식구조의 잔존은 세계화를 수용하는 데 장애요인으로 작용할 것으로 예상된다.

둘째, 세계화는 잘사는 계층과 못사는 계층의 격차를 더욱 벌리고, 잘사는 나라와 못사는 나라의 격차도 더욱 확대시키게 된다. 이런 상황에서 국가는 대다수 국민들의 복지를 향상시키고 불평등을 완화해야 할 책임을 지게 된다. 그러나 이러한 일을 수행할 수 있는 효과적인 수단은 결여한 채 오히려 불평등을 더욱 악화시키는 자유화와 개방화 정책을 추진할 수밖에 없는 본질적인 딜레마에 빠지게 된다. 이것이 세계화시대에 모든 국가들이 직면하게 되는 도전의 핵심요소이다.

셋째, 세계화과정은 직접적으로 공동체의 분열을 촉진한다. 세계화과정은 기업과 기업 사이의 국제적 경쟁을 더욱 심화시킨다. 개별기업들은 가격에 중대한 변동이 생길 경우 언제든지 특정지역에 위치하고 있던 공장을 폐쇄하고 다른 지역으로 이전하려고 하게 된다. 이렇게 되면 그 공장이 있던 지역공동체는 높은 실업률과 극심한 경기침체를 겪게 된다. 노동자들은 대체산업이 육성되지 않는 한 취업을 위해 자기가 살던 공동체를 떠나야 하는 운명에 처하게 된다.

넷째, 세계화는 상품, 자본, 정보와 지식의 이동을 전 지구적으로 확대하여 필연적으로 외국문화의 유입을 촉진한다. 내국인과 외국인 사이에 사업, 친교, 혼인 등 다양한 형태의 상호작용이 늘어나게 되고, 여러 종류의 외국문화가 국내로 빠르게 들어오게 된다. 이에 따라 문화적 다양성의 증가와 함께 새로운 형태의 문화접변이 일어나게 된다. 그 결과 외국과의 교류가 적었던 폐쇄적 시기에는 상상할 수 없었던 다양한 문화 변용과 창조가 가능해진다. 이러한 문화접변은 한편으로 새로운 긴장과 갈등을 수반하기도 한다. 그리고 다양한 문화적인 사조를 유입시킴으로써 개별국가 내에 다양한 하위문화를 형성하게 된다.

우리는 국토가 좁고 자원이 부족하다. 이러한 세계화의 물결을 활용하여 일류국가로 우뚝 설 수 있는 기회를 잡아야 한다. 이를 위해서는 선진민주사회의 건설이 그 바탕이 되어야 한다. 이러한 노력은 반드시 일정한 가치와 원칙 위에서 이루어져야 한다. 즉 가치는 인간의 존엄성과 기본적 인권, 민주주의와 시장경제, 법치주의, 성차별 금지, 다문화주의 등이어야 한다. 한마디로 인류의 보편가치인 자유주의적 가치와 공동체적 가치를 지구촌에 잘 구현하기 위하여 지역통합과 세계통합을 목표로 하여야 한다. 공유하는 가치와 공동의 목표 없이는 진정한 의미의 통합도, 공동체의 형성도 사실상 불가능하기 때문이다.

우리에게 정말 필요한 행동은 경제적 합리성과 민족적 자존심을 바탕으로 하는 합리적 민족주의의 실천이다. 과감한 국제화를 통하여 큰 나라가 된 작은 나라들이 얼마든지 존재한다. 싱가포르·스위스·네덜란드 등이 이러한 나라들이다.

우리는 보다 많은 국민이 세계화라는 물결을 타고 그 기회를 활용할 수 있도록 해야 한다. 국민의 세계화 참여능력과 활용능력을 높여야 한다. 저소득층과 저학력층에 대한 교육과 훈련의 확대, 정보와 지식의 공유가 중요하다. 이러한 노력이 바로 세계화를 민주적 세계화로, 다수를 위한 세계화로 만드는 길이다. 세계화가 요구하는 개방화는 반드시 산업의 급속한 구조조정을 요구한다. 이 과정에서 농업 등 피해를 보는 산업 내지 업종이 발생할 수 있다. 세계화는 모든 사람에게 장기적으로 이익이 되지만 세계화과정에서의 고통 내지 비용은 단기적으로 소수에게 집중될 수 있다.

세계화와 신기술혁신이 요구하는 빠른 구조조정을 해내지 못하여 국제경쟁력이 약화되는 기업, 산업, 직종, 지역에는 소위 신빈곤층新貧困層이라는 문제가 등장한다. 비교우위의 변화가 요구하는 구조조정을 제대로 하지 못하여 퇴출당하는 기업과 그 기업에 종사하던 노동자들이 새로운 빈곤층을 형성한다. 따라서 이러한 경우에는 국가적 차원에서 피해산업이나 업종의 구조조정 비용을 줄여주어야 한다. 경쟁력 있는 산업으로의 업종 전환도 지원하여야 한다. 이것이 바로 사회통합적 세계화를 위한 노력이다.

이제 특정한 국가가 과거처럼 일방적으로 간섭과 규제, 보호와 육성에 입각한 정부 주도적인 발전을 모색하는 것이 점점 어려워지고 있다. 세계화가 가져다준 가장 큰 기회는 경쟁의 미덕이다. 세계화의 정신은 시장경쟁이다. 세계화는 경쟁의 정신을 확산시켜 독점적, 독과점적 영역을 개방할 것이다. 대한민국 사회가 지난 반세기 동안 높은 성장을 달성한 것은 수출위주의 대외정책에 있었음을 부인할 수 없는 현실이다. 오늘의 경제발전을 주도하는 중심축이 대외무역임을 부인할 수 있는 사람은 아마도 없을 것이다.

대한민국이 대외개방정책을 표방하여 유례없는 경제성장을 이루었음에도 불구하고 우리의 법, 제도와 관습 안에는 각종 배타적인 요소들이 자리 잡고 있다. 외형적으로는 시장개방이 거의 완벽하게 진행되고 있지만, 외국기업이 국내에서 활동하기에는 상당한 장애요인이 존재하고 있다. 이는 법과 제도가 미비한 것도 일부 원인이 되나, 이를 집행하는 데 있어서 원칙에 따르기보다는 정치적인 논리나 국민정서를 부각시켜 처리하는 관행과도 연계되어 있다. 그러나 세계화의 진전으로 국경의 의미가 퇴색하고 자원의 이동이 자유로운 상태에서 배타적인 사고방식을 탈피하지 못한다면 우리 경제는 국제적인 경쟁에서 낙오될 수밖에 없을 것이다.

정부는 국제 통상 분야에서 일반원칙인 호혜평등互惠平等의 정신을 철저히 고수해나가야 한다. 우리 국민이나 기업이 해외활동을 하는 데 있어서 부당한 대우를 받는 일이 없도록 해야 한다. 그리고 외국인이나 외국기업도 국내활동에서 자유가 최대한 보장되도록 해야 할 것이다. 이러한 호혜평등의 원칙이 지켜질 때 우리의 정당한 요구가 받아들여질 것이며, 따라서 국익의 극대화도 도모할 수 있을 것이다.

우리가 세계화의 과정에서 나름대로의 역할을 수행하기 위해서는 무엇보다도 세계인과 더불어 사는 개방의식을 확산시켜야 한다. 이를 바탕으로 우리의 법과 제도를 개선시켜 나갈 필요가 있다. 우리가 스스로 열린 사고를 가지고 개방에 임할 때 우리 경제의 국제경쟁력은 자연스럽게 강화될 수 있을 것이며, 국제사회에서 우리의 위상도 더욱 높아질 것이다.

따라서 정부는 국민들에게 우리 경제가 견실한 성장을 유지하고, 앞으로 지속적인 경제적 번영을 구가하기 위해서는 세계인과 더불어 사는 의식이 필요함을 강조할 필요가 있다. 국제화시대에서 우리 혼자만이 살아갈 수 있다는 생각은 금물이며, 더불어 살아야 한다는 의식을 갖추어야만 할 것이다. 정부는 대외경제정책과 관련된 법과 제도를 폭넓게 검토해야 한다. 열린사회를 지향하여 개혁하면서 사회 전반에 확산되어 있는 배타적인 관습과 관행을 개선하여 개방사회를 정착시켜야 한다.
우리는 세계 속의 한국으로 우뚝 서야 한다.

선진민주사회에는 국가와 시장 이외에 또 하나의 공적공간이 있다.
시민사회가 그것이다. 국가는 권력적 관계, 수직적 권한과 의무의 관계
이다. 시장은 자발적이고 수평적인 이익교환의 관계이다. 시민사회는
시장과 달리 공동가치를 모색하고 지향하는 관계이다. 우리나라 시민운
동은 비교적 짧은 역사에 비해 비약적으로 발전하였고, 정치 민주화에
많은 기여를 하였다.

시민단체들의 양적 팽창은 단순한 규모의 증가에 그치지 않고 이슈의
다양화로 이어졌다. 인권운동, 교육개혁운동, 건강·보건의료운동, 문
화운동, 정치개혁운동, 자원봉사운동 등이 나타났다. 시민운동의 활동
영역은 우리 사회의 거의 모든 분야를 포괄하게 되었다. 영역의 확장과
더불어 많은 시민단체들이 활동하게 되면서 단체의 차별화와 특성화의
흐름이 나타나 시민운동의 이슈는 세부적이고 전문화되었다. 또한 '녹
색소비자연대'가 환경 이슈와 소비자 이슈를 결합한 데서 볼 수 있듯이
다른 영역간의 이슈를 결합해 새로운 이슈를 만들어 내기도 했다.

이념적 다원화多元化도 두드러졌다. 참여연대가 진보적 혹은 민중적 시
민운동을 표방하면서 출범한 데에서 알 수 있듯이, 1990년대 중반에 새
롭게 등장한 많은 시민단체들은 기존 시민단체들과는 다른 이념적·정
책적 지향성을 가지고 있었다.

NGO를 많은 사람들이 '제5권부'라고 부를 만큼 시민운동이 성과를
거둔 것은 사실이지만, 시민운동은 심각한 도전에 직면해 있다. 시민단
체들의 정파적 편향성에 대한 의구심이 광범위하게 확산되었다. 이는
시민운동의 생명인 도덕성을 근본적으로 훼손할 가능성이 있다. 한편

사회의 전문화 흐름 속에서 사회적 의제설정 능력 및 대안代案제시 능력
이 떨어지고 있다. 특히 환경이슈를 둘러싼 극한적인 갈등과 대립 상황
이 발생하였다. 국민들은 비타협적이고 밀어붙이기식의 방법론의 적절
성에 대해 문제를 제기하고 있다.

시민운동은 건강한 시민의식의 함양에 기여해야 한다. 선진민주사회
를 지향하는 시민운동은 두 가지 방향으로 활성화될 수 있을 것이다. 먼
저 이웃사랑과 이웃 나눔 운동으로서의 시민운동이다. 분권적이고 가치
지향적이며 자원봉사에 의존하는 시민운동이다.[75] 밑으로부터 공동체의
사랑과 연대를 재창조하는 운동이다. 다른 하나는 정책운동으로서의 시
민운동이다. 우리 사회의 시민적 정치문화와 정치의식이 다원주의를 넘
어 국가정책에 기여할 수 있는 시민운동이다. 이를 위하여 시민의 국내
외 정책에 대한 이해능력과 비판능력을 높여야 한다.

우리가 선진민주사회 건설을 위해 글로벌 스탠더드와 코리아 스탠더
드를 어느 수준에서 어떻게 결합하여 우리의 현실에 맞게 성공적으로 정
착시킬 것인가는 결코 쉬운 문제가 아니다. 그러나 이 문제를 잘 풀어야
세계 일류국가가 될 수 있다. 이 문제를 주도적으로 푸는 것이 바로 자주
적 세계화에 성공하여 일류국가가 되는 길이다.

시민운동은 국가의 이익구현과 국민의 권익보호에 그 뿌리를 두어야
한다. 솔선수범하지 않는 시민운동은 국민 속에 뿌리내리기 어렵다. 시
대정신을 구현할 수 있어야 한다. 시민운동가는 일류국가의 훌륭한 시
민이어야 한다.

자립 · 생산적 복지로 삶의 질을 개선하자!

일류국가의 대다수 국민들은 행복하고 희망에 차 있어야 한다. 일류국가를 지향하는 대한민국은 국민의 삶의 질을 개선해 나가야 한다. 대한민국 헌법 제34조는 ①항에서 "모든 국민은 인간다운 생활을 할 권리를 가진다"라고 명시하고 있다. ②항에서는 "국가는 사회보장 · 사회복지의 증진에 노력할 의무를 진다"라고 명시하여 국민의 권리와 국가의 의무를 규정하고 있다. 그리고 2011년 정초에 2030세대 756명을 대상으로 설문조사한 결과 2030세대가 꿈꾸는 희망뉴스 1위는 '나눔과 복지 중심의 평등 경제사회' 인 것으로 나타났다. 조선일보가 2011년 조사한 바에 의하면 대한민국의 '복지충족도' 는 OECD 30개 국가 중 28위, '국민행복도' 는 29위로 최하위권에 있는 것으로 나타났다. 복지예산은 급격하게 증가하고 있는데 복지체감도가 떨어지기 때문이다.

최근 대한민국 사회는 소득불평등의 심화와 중산층의 위축 등 사회통합이 악화되는 현상을 보이고 있다. 이를 치유하지 않고서는 조화를 통한 건강한 사회를 이룰 수 없다. 그리고 경제적 번영과 궁극적으로는 안전도 보장받을 수 없다. 상대적으로 낙후된 우리의 복지제도를 선진국 수준으로 끌어올리면서, 선진국들이 경험했던 '복지병' 이라는 폐해를 피해 가는 것이 한국형 복지 모델의 과제가 될 것이다. 복지포퓰리즘에 빠지면 복지는 공짜라는 착시현상을 일으킨다. 한번 늘린 복지를 뒤로 돌리는 데는 상상 이상의 진통이 따른다. 영국은 재정위기를 극복하기 위해 2010년 육아수당을 줄이고 대학등록금을 3배 인상하겠다고 발표하였다가 전국적인 시위를 겪었다. 프랑스도 연금개시 연령을 60세에서

62세로 올렸다가 총파업을 빚었다. 오늘날 어떤 나라나 시장의 효율과 복지의 형평을 '어떻게' 결합할지 결정하는 문제는 복지국가 전략의 가장 중요한 과제다.

복지전략의 핵심은 성장, 복지 및 국민의 근로의욕과의 균형점을 달성하는 것이다. 따라서 대한민국의 복지전략은 국가의 경쟁력과 국민의 복지를 조화시키는 원칙을 지향해야 한다. 복지사회의 기반은 풍요로운 사회를 전제로 하는 만큼 경쟁력과 복지의 조화가 사회복지전략의 원칙이 되어야 한다. 우리 사회는 성장제일주의 산업화를 추구하며 양적 성장에 치중하여 계층 간의 사회적 격차가 상대적으로 커졌다. 사회 구성원 모두가 고루 잘 살고 안정된 삶을 누릴 수 있는 질적 성장에 주력할 필요가 증대되는 시점이다. 그러나 고루 잘 살기 위해서는 국가의 성장이 우선적으로 보장되어야 한다. 성장 없는 분배는 이상에 불과하기 때문이다.

대한민국의 안정적인 성장을 위해 복지가 그 원동력이라는 것에는 의심의 여지가 없다. 복지확충을 통해 더불어 사는 사회를 만드는 것은 앞으로 대한민국이 세계일류국가로 도약하는 토대가 될 것이다. 중요한 것은 구호로 끝나는 실효성 없는 복지가 아닌 복지혜택이 필요한 국민들에게 필요한 만큼 제대로 전달될 수 있도록 복지의 실효성을 최대한 높이는 것이다. 즉 맞춤형복지가 필요하다. 아울러 복지의 지속가능성에도 관심을 기울여야 한다. 지속가능한 복지체계를 구축하지 않고는 성장과 복지간의 조화를 이룰 수 없기 때문이다. 전략가들은 동반성장의 동력을 상실하지 않도록 주도면밀한 전략을 발전시켜야 한다. 왜냐하면 샴페인을 먼저 터트리는 일이나 파이를 먼저 나누어 먹는 일은 국민 모두의 빈곤을 자초하는 지름길이기 때문이다.

복지정책의 추진방향에 대해서는 사회복지에 대한 정부지출을 최소화시켜 경제성장에 투입을 늘려야 한다는 주장과 기본적인 소득 보장프로그램을 확대해야 한다는 상이한 시각이 존재한다. 복지를 성장의 부담으로 인식하는 전자의 시각은 적절한 복지정책이 성장에 기여하는 측면과 양극화와 저출산·고령화라는 새로운 위험을 간과하고 있다. 복지의 확충을 강조하는 시각은 성장둔화와 경쟁력 약화 등 새로운 사회적 위험에 대응하기 어려운 한계를 갖고 있다.

이러한 두 시각을 현명하게 조화시켜야한다. 복지와 경제, 분배와 성장이 선순환하는 전략을 통해 국가발전에 기여하고 우리 모두의 꿈인 행복한 사회를 만드는 데 기여하여야 한다.[76] 우리는 선진국 초입에 들어서 있으나 아직은 나누어 먹을 파이는 충분하지 않는 실정이다. 따라서 복지의 확대는 성장잠재력의 확충과 균형을 이루는 가운데 추진되어야 한다.

우리의 국민소득은 아직도 OECD의 절반수준이다. 그러나 복지제도는 외형적으로는 선진국의 좋은 제도는 거의 도입했거나 곧 시행할 예정이다.[77]

복지예산도 빠르게 증가하고 있다. 2007년 61조 4000억 원에서 2010년에는 81조 2000억 원으로 3년 만에 19조 8000억 원이 늘었다. 즉 32%가 증가했다. 전체예산에서 차지하는 비중도 약 30%가 되었다. 문제점은 우리나라의 복지제도가 하드웨어만 선진국형일 뿐 제도를 움직이는 소프트웨어는 후진국형이란 것이다. 복지제도의 기초는 국민들의 소득을 정확히 파악하는 것이다. 그래야만 세금과 사회보험료를 제대로 걷고 정말 생활이 어려운 사회적 약자를 도울 수가 있다.[78] 우리나라는 후발 복지국가라는 이점을 이용해야 한다. 선진복지국가들의 실패

사례를 토대로 시행착오를 줄임으로써 복지예산의 낭비를 막을 수 있을 것이다.

대한민국의 사회보장제도가 안고 있는 가장 핵심적인 문제는 사회적 위험으로부터 국민을 보호한다는 본연의 역할을 제대로 수행하지 못한다는 것이다. 대한민국의 복지총량의 약 30%가 건강보험료로 사용되고 있다. 즉 사회적 취약집단을 보호하기 위해 다양한 범주의 공공부조제도, 즉 경로연금, 저소득 가정지원, 장애수당 등은 충분하지 못하다. 이 제도들은 저소득 빈곤층에 국한되어 노인과 장애인에게 급여가 선별적으로 제공되며, 급여수준이 낮다는 문제를 안고 있다. 사회보험과 사회복지서비스로 대표되는 사회복지체제의 안정적인 운영과 효율적인 서비스 제공은 국민복지와 사회질서유지에 필수적이다. 특히 사회보험은 국민 모두에게 닥칠 수 있는 사회적 위험으로부터 사회구성원을 보호하기 위한 것으로, 재정적 규모가 가장 크고 핵심적인 지위를 갖는 사회보장제도라고 할 수 있다.

대한민국이 복지국가福祉國家, Welfare State로 성공하려면 음지의 국민까지 성공하는 국민으로 만들어 내어야 한다. 이를 위해서는 복지지출이 노력하는 자를 더 보상하는 방향으로 엄격하게 차별화되어야 한다. 평등주의적 시각에서 접근하면 경제를 하향 평준화시키면서 구조조정을 지연시키고 국제경쟁력을 떨어뜨려 결국 더 많은 신新빈곤층을 양산하게 된다. 즉 민주주의와 시장경제의 성공적 공존을 위해서는 다 같이 나누어 먹는 평등주의 복지개념에서 벗어나야 한다. 가난하기 때문에 돕는 사회정책과 노력하기 때문에 돕는 발전정책을 잘 조화시켜야 한다.

소외되는 사람 없이 행복하게 사는 국가가 진정한 일류국가이다. 개인의 생애주기에 따라 그 사람이 필요한 복지서비스를 지원할 수 있어야 한다. 즉 수혜자가 처한 상황에서 필요한 교육, 주거, 보육, 의료 등의 사회서비스를 제공함으로써 사회에 참여하고 자아실현을 할 수 있도록 도와야 한다. 스스로 생존할 수 있게 도와주는 정책으로 발전해야 한다. 즉 '소득이 아닌 생활을 보장하는 복지', '자립이 가능한 복지' 등으로 발전되어야 한다. '자조自助'와 자립이 가능하도록 유도해야 한다.

기초생활보장제도의 내실화, 자활사업의 활성화를 통해 국민생활보장과 탈 빈곤을 적극적으로 추진해야 한다. 노인의 건강과 소득보장, 국민연금의 지속가능성 확보, 보육사업의 강화, 빈곤가정의 지원 등을 통해 저출산·고령화시대에 대비하면서 자립적이고 생산적인 복지체제를 확립해야 한다. 복지제도는 사회문제화 되고 있는 빈곤층의 보호강화, 기초생활보장제도의 내실화 추진, 저출산·고령화에 대비한 국민연금제도의 개혁, 공공의료의 확충, 국민건강 증진대책 발전 등이 중요한 과제이다. 국민의 기본생활의 보장은 기초생활보장제도의 내실화를 통해 실현해나가야 한다. 장애인과 노인 등 가구의 특성을 반영해 최저생활비를 보장해야 할 것이다.

지속적인 국가경제의 성장 없이 신빈곤층의 문제를 해결할 수는 없다. 높은 경제성장률은 빈곤 극복의 충분조건은 아니지만 필요조건이다. 성장률이 빈곤의 해소를 자동으로 보장하는 것은 아니지만 성장 없는 신빈곤의 해소는 있을 수 없다. 따라서 높은 경제성장률을 달성하는 것이 가장 중요하다. 그런데 그것은 높은 저축률과 투자율, 안정적인 거시경제의 운용, 정치·사회의 안정과 미래에 대한 낙관적인 분위기에 의존한다.

사회를 '두 국민부유층과 빈곤층 한 국가'로 나누는 신자유주의에 맞서 '한 국민 한 국가'를 실현하는 것이 바람직할 것이다. 우리는 이것을 바로 앤서니 기든스Anthony Giddens의 「제3의 길The Third Way : The Renewal of Social Democracy」에서 찾을 수 있을 것이다.[79] 현재 진행되는 정보사회를 지켜볼 때 이러한 제3의 길은 일단 현실적 의미를 갖는다. 특히 '고용 없는 성장'에 대응해 일자리 창출이 갖는 중요성을 고려하면 적극적 복지가 주는 정책적 함의는 아주 큰 것으로 보인다.

국가전략차원의 통합적인 사회안전망이 없이는 신빈곤층 문제를 완전히 극복하기 어렵다. 성공한 일류국가들은 대부분 분권적 · 생산적 · 능동적 복지를 구현하고 있다. 즉 평생교육을 통한 평생고용과 평생고용을 통한 교육 · 고용 · 복지의 삼각 안전망 구축에 성공한 나라들이다. 우리도 복지의 사각지대를 없앨 수 있도록 사회보장시스템을 정비해야 한다.

복지의 개념도 세계화시대를 맞아 변화하고 있다. 전반적으로 고령화되는 시대에 소비적 복지를 유지하기는 어느 나라든 재정적 능력에 한계가 있다. 결국 미래의 복지체제는 생산적 · 능동적 복지일 수밖에 없다. 즉 '일하는 복지'일 수밖에 없다. 따라서 앞으로 최선의 복지는 일자리이다. 복지정책의 방향은 고용의 중단이 발생하였을 때 어떻게 하면 실업의 고통을 최소화하면서 가능한 한 빨리 재취업의 가능성을 높여주고 재취업을 성사시켜 주느냐에 있다. 한마디로 고용복지의 시대를 열어야 한다.

고용복지는 일을 통한 자립을 지원하는 복지이다. 고용복지는 빈곤층에 일자리 기회를 제공하고 근로의 대가로 소득을 획득하게 한다. 말하자면 복지정책과 노동시장 정책이 결합된 것이다. 적극적 노동시장 정책이 바로 그것이다. 고용복지 패러다임에서 '일'은 권리이자 의무이기도 하다.

이러한 문제를 해결하는 길은 학습과 훈련을 통해 직업 능력을 개발하고 보다 생산적인 양질의 일자리에 취업할 수 있게 하는 것이다. 이러한 개념에서 나온 것이 학습복지이다. 학습복지는 고용복지의 대체개념이라기보다는 이를 좀 더 충실하고 생산적으로 하기 위한 개념이라 할 수 있다.[80]

시장의 유연화를 통해 일자리 창출 능력을 왕성하게 해야 한다. 사회안전망 완비를 통해 사회적 최저 수준의 생활을 누릴 수 있어야 한다. 학습복지 공급을 중심으로 한 적극적인 정책을 통해 일자리의 질과 개인의 직업 능력을 향상시켜 가는 것이다. 이렇게 함으로써 생산적인 일을 통한 양질의 복지가 가능해질 것이다. 기업에는 고용의 유연성이, 근로자에게는 고용의 안정성이 높아지는 노동시장의 유연안정성柔軟安定性, Flexibility이 실현되는 것이다.

급격한 사회의 구조변화에 부응하는 사회통합과 복지예산의 강화가 요청되고 있다. 또한 통일에 대비하여 통일의 경제적 부담금도 고려해야 하는 지속가능한 복지정책의 수립이 요청된다. 이를 위해 재원 확보 방안 등 활발한 토의가 요구된다. 복지 논쟁이 건설적인 방향으로 진행되기 위해서는 포퓰리즘적 담론 논쟁으로 빠져서는 안 된다. 재원 조달 방식과 정책 효과 등을 포함한 실천적인 대안을 제시하고 치열하게 논쟁해서 정책화할 수 있어야 한다.

눈물과 더불어 빵을 먹어보지 않는 자는 인생의 참다운 맛을 모른다는 말이 있다. 고생이 인생을 풍부하게 한다는 의미이다. 소득 2만 달러를 넘어선 대한민국에서 그동안 고생한 국민들이 최소한 밥은 먹을 수 있는 사회를 만들어야 한다. 고마움을 통해 인생은 더욱 풍부하고 행복해진다. 수혜자는 국가가 지원한 것에 대해서 만족하고 감사히 여기며 스스로 자립할 수 있도록 노력하는 문화를 만들어 가야 한다. 그래야만 희망찬 국가, 행복한 국민이 될 수 있다.

인간 중심의
교육문화를 꽃피우자!

대한민국의 놀라운 발전 뒤에는 교육이 있었다. 헐벗고 힘든 시절에도 우리의 부모들은 자녀교육을 위해 모든 것을 희생했다. 한때 대학을 지칭하는 '우골탑 牛骨塔: 소 팔아 대학을 보낸다는 뜻'이라는 단어 속에 그런 희생적인 부모의 교육열이 고스란히 녹아 있었다. 국민들은 어려운 형편에서도 자녀교육을 최우선순위로 삼고 악착같이 공부를 시켰다.[81]

교육은 인간의 가치를 높이고자 하는 행위 또는 그 과정을 말한다. 우리는 교육은 국가의 '백년지대계 百年之大計'라고 하며, 교육의 중요성을 강조하고 있다. 좋은 교육을 자손에게 남기는 것은 최대의 유산이다. 대한민국 헌법 제31조 ①항에서도 "모든 국민은 능력에 따라 균등하게 교육을 받을 권리를 가진다"라고 명시하고 있다.

앞으로 문화의 시대, 연성권력의 시대가 열리고 있다. 따라서 국가전략의 하나로서 교육전략은 핵심전략과제의 하나다. 교육은 경제성장을 위한 가장 핵심적인 전략수단이다. 지식정보화 시대에는 한 나라 교육의 질과 수준이 그 나라의 경제성장을 결정한다. 이제는 토지도 자본도 아닌 지식과 정보가 가장 핵심적인 생산요소이기 때문이다.[82] 모든 부가가치의 주요 원천이 지식과 정보에서 오기 때문에 교육은 경제성장을 위한 필수불가결한 투자재 投資財이다.

우리는 국가전략 차원에서 교육을 점검하고 개선방안을 모색해야 한다. 교육의 사명과 역할도 변해야 할 시점이 되었다. 교육은 개인이 지니고 있는 능력을 키우고, 잠재적인 기능을 최대한 개발시키려는 활동이다. 이 활동은 개인의 발전은 물론 개인들이 구성한 사회의 발전과 밀접한 관계가 있다. 이러한 활동이 잘못될 경우 개인의 심신 및 지적 성숙뿐만 아니라 사회발전에 커다란 장애요인이 된다. 그러므로 각국은 교육에 많은 투자를 하면서 사회를 발전시키고 국가의 경쟁력을 강화하고자 한다.

대한민국은 자연자원이 부족하기는 하지만 현명하고 근면한 인적자원을 갖고 있다. 이런 인적자원의 장점을 잘 살려 미래의 대한민국을 위해 머리를 맞대어 전략을 수립하고 체제를 갖추어 국가경쟁력을 높여야 할 것이다. 선진 인재대국, 평생교육입국平生敎育立國의 건설이 선진일류화를 위한 핵심적인 국가목표가 되어야 한다. 교육은 학교를 졸업함으로써 끝나는 것이 아니고, 일생동안 계속되어야 한다.

국민들의 교육열이야말로 대한민국의 발전을 이끈 견인차 역할을 하였다. 학교 교육에 대한 높은 사회적 요구 덕분에, 가난한 시절 정부는 학교 교육의 재정적 부담을 학생과 가족에게 전가할 수 있었다. 가난한 부모들까지도 자녀를 위해 막대한 개인적 희생을 마다하지 않았다.[83]

교육열은 기본적으로 긍정적인 에너지요, 사회를 발전시키는 커다란 동인動因이다. 대한민국은 고교생의 80% 이상이 대학에 진학해 국민 16명 중 1명이 대학생이다. 외형적인 고등교육 지표는 세계 최고의 수준이다.[84] 그러나 내용을 깊이 들여다보면 대한민국의 교육은 벼랑 끝에 서 있다. 입시제도는 툭하면 바뀌고, 사교육비는 매년 불어나고, 조기 유학생이 연간 3만 명을 넘어섰다. 수시로 바뀌는 교육정책의 혼선은 이제

국민적인 고통이 되었다.[85]

　지식정보화사회는 독창적이고 높은 과학기술 수준과 고도의 전문적 지식과 지혜로움이 아니고는 적응하고 발전시켜 나갈 수가 없는 사회이다. 이제는 나라의 자원보다는 기술 인력이 더욱 중요하다. 기술 인력이 산업과 경제를 선도해나가는 시대이다. 기술민족주의가 강조되는 시대인 것이다. 우리도 현대과학기술 교육을 강화해야 한다. 기술 인력 양성에 집중적으로 투자해야 할 필요가 있다.

　우리는 불확실성의 시대에 살고 있다. 지식정보의 빠른 발전을 인간들이 따라잡기 힘들어진다. 어제의 산지식이 오늘에는 불필요한 지식 Obsoledge[86]이 된다. 인성은 거칠어지고 인간의 소외감은 더욱 증폭될 수 있다. 따라서 정신적 건강의 중요성이 증대된다. 지식정보화 시대에는 세계화의 추세와는 별도로 교육 분야에서 국가전략의 역할이 요구된다. 국민의 삶의 질을 제고할 수 있도록 지식과 지혜를 결합하는 지식기반의 미래사회를 만들어야 한다. 지혜롭고 건강한 국민을 만드는 것이 국가의 시대적 과제이다.

　대한민국에서 교육은 내면의 성숙을 위한 도구였다. 동시에 사회적 지위를 높이는 가장 확실한 투자였다. 교육을 통해 배출된 인력들은 경제성장을 위한 질 높은 인적자원이 되었다.

　그러나 지식 주입 위주의 교육에 치중하다보니, 공동체 생활에 필요한 준법정신은 매우 희박해졌다. 국가와 지역사회에 희생 봉사하는 정신은 선진국에 훨씬 못 미치고 있다. 자살률과 이혼율은 세계에서 가장 높은 수준이다. 국민의 행복도는 경제수준에 비해 너무 뒤떨어져 있다. 인성교육 人性敎育과 민주시민교육에 소홀히 한 결과이다. 독서량은 선진국 중 최하위에 있다. 독서하는 분위기를 조성해야 한다. 독서만큼 값이

싸면서 오랫동안 즐거움을 누릴 수 있는 것은 없다.

지식정보화 사회가 요구하는 다품종 소량생산이나 창의적 인재 양성을 위해서도 이제 교육의 방식이 바뀌어야 한다. 민주주의 사회에 있어서의 시민교육의 기본적인 취지는 사회의 민주화와 인간화 人間化에 있다. 시민사회교육은 인성교육에서 출발해야 한다. 이러한 인성교육, 민주시민교육, 세계시민교육 등의 분야에 대한 교육투자에 적극적인 국가지원이 필수적이다.

민주주의국가는 인간을 자결적 自決的 능력의 소유자, 잠재적 발전가능성의 소유자로 간주한다. 인간의 존엄성에 최고의 가치를 부여한다. 그러므로 잠재적 발전가능성과 스스로 해결할 수 있는 능력을 최대한으로 발휘할 수 있게 하는 인성교육을 중요시하게 된다. 국가자원 중에서 끊임없이 성장과 발전을 기대할 수 있는 것은 국민의 능력뿐이다.

시민사회교육의 성격을 규정해 보면 "한 국가가 생활공동체를 유지하고 발전시켜 나가기 위해 요구되는 바람직한 인간성을 형성하고, 정치과정의 참여에 필수적인 지식과 능력, 태도 등을 포함하는 자질을 육성하는 교육적 노력"이라 할 수 있다. 자유민주주의 국가에서의 시민사회교육은 민주시민의 육성을 그 목적으로 해서 추진되어야 한다. 인간이 인간답게 살아가기 위해서 갖추어야 할 기본적인 덕성 德性과 품격 品格을 지닐 때 그를 민주시민이라고 할 수 있다. 국민들이 자기의 신념을 자유롭게 발표하고, 묵묵히 실천하는 용기를 길러주어야 한다.

일류시민을 육성하기 위한 시민교육은 적극적 참여를 위한 실천교육이므로 사회 현실과 격리되어질 수는 없다. 따라서 정치교육 과정의 구성 내용이 보다 구체적이고 실증적 實證的이어야 한다. 그러기 위해서는 추상적이고 관념적인, 이론적인 측면을 다루는 것도 중요하지만 실제로 정치문제나 사회의 갈등 문제를 취급할 수 있는 현실적인 교육내용도 포함해야 된다. 즉 교육의 내용을 구체적이면서, 객관적으로 구성해야 한다. 인간 교육적 측면을 보완하여 교육 내용의 상호 연관성 및 조화성을 고려해야 한다.

교육의 내용은 국가발전과 민주화에 기여하는 방향에서 교육이념 및 목표를 정하고 이에 따른 교육내용을 선정해야 된다. 이런 관점에서 우리가 지향해야 할 교육의 이념은 민주주의, 시장경제, 열린 민족주의, 평화통일주의를 들 수 있다. 이러한 이념의 토대 위에서 일반적인 교육목표를 세워야 한다.

민주시민교육의 일반적인 목표로는 ①개인의 자아실현自我實現 능력의 함양, ②민주시민 의식과 자질의 함양, ③올바른 현실인식과 비판능력의 배양, ④민주주의 체제의 수호와 평화통일의지 배양, ⑤민족과 인류의 공존공영共存共榮의 실현에의 기여를 제시할 수 있을 것이다.

민주시민사회 교육의 핵심은 인성교육이다. 따라서 자유민주주의 사회의 존속과 발전을 위한 시민 육성을 전제로 하는 교육이다. 민주주의란 근본적으로 인간의 생활양식이며 공동체 운영의 원리이다. 요람에서부터 무덤에 이르기까지 공동체 생활을 해야 한다는 것이 인간의 숙명적인 존재조건存在條件이다.[87) 따라서 공동체 생활의 전제조건이 되는 준법정신을 함양하고, 희생과 봉사정신이 몸에 스며들어 체질화되도록 지식주입식 교육방식에서 선진 문화시민교육으로 중점을 옮겨야 한다. 자살률을 낮추면서 행복지수를 높일 수 있도록 물질만능의 사고에서 벗어나서 정신적인 행복을 찾을 수 있는 인성교육을 강화해나갈 때 희망찬 일류시민이 늘어날 것이다.

평등주의적 개혁이념과 교육의 수단화를 전제로 한 교육개혁의 대표적인 예가 '고교평준화정책'이다. 고교평준화정책은 우리나라의 교육정책 중에서 가장 성공적인 정책으로 평가되어 지난 20년간 그 정책의 기조가 유지되어 왔다. 그러나 평준화정책이 추구했던 평등주의적 관점이 지식정보화 시대에 요구되는 창조성과 자율성을 강조하는 자유주의적 관점의 도전에 직면해 있는 것이 현실이다.

고교평준화정책이 도입된 지 20년이 지나면서 우리 사회는 초6병, 중3병, 고3병과 같은 부분적인 질병뿐 아니라 교육과정 전 기간에 번져버린 고질병을 앓고 있다. 만 2-3세만 되면 뒤질세라 한글공부를 시작하고 초등학교 입학도 하지 않은 아이들이 무거운 발걸음으로 영어 등 각종 학원을 드나들고 있다.

인성교육과 인본주의를 다루는 공☆교육기능은 사라지고 수능위주의 사私교육이 주를 이루고 있다. 이제는 고교평준화 정책의 기본철학을 포함하여 근본적인 문제를 파헤쳐서 발전적인 대안을 강구할 때이다.

주입된 지식은 창의적·생산적인 지식으로 전환되지 않는다. 따라서 과학에서 기초과학이 중요하듯 청소년기의 교육에서는 인본주의 즉 '인간다움'을 존중하는 폭넓은 범위의 교육이 중요하다.

대한민국이 인문학적 기식기반을 마련하기 위해서는 국민전체의 교양수준을 높여야 한다. 우리사회에 맞으면서 세계적인 보편성을 지닐 수 있는 인문학을 발전시켜야 한다. 국가의 교육방향도 여기에 부합되어야 한다. 이를 위해서 정부는 전략적인 안목을 갖고 이 시대의 규장각을 건설하는 마음으로 교육전략을 수립하여 효율적인 정책을 추진해야 한다.

우리에게는 평화통일과 일류국가 건설과정에서 많은 도전이 생길 수 있다. 우리는 기회가 올 것에 대비하여 배우고, 기회에 응전할 수 있는 능력을 갖추어야 한다. 인본주의에 바탕을 둔 인간 중심의 민주사회는 그러한 도전을 슬기롭게 극복할 수 있는 토양이다.

이제는 후세들의 교육에 부모들의 희생을 마냥 요구할 시기는 지났다. 정부를 포함하여 모든 이해 집단들이 지혜를 모아 최적의 교육전략을 수립하여 시행해야 한다.

문화 · 예술 선진국이 일류국가이다!

문화와 예술은 올바른 국민정신, 국민윤리, 국민성을 유지하고 발전시켜 나가는 데 결정적인 역할을 한다. 한마디로 문화는 한 나라 국민의 감성, 한 시대의 정서를 형성하는 데 크게 영향을 준다. 예술은 인간이 도달한 최상의 감성을 다른 사람에게 전하는 것을 목적으로 삼는 인간의 창조적인 활동이다. 이러한 문화와 예술의 중요성을 감안하여 헌법은 제9조에서 "국가는 전통문화의 계승 · 발전과 민족문화의 창달에 노력하여야 한다"고 명시하였다. 또 제22조에서는 "모든 국민은 학문과 예술의 자유를 가진다"고 강조하였다.

그런데 세계문명과 한국문화를 어느 수준에서 어떻게 결합하여 한국적 토양에 성공적으로 정착시킬 것인가는 결코 쉬운 문제가 아니다.

지식정보화시대에는 상품, 자본, 정보와 지식의 이동을 전 지구적으로 확대하여 필연적으로 우리 문화의 수출과 외국문화의 유입을 촉진한다. 내국인과 외국인 사이에 사업, 교육, 친교, 혼인 등 다양한 형태의 상호작용이 늘어나게 되고, 여러 종류의 외국문화가 국내로 빠르게 들어오게 된다. 이에 따라 문화적 다양성의 증가와 함께 새로운 형태의 문화접변이 일어나게 된다. 그 결과 외국과의 교류가 적었던 폐쇄적 시기에는 상상할 수 없었던 다양한 문화변용과 창조가 가능해진다. 이러한 문화접변은 다른 한편으로 새로운 긴장과 갈등을 수반하기도 하고, 다양한 문화적인 사조를 유입시킴으로써 개별국가 내에 다양한 하위문화를 형성하게 된다.

세계 석학들은 미래 선진국의 초超부가가치는 문화에서 발생할 것이라고 예견하고 있다. 앞으로는 정신문화도 경쟁하는 시대가 온다. 세계화·지식정보화 시대의 새 병기는 문화와 예술의 파워다. 지난 20세기는 군사력, 부국강병을 토대로 한 하드파워Hard Power, 즉 경성硬性국가의 시대였다. 21세기는 학문, 과학기술, 문화와 예술을 토대로 한 소프트파워Soft Power, 즉 연성軟性국가의 시대다. 양질의 고품격 문화를 생산하고 향유할 줄 아는 능력이 바로 국가경쟁력으로 직결된다. 국민 소득 3만 불이라는 목표로 향해 가는 대한민국 사회에서 문화·예술은 삶의 질質뿐 아니라 경제력과 직결된 문제라는 인식이 확산되어야 한다. 국민들의 삶을 풍요롭게 하고, 창의력을 기르기 위해서는 문화·예술을 제쳐놓고 상상할 수 없다. 대한민국이 일류국가가 되기 위해서는 고품격 즉 양질의 문화사회로 발전되어야 한다. 이런 관점에서 한민족의 전통문화를 토대로 하여 아시아에 한류 열풍을 몰고 온 대한민국은 이 분야에서 가장 발전할 수 있는 나라 중 하나라고 할 수 있다.[88]

우리 조국은 중국문화권에 근접해 있으면서도 독자적이고 찬란한 민족문화를 발전시켜 왔다. 한국인은 문화와 예술에 뛰어난 감각을 갖고 있다. 한민족의 피에는 문화와 예술의 DNA가 흐르고 있다. 동맹, 연고와 무천 같은 고대의 제천 의식에서는 춤추고 노래하는 것이 제사이고 축제였다. 마을의 당제나 별신굿과 대동굿 같은 행사에도 노래와 춤이 없으면 아무것도 안 될 정도였다. 한국인에게 음악이 없는 삶은 상상도 할 수 없었다. 왕실에서는 일찍이 신라 때부터 전문 악사를 두었다. 지방 관아에도 악제가 있었다. 한글, 고려청자, 금속활자, 거북선, 한국의 전통가옥 등 문화유산으로 말하자면 우리는 엄청난 것을 상속받은 부자라 할 수 있다.

우리는 반만년 동안을 같은 언어와 관습을 가지고 살아 왔다. 정치문화도 일반문화와 같은 틀 속에서 동질적 문화공동체 속에서 살아 왔다. 그러나 분단 이후 자유민주주의 정치문화와 사회주의 정치문화 속에서 이념과 사상체계가 이질화되었다. 이렇게 이질화된 문화를 극복하고 동질화를 이루는 것이 문화적 개념의 통일이다. 남북이 함께 민족혼을 바탕으로 한 새로운 문화 창조를 해나가야 한다. 통일시대에 대비해서 우리는 '한민족 공동체 문화' 발전을 위해 남북한의 문화를 발전적으로 통합해야 한다. 그리고 우리 선조의 문화를 복원하고, 문화적인 긍지를 국민들에게 심어줄 수 있는 문화정책의 설계가 필요하다.

분단 이후 남북한 양측에서 독자적 발전을 추구해 온 전통과 가치를 하나로 통합하기 위해서는 우선 양측 문화의 정확한 실태파악이 요구된다. 언어의 이질화, 사회제도와 관습 등의 차이점을 먼저 인식하고 해결 방안을 모색해야 한다. 남북한은 그동안 상당한 문화적인 격변기를 경험하였다. 남한에서는 산업화의 과정 속에서 전통문화가 많이 파괴되고 서구문화의 영향을 받아 생활문화나 의식구조에 많은 변화를 초래하였다. 북한은 전통문화를 의도적으로 단절시켰다. 전통문화는 봉건적 잔재로서 공산주의 사회건설에 장애요소가 된다고 판단하여 이를 철저히 배제하고, 그 위에 주체사상, 계급의식과 혁명성을 채색하였다. 따라서 통일 이후 문화적인 충격을 줄이고 사회통합을 위해서는 이질적으로 형성된 전통과 가치를 서로의 교류를 통해 공통분모화할 수 있는 방안이 필요하다.

문화적 정통성 유지는 통일을 위한 기초 확립 작업이라는 인식을 바탕으로 문화통일 노력을 강화할 필요가 있다. 세계 속으로 웅비하기 위한 통일한국의 지향목표를 생각할 때, 정치와 경제 강국으로서 대외적으로 웅비하려는 전략선택도 중요하다. 그러나 문화강국으로 웅비하려는 전략선택도 동시에 고려되어야 할 것이다. 즉 우리의 지정학적인 위치와 주변국의 상대적 위상을 고려하여 민족공동체로서의 행복과 삶의 질의 향상을 통해 세계 속으로 웅비해야 한다. 인류역사에 기여하는 문화대국을 지향하는 것이 현실적이고 바람직한 목표라고 할 것이다.

남북관계의 진전과 통일은 쌍방의 공동이익뿐 아니라 동북아와 세계의 평화와 번영에 이바지하여야 한다. 안으로는 우리 민족의 우수한 전통문화를 계승 발전해야 할 것이다. 이를 위해서는 이질화된 문화통합의 방안이 모색되어야 한다. 그중 제일 중요한 것이 언어의 이질화를 극복하는 것이다. 그리고 사회제도와 관습의 격차를 좁혀나가야 한다. 우리 민족의 문화적 정체성을 확립하고 새로운 문화를 창조하기 위해서는 전통문화유산을 발전시킴으로써 문화적 단절을 극복해야 한다. 이를 통해 통일 후 급변하는 사회의 제반 문제를 문화적으로 해결할 수 있을 것이다. 우리는 가부장적 권위주의, 비합리적 획일주의, 맹목적 집단주의와 이기적 개인주의를 극복해야 한다. 밖으로는 열린 민족주의 또는 보편적 세대주의를 지향하면서 문화적 편견을 극복하고 세계 문화사적 추세를 반영하여야 한다.

우리가 살아가고 있는 시대는 지식정보화시대이면서 세계화시대이다. 이 시대에는 삶의 질을 중시하고 문화와 정보를 가치 있게 여기며 문화적 감각이 풍부한 개성 있는 인간을 요구한다. 그리고 생활공간의 지구화 추세가 심화되고, 세계적 문화양식이 유입될 것이다. 또한 '민족원형民族原型'의 표현에 보편성이 요구됨에 따라 국제환경과 한국인의 원형을 조화시켜야 할 필요성이 대두된다.

우리는 세계적인 보편문화를 수용하면서도 우리 민족 고유의 전통문화를 창조적으로 계승하고 발전시켜 나가야 할 것이다. 즉 민족문화와 세계문화가 융합되어 승화·발전하는 창조적 문화국가가 되어야 한다. 민족의 정체성과 문화적인 보편성을 동시에 유지함으로써 궁극적으로는 삶의 질을 향상시키는 데 기여해야 한다.

지식정보화 시대에는 문화적 감각이 풍부한 개성 있는 인간을 요구한다. 국가 간의 문화교류가 빈번해지고, 문화가 다양화되고 현대화될수록 우리 민족의 문화적 정체성을 확립하고 이를 바탕으로 새로운 문화를 창조하기 위한 노력이 필요하다.[89] 우리는 한민족 고유의 전통과 문화를 바탕으로 세계표준화 및 현대화 사업을 지속적으로 추진해야 한다. 즉 세계문화의 보편성을 창출해 나갈 수 있도록 과학적이고 체계적으로 관리해야 한다.

어느 국가든지 전통문화가 살아 있는 나라가 선진국이 된다. 자신에 대한 자부심이 없이 어떻게 남을 이끌어 가겠는가? 백범 김구선생님이 가장 갖고 싶었던 것은 군사력이 아니라 바로 문화의 힘이었다.[90] 백범의 소원은 일제강점기에는 오로지 대한독립이었고, 분단 이후에는 세계에서 가장 아름답고 높은 수준의 문화를 가진 자유민주주의 통일조국의 건설이었다. 선생의 정신은 지금도 우리 가슴에 살아 21세기 문화강국, 세계에서 가장 아름다운 통일조국의 비전을 기원하고 있다.

전통은 한국문화의 에너지다. 민족문화의 원형 찾기는 지속적으로 추진되어야 한다. 대한민국은 우리 조상 대대로 이어 온 전통문화와 민족의 상징인 태극기와 애국가 및 무궁화를 사용함으로써 정통성을 유지해 가고 있다. 국가가 아무리 정통성을 지니기를 원하더라도 나라를 지키지 못하면 정통성을 유지할 수 없다. 조선은 우리 민족의 정통성을 계승해 500여 년을 존속했다. 그러나 힘이 절대 부족했던 대한제국은 1910년 한일합방으로 일본의 식민지가 되면서 나라의 정통성은 무참히 무너졌다. 창씨개명 創氏改名까지 당하는 아픔을 겪었다.[91]

요즘 최고의 문화상품은 대부분 민족문화에서 나온다. 일례로 신화와 전설은 문화산업의 원천이다. 영화 '반지의 제왕'이나 '해리포터'의 밑바탕도 북유럽 신화이다. 삼바, 탱고, 레게, 재즈, 힙합 등이 다른 민족의 고유문화에서 발전되었다. 요즘 세계 대중문화의 기반은 흑인문화, 흑인기질이다. 서양 클래식이 하향곡선을 그리는 게 다 흑백의 문화싸움에서 흑이 이기고 있는 것이다. 이제 곧 우리 차례가 온다. 우리도 우리 것에서 세계적 문화상품을 만들어야 한다. 한민족의 문화적 바탕은 풍부하고 다양하다. 리듬 싸움에서 대한민국이 아시아 최고다. 우리 장단의 풍부함이나 기운은 록보다 훨씬 더하다. 요즘 세계를 선도하는 '비보이'는 남사당 살판 땅재주 놀이이 원조다. 중국, 일본, 몽고 어디에도 이런 신명나는 리듬은 없다.

전통 문화는 지식정보화 시대에 우리 고유의 자산이다. 전통문화의 특성을 감안하면서 우리는 차세대 성장동력으로서 문화산업을 집중 육성할 필요가 있다. 즉 게임, 애니메이션, 캐릭터, 영화, 음악, 방송영상 등에서 세계적 수준의 산업을 육성하기 위하여 노력을 기울인다면 상당한 효과를 기대할 수 있을 것이다. 우리 선조들의 시조, 소설, 시 등의 번역작업을 활성화하여 세계에 널리 보급해야 한다. 문학 분야의 창작 및 개발역량을 획기적으로 개선하여 콘텐츠를 개발한다면 문화산업의 육성에 큰 기여를 할 수 있을 것으로 기대된다.

삶의 문화예술화에서 중요한 과제 중 하나는 지방문화地方文化의 다양성을 발전시키는 것이다. 문화예술은 기본적으로 개성과 창의성이 생명이기 때문에 지역성의 독특함을 유지하고 발전시키는 것이 중요하다. 생활과 삶의 현장인 지역의 역사, 전통과 현실에 뿌리를 둔 지방문화를 적극 보호하고 육성해야 한다. 지방에 사는 주민의 삶 속에 자연스럽게 체화시켜 나가면서 지역 나름의 독특함과 다양성으로 발전시키는 것이 중요하다.

전통문화산업을 계승 발전시키기 위해서는 전통문화에 바탕을 둔 게임, 애니메이션, 방송영상 등 유망분야의 전문 인력을 육성해야 한다. 즉 대학과 대학원 정규과정에서 전통문화 분야의 전문 인력을 양성해야 한다.

대한민국이 문화선진국이 되려면 국가정책과 국민생활 전반에 문화적 요인을 고려하여 교육 혁신, 사회적 민주화 그리고 문화민주주의의 발전 등을 위한 적절한 국가전략이 필요하다. 즉 아름다운 나라, 슬기로운 나라, 타 문화에 대한 이해 및 관용이 있는 나라, 문화민주주의 사회가 되어야 한다. 아름다운 나라는 생활 전반에서 문화적 고려가 강조되는 나라를 의미한다. 이를 위해서는 국가전략과 정책의 문화화가 필요하다. 슬기로운 나라란 창의력을 향상시키고 창조력을 발휘하게 하는 나라를 의미한다. 이것은 교육의 혁신과 사회분위기 일신으로 달성될 수 있을 것이다. 문화적 다원성에 대한 이해는 학교교육 및 시민교육을 통하여 높여야 된다고 본다. 문화민주주의는 최소한의 문화 인프라 구축과 문화기반시설의 지역네트워킹 추진으로 문화적 불평등과 양극화를 완화함으로써 달성할 수 있다고 본다.[92]

소수만을 위한 문화예술의 시대는 끝나고 있다. 일류국가에서는 모든 국민이 고품격의 문화예술에 대하여 평등한 접근권接近權을 가질 수 있어야 한다. 소득수준이나 거주 지역에 관계없이 수준 높은 문화와 예술을 감상할 수 있는 기회가 보장되어야 한다. 그리고 희망하는 국민들은 문화예술의 감상뿐 아니라 창작활동에도 참여할 수 있어야 한다.

우리 민족은 가슴 속 밑바닥에 흐르는 자랑스러운 창조적 기량과 상상력, 불가능을 가능하게 만드는 힘을 갖고 있다. 한국인의 투철한 도전정신은 우리가 하고자 한다면 못할 것이 없다는 조국의 미래상을 보여주는 힘이다. 우리 것을 사랑하고 더욱 발전시키는 가운데 세계적인 문명표준을 준비한다면 김구 선생이 바라던 '아름다운 문화강국 코리아'를 건설하게 될 것이다.

문화예술 선진국이란 단순히 문화산업의 강국이 아니라, 삶의 양식으로서 세계인의 모델이 될 수 있는 문화를 가진 나라를 의미한다. 즉 미래의 삶의 방식과 관련하여 우리가 다른 나라의 감동의 대상이 되는 나라가 된다는 것을 의미한다.

이를 구현하기 위해서는 문화민주주의의 실현과 삶의 문화예술화가 필요하다. 즉 문화와 산업, 문화와 경제의 선진적 결합을 시켜야 한다. 우리는 한반도를 중심으로 하는 '아시아문화공동체'의 형성을 선도해나가면서 세계문화의 한 축을 담당할 수 있도록 노력해야 할 것이다.

대한민국이 문화예술 일류국가로 우뚝 서기 위해서는 문화예술인을 존경하는 풍토가 조성되어야 한다. 문화와 예술을 즐기고 보편적인 지혜와 정보화시대의 새로운 지식탐구를 위해 책을 읽는 한국인이 늘어나야 한다. 생활전반에서 문화적 측면의 배려가 중요하며, 문화를 중시하는 국가정책이 필요하다. 이를 위해 국가전략의 수립과 추진과정에서 문화를 우선적으로 배려하는 풍토가 조성되어야 한다. '최소문화수준 Cultural Minimum'을 정하여 문화정책의 목표치로 만드는 것도 생각해봐야 한다. 국민이 소비하고 생산할 문화와 예술의 최소한의 기준을 만들어 이를 전 국민이 향유하고 참여할 수 있도록 정책화하는 것이다. 이를 위하여 학교 교육과정과 성인의 각종 평생교육프로그램에 최소문화수준의 달성을 주요 교육목표 중 하나로 정할 수 있을 것이다. 주위에 있는 모든 '공적 여유 공간'을 국민의 문화예술 공간으로 만들어 나가는 노력도 할 수 있을 것이다.

우리나라가 일류국가를 지향하려면 21세기 '세계표준문명'을 창출하고자 노력하는 창조적인 나라가 되어야 한다. 세계화, 자유화, 민주화에 앞장서면서 법치, 인권신장, 빈곤퇴치, 반핵과 반테러 등의 입장을 확실히 지지하고 이를 행동으로 보여 주는 나라가 되어야 한다. 한마디로 세계문명의 표준이 되는 모범국가가 되어야 한다.

글로벌 스탠더드와 코리아 스탠더드를 어느 수준에서 어떻게 결합하여 우리 현실에 맞는 문명으로 성공적으로 정착시킬 것인가는 결코 쉬운 문제가 아니다. 그러나 이 문제를 잘 풀어야 선도적인 문명창출에 성공할 수 있다. 이 문제를 우리 주도적으로 해결하는 것이 바로 자주적인 일류문화국가에 성공하는 길이다. 역사를 만드는 것은 사람들의 말이 아니라 사람들의 행동이다. 우리는 전통문화를 바탕으로 다양한 외국문화를 수용하여 창조적이고 보편적인 문명을 창출해야 한다.

우리는 과거로 회귀하는 이념과 세대논쟁을 넘어 미래를 보면서 실사구시實事求是의 실리를 추구하는 데 힘을 모아야 한다. 광복 70년을 맞은 우리들의 자화상에서 반목과 갈등을 훌훌 털어버리고 통합과 전진의 장을 열어가야 한다. 문화를 사랑한다는 것은 지혜의 걸작으로, 위대한 삶의 예술 가운데서도 가장 어려운 것이다. 즉 전통문화를 소중히 하면서 그 바탕위에서 한류를 창출해야 한다. 그동안 받아들인 외래문화를 수용하고 잊혀가는 좋은 전통을 되살려야 한다. 아름답고도 자존심 있는 국민사상과 정신의 새로운 전통을 세울 때가 바로 지금이다. 대한민국이 일류국가로 비약하려면 반드시 지식정보화시대에 걸맞은 문화국가로 발전해야 한다.[93] 우리 모두 문화를 사랑하고 즐기는 문화인이 되자!

한반도 희망 이야기

조국의 영광

이 몸이 죽어서 이 겨레가 산다면
하늘 아래 거룩한 그대의 이름으로
추울수록 더 아름다운 눈꽃 되어
겨레의 땅 조국의 흙을 덮으리라

햇살이 눈부시게 비쳐오는 날
숨결마저 죽여 가며 피처럼 진한 색깔로
깊은 잠에서 깨어난 겨레들이 기지개 켜고
조국의 눈동자 속에서 찬란한 승리를 보게 하라

그 무엇이 이 가슴을 이렇게 뛰게 하랴
바로 조국이라는 이름의 당신이 있기 때문
저 혼까지 저 숨결까지 모두 다 가닿도록
피울림 속에서도 별이 되어 지키리라고
겨레의 심장으로 외치게 하라

들풀 하나만 보아도 조국으로 이어지던 날들
나는 그대의 앞길을 여는 노을멍석이 되고
나의 작은 소망들은 영혼의 눈이 되어
당신의 문을 두드리면서
활짝 핀 내 시의 날갯짓으로
찬란히 동트는 조국의 아침을
겨레의 이름으로 열리게 하라!
조국의 영광으로 활짝 피게 하라!

다가올 도전에
창조적으로 응전하자!

우리가 살아야 할 미래는 지식정보화, 세계화, 과학화, 디지털화가 빠른 속도로 추진되는 불확실성 시대이다. 이러한 다양한 변화 중 가장 광범위하고 혁명적인 변화의 하나는 지식정보화이다. 지식정보화란 지식혁명과 정보혁명이 거의 동시적으로 진행되는 현상으로서 지식화와 정보화가 상호 긴밀히 결합된 변화를 지칭한다.[94] 정보화혁명은 지리적 공간의 종말을 가져왔다. 인터넷을 통한 주식거래, 상품거래는 전 세계를 하나의 글로벌시장으로 만들고 있다. 신호, 음향, 이미지, 소프트웨어를 사고파는 문화산업의 영역에도 국경이 사라지고 있다. 그 결과 범세계적인 소비문화가 형성되고 있다. 글로벌 커뮤니케이션과 네트워크의 형성으로 이제는 '정보통신문명', '세계정보고속도로', '글로벌 정보사회'라는 슬로건 아래 지구촌 마을이 서로 그물망으로 얽히고 있다.

앨빈 토플러는 『부富의 미래Revolutionary Wealth』에서 오늘날 세계가 직면한 위기 상황은 경제 발전의 속도를 제도와 정책이 따라가지 못하는 데서 생기는 '속도와 충돌' 때문이라고 진단한다. 혁신을 주도하고 있는 기업은 시속 100마일의 속도로 질주한다. 작은 탄력적인 단위의 네트워크로 무장한 비정부기구NGO들도 시속 90마일로 기업의 뒤를 바짝 쫓고 있다. 그러나 정부25마일, 학교10마일, 정치권3마일 등은 거북이걸음으로 오히려 흐름을 방해하고 있다는 것이다.

돈과 시간이 사슬로 매인 시기는 산업혁명 시대였다. 그러나 초스피드와 비획일성, 비동시성 등이 공존하는 지식혁명 시대의 시간은 개념 자체가 다르다. 인터넷에서의 1분은 영겁에 가까운 시간이다. 외환딜러들은 10분의 1초 안에 거래를 완료한다. 우리는 지식이 시간보다 중요한 시대에 살고 있다. 노동 시간을 획일적으로 따져 보수를 지불하는 시대는 지났다. 일하는 시간과 가정생활을 하는 시간의 경계도 흐릿해진다. 이런 가운데 세계는 '속도의 충돌'로 인한 문제를 발생시킨다.

미래의 부를 창출하는 가장 중요한 원천은 지식이다. 앨빈 토플러는 "사회가 바뀌는 속도만큼 지식의 모습도 급진적으로 변화하고 있다. 내가 처음 지식에 대해 언급했을 때보다 지식이 축적과 확산 속도, 또 쓸모없어지는 속도도 눈부시게 빨라졌다"고 언급하고 있다.[95]

피터 드러커는 그의 저서 「미래사회(Next Society)」에서 지식기반사회의 세 가지 주요 특성을 다음과 같이 정리하였다. 첫째, 국경이 없다. 왜냐하면 지식은 돈보다 훨씬 쉽사리 돌아다니기 때문이다. 둘째, 상승이동이 쉬워진다. 누구나 손쉽게 정규교육을 받을 수 있기 때문이다. 셋째, 성공뿐 아니라 실패 가능성도 높다.[96]

정치적인 측면에서 보면 이러한 지식정보화는 세계국가를 하나의 지구촌으로 변화시키면서 국가경쟁력, 생활양식과 사고방식을 결정하는 가장 중요한 추동력이 되고 있다. 컴퓨터와 과학기술의 비약적 발전에 힘입은 정보통신혁명으로 20세기를 주도하였던 정치적, 경제적, 사회적, 문화적 패러다임은 이미 낡은 것이 되었다. 즉 인류생활의 모든 영역에서 새로운 패러다임이 요구되고 있다.

토플러의 예견대로 현재 진행 중인 지식혁명은 개인과 가정, 경제, 정치, 문화와 제도 전반을 혁명적으로 변화시키면서 갈등, 불확실성, 복잡성 등을 증폭시키고 있다. 정보혁명과 지식혁명의 진전에 따라 지식과 정보의 비중이 높은 지식기반산업知識基盤産業, Knowledge-based Industries을 중심으로 산업의 급속한 재편이 이루어지고 있다. 신지식을 청조하는 골드

칼라가 새 시대의 새로운 지배계급으로 부상하고 있다. 그리고 정치권력의 재편을 위한 이러한 새로운 계급의 도전이 가시화되고 있다.

민족주의가 세계화 시대에 다시 관심의 대상이 되고 있다. 보스니아와 아프가니스탄 전쟁과 같은 냉전冷戰 이후의 유혈사태와 테러가 확산되고 있다. 냉전시대에 민족주의는 이념 대결에 가려 빛이 바랬다. 소련이 붕괴되고 이념 전쟁이 끝나자, 많은 이들이 민족주의시대도 막을 내릴 것이라고 생각했다. 잠시 동안 민족주의는 '20세기의 낡은 유물' 정도로 여겨졌다. 그러나 민족주의가 21세기 들어서도 여전히 위력을 발휘하는 모습이 세계 곳곳에서 목격되고 있다.

에릭 홉스보브는 "세계화가 진행된다고 해서 민족국가의 영역이 축소되지는 않을 것"이라고 전망했다. 경제적 관점에서의 세계화는 진행되고 있지만 정치적인 관점에서 보면 민족국가의 존재 이유가 분명하다는 것이다. 베네딕트 앤더슨Benedict Anderson 교수는 "민족주의는 21세기에도 여전히 번성할 것"이며, 실제로는 지정학적 근본주의에 가까운 새로운 민족주의가 뜨고 있다고 설명했다.[97] 앞으로도 환경변화와 자원의 부족은 인류의 이해관계를 더욱 복잡하게 만들어 민족적인 분쟁요소는 점점 확대될 것으로 전망할 수 있다. 특히 통일을 해야 될 우리의 입장에서 보면 민족의 개념은 중요한 요소가 될 것이다.

지식우위와 정보우위를 향한 무한경쟁에서 기업은 물론 국가와 개인 그 누구도 예외가 될 수 없다. 지식정보화와 함께 진행되고 있는 세계화 과정이 그러한 경쟁을 세계 곳곳으로 확산시키고 있기 때문이다. 따라서 지식정보화와 세계화의 복합적 흐름은 우리 대한민국에게도 다른 선택의 대안을 남겨두지 않는다. 이러한 흐름에서 낙오되어 정치·경제적으로 주변화되거나, 아니면 이런 흐름을 적극적으로 수용하여 앞서 나가는 길 외에 다른 길이 없다.

'부의 혁명'을 불러오는 또 다른 요소는 공간의 확장이다. 공간의 범위는 이미 세계적으로 확장됐다. 고부가가치 창출 장소도 순환한다. 토플러는 21세기 세계의 부를 지배하게 될 지역으로 아시아, 특히 중국을 꼽는다. 부의 중심축이 미국에서 아시아로 공간적 이동을 할 것으로 예측하고 있다. 농업혁명 시대 아시아가 가지고 있던 부의 주도권이 산업혁명으로 유럽을 거쳐 미국으로 넘어갔다. 이제 제3의 혁명과 함께 다시 아시아로 넘어가고 있다는 것이다. 정치적으로 단극체제에서 다극체제로 전환되고 있으며, 세계질서의 불확실성은 더욱 증폭될 것이다.

미래는 '세방화世方化, Glocalization' 시대로 국가가 아닌 지역이 세계와 경쟁하는 시대다. 기업은 구조조정 없이 선진 경제체제의 경쟁력을 지닐 수 없다. 국토 공간의 효율적인 균형발전 없이는 수도권에 의한 국가발전과 경쟁력 강화는 어렵다. 낙후지역 발전을 효율적으로 추진하지 못할 경우 국가경쟁력 자체가 뒤떨어지는 결과를 초래할 우려가 크다. 대한민국이 앞으로 맞닥뜨릴 과제 중 하나가 밖으로는 거세져가는 국제화·세계화 요구이고, 안으로는 분권과·지역화이다. 이에 따라 정부도 '국제-국가-지방정부'로 다층화多層化해야 한다는 말이 나온다.

세계질서는 세계화와 반세계화의 갈등, 지역주의의 심화와 확산, 그리고 자본주의의 표준경쟁이 가속화될 것이다. 이 과정에서 동아시아, 특히 중국과 인도의 경제적 부상이 예견되고 있다. 이러한 경제적 성장과 함께 빈부격차의 심화와 에너지와 물 등의 자원의 부족현상은 심화될 것이다. 그리고 중국의 정치·경제적 불안정, 동북아 3국의 배타적 민족주의의 발전에 따른 동아시아 공동체 발전의 한계 등이 예견될 수 있다.

경제적인 측면에서 보면, 이러한 지식정보화 과정이 경제의 본질을 근본적으로 바꾸어 놓고 있다. 정보화와 디지털화가 심화되면서 신제품의 개발, 생산, 유통, 소비 등 경제활동 전반의 리듬이 빨라지고 혁신과 속도가 기업생존의 가장 핵심적인 메커니즘으로 등장하게 되었다. 그 결과 지식요소가 생산의 가장 중심적인 요소로 자리 잡고 있다.[98]

'경제전쟁'의 시대가 열리고 있다. 제1·2차 세계대전 등 총칼을 들고 영토 침범 싸움을 벌였던 지난 세기와의 차이점이다. 글로벌화한 세계시장을 놓고 벌이는 거대 기업 간 경제전쟁은 영토전쟁보다 더 무자비하고 치열하게 전개될 것이다. 지난 세기의 기업 간 경쟁은 함께 파이를 나눌 수 있는 '과점경쟁' 구조였다. 그러나 미래 경제전쟁은 오로지 일등만이 살아남는 독점경쟁 구조로 흐르고 있다. 일등상품을 만들지 못하는 기업들은 설 자리를 잃을 가능성이 높다. 따라서 앞으로 경제중심으로 국제질서가 재편될 것이며 그 과정에서 선진국과 개도국간의 마찰은 더욱 심화될 것으로 전망된다.

신경제체제하에서 3가지의 커다란 흐름은 글로벌화, 디지털화 그리고 네트워크화로 압축할 수 있다. 세계 각국은 WTO체제의 출범을 계기로 보호무역주의를 배격하고 자국의 시장을 개방함에 따라 글로벌화의 조류를 타기 시작했다. 비슷한 시기에 세계경제는 디지털화로의 급속한 전환을 하였다. 이러한 세계 각국의 노력은 그동안 글로벌과 디지털이라는 2가지 키워드가 이들의 정치, 경제, 사회 전반에 깊숙이 자리를 잡게 되는 결과를 가져왔다. 이제는 글로벌과 디지털이라는 2가지 키워드를 배제한 채 한 국가의 전략을 논의하기 어려운 상황이 전개되고 있다. 한편 글로벌, 디지털과 함께 네트워크는 경제, 사회, 문화적으로 제3의 키워드로 부각되고 있다. 그동안 글로벌과 디지털은 가시적 성과물을 지속적으로 생산해 왔다. 네트워크는 눈에 보이지는 않지만 함축적인 의미를 꾸준히 제공하여 왔다. 따라서 신경제체제에서 글로벌과 디지털이 필요조건이라면 네트워크 없이는 그 충분조건을 만족시킬 수 없게 된 것이다.

사회적인 측면에서 보면, 지식정보화의 혁명은 사회혁명이다. 세계는 속도의 불균형이라는 소용돌이에 놓여 있다. 경제적 발전의 속도를 사회 제도나 정책 등이 따라가지 못하면서 생기는 불균형이다. 사회체제는 시속 100마일의 속도로 혁신에 혁신을 거듭하고 있지만, 정부와 관료 조직, 정책과 제도는 30마일도 안 되는 속도로 거북이걸음을 하고 있는 것이다.

지식정보화의 진전은 글로벌한 개방사회를 지향하면서도 국내적으로는 계층 간의 불평등을 심화시킨다. 자동화혁명과 정보통신혁명이 급진전됨에 따라 기업들은 컴퓨터와 정보통신기술에 투자를 집중하면서 사람의 노동을 기계노동으로 대체하게 된다. 이 과정에서 교육수준과 기술 숙련도가 낮은 사람들은 재취업이 상당히 어려운 심각한 기술실업을 겪게 될 가능성이 높아진다. 이 경우 재취업을 하더라도 교육수준이 낮은 사람들은 임시직이나 계약직과 같은 매우 불안정한 고용계약을 감수하게 된다. 그러나 교육수준과 기술숙련도가 높은 사람들의 경우 더 많은 취업기회와 사업기회를 가지게 되므로 양 집단 사이의 소득격차는 늘어나기 마련이다.

눈이 돌아갈 정도로 정신없이 변화하는 불확실성시대에는 위태로운 경제상황과 정책, 제도의 실패가 결합돼 개인들은 절망적인 상황에 내몰릴 수도 있다. 자본주의의 극단적 변화는 시장과 화폐의 의미도 바꾼다. 시장은 폭이 좁고 수명이 짧은 집약적 시장으로 재편될 것이다. 그리고 토지, 노동, 자본, 재화, 서비스 경험과 지식 등이 한꺼번에 거래되는 거대한 사이버 마켓이 등장할 것이다. 이미 마일리지제도 등을 통해 드러나고 있듯 화폐를 사용하지 않는 구매형태도 일반화될 것이다. 토플러는 누구도 이러한 혁명을 피해갈 수 없다고 단언한다. 이러한 변화는 문명 간 충돌을 야기하고 가치관의 혼란을 초래할 수 있을 것이다.

세계가 빛의 속도로 변화하는 지금, 우리 앞에는 무수히 많은 도전과 기회가 기다리고 있다. 고령화와 저출산, 성장잠재력 약화, 고용 없는 성장, 중국의 추격 등은 또 다시 우리 경제의 근저를 흔들어놓을 수 있는 중대한 도전 요인들이다. 그러나 친디아chindia, 중국+인도의 급격한 부상, 자유무역협정FTA 확산, 디지털 혁명 가속화 등은 대한민국 경제의 영역을 넓히고 상승할 수 있는 절호의 기회요인이 될 수도 있다.

종교는 여전히 전 세계 곳곳에서 막강한 권위를 자랑할 것이다. 기독교, 불교, 이슬람 등 세계 3대 종교는 각각 유럽과 미국, 아시아, 중동에서 확고한 우위를 지킬 것이다.[99] 민족과 종교, 문화를 앞세운 문명의 충돌과 융합이 더욱 가열될 것이다. 국가이익과 집단이익을 추구하기 위한 테러와 자원 및 환경 분쟁은 미래의 환경을 더욱 불확실하게 할 것이다.

세계화는 국제협력 증대 등 긍정적인 측면과 국가 간 불평등의 심화와 같은 부정적인 측면을 동시에 내포하고 있다. 특히 세계화로 인한 세계시장의 확대로 과학기술, 자본과 정보를 풍부하게 소유하고 있는 국가는 발전과 번영의 기회를 갖게 될 것이다. 그러나 경쟁력을 갖지 못한 국가는 그러한 기회가 제한되면서 대외의존도가 심화되어 안보적인 취약성으로 연결될 가능성이 크다.

정보화시대의 도래와 함께 정보와 통신의 교류가 비약적으로 확산됨에 따라 국제사회는 다양한 분야에 걸쳐 상호의존성이 증대될 것이다.

즉, 경제, 기술, 환경, 자원, 교육, 문화 등 여러 분야에서 상호의존성이 높아질 것이다. 또 세계질서의 다원화, 지역주의의 대두, 경제적 상호의존의 증대 등은 정치와 안보의 상호의존성도 증대시킬 것이다. 따라서 국제적 상호의존을 평화적으로 관리하기 위한 국제체제International Regime의 형성과 유지를 위한 노력이 증대될 것이다.

안보의 개념도 냉전의 종식을 계기로 변하고 있다. 고전적인 의미의 안보는 흔히 국가안보를 지칭하며, 그 내용은 대체로 군사적 수단을 중심으로 이해되어 왔다. 즉 안보는 국가의 핵심가치에 위협이 없는 상태로 흔히 이해되어 왔다. 이러한 군사적 안보의 개념은 상대적 위상이 약화되었다. 반면, 경제적·사회적·환경적·생태적 안보의 개념이 안보 논의에 등장하면서 안보의 핵심은 국가안보에서 인간안보로 확대되고 있다. 세계화와 정보혁명의 결과 국가의 힘이 군사력보다는 경제력에 의해 좌우되는 경향이 커졌기 때문이다. 국가의 목표 또한 군사적 힘에 추가하여 경제력, 기술력의 확보에 치중하는 양상이 보편화되고 있다.

안보 문제를 유발하는 주체뿐 아니라 이를 해결하는 주체들이 민족국가 차원을 벗어나 국제사회 수준 및 非국가 행위자 수준으로 확대되는 추세이다. 미래 안보는 행위자의 다양화와 안보 내용의 중층화, 복합화가 특징이라 할 수 있다. 전통적인 국가 대 국가, 전장을 중심으로 진행되었던 갈등이 이제는 좀 더 모호하고 불규칙적이고 비합리적인 차원으로 확산되는 것이 새로운 안보위협의 추세이다. 그 결과 군사안보뿐 아니라 환경, 에너지, 인구, 난민, 국제범죄 등 초국가적 위협 또한 다가올 위협의 주요 항목이 될 것으로 예상된다. 미래 안보의 개념은 테러와 반테러간의 전쟁, 인종, 종교, 문화 등 인간의 정체성正體性, Identity에 관련된 갈등, 경제적 빈부 격차, 정치적 억압과 폭력, 실패한 국가들의 인권 및 참상 같은 눈에 보이는 反평화의 요소들을 다룰 것이다. 뿐만 아니라 지구 온난화, 에너지와 물 부족, 도시화 · 정보화 심화에 따른 인간소외와 비인간화 등 인간문명의 모든 측면과 직 · 간접적으로 연관되어 있다.[100]

군사적인 측면에서 보면, 미래의 안보환경은 변화의 템포가 빠르고 유동적이면서 안보위협의 유형과 주체가 다양해지게 된다. 그 결과 위협의 진단과 대처가 과거에 비해 훨씬 큰 불확실성 속에서 이루어진다는 특징을 지닌다. 미래 안보의 가장 심각한 위협은 더 이상 핵전쟁이나 대규모 군대간의 충돌이 아니라 테러나 대량살상무기 같은 비대칭 위협에서 비롯되는 위험이다. 또한 세계화 · 정보화의 심화는 사이버테러와 같은 새로운 취약점을 노정하면서 갈수록 지구촌 인간의 삶을 불안하게 만들 것으로 예상된다. 특히, 9 · 11 테러 이후 메가테러리즘Mega–terrorism, 대량살상무기와 탄도미사일 확산, 사이버테러, 실패한 국가들의 인권문제, 에너지 및 식량 안보와 환경문제 등 새로운 안보 이슈들이 핵심문제로 등장하였다. 이러한 안보문제해결을 위한 협력적 패권질서로의 전환과, 권역별 공동안보체제의 강화가 요구될 것이다.

냉전시대 이후의 전쟁은 민족 · 종교 · 영토 · 자원 · 환경 · 인권문제 등 복잡 다양한 요소에 의해 촉발되고 있다. 국제테러리즘 · 마약 · 조직범죄 · 사이버테러 · 해적 등 초국가적이고 비군사적 위협이 등장해 개인은 물론 전 세계의 안보를 위협하고 있다. 이러한 위협요소는 불특정 다수를 대상으로 하고 있으며, 시간 · 공간 · 수단에 관계없이 인명을 살상하고 파괴한다.[101]

통일의 관점에서 본다면, 세계화에 따라 국제협력이 증진되고 지역간 협력도 강화되어 한반도 주변에 평화체제가 정착될 가능성이 높아질 것이다. 세계적으로 개방화가 확대되면서 북한도 생존과 번영을 위해

고립체제에서 개방체제로 전환하려 노력할 것이다. 국내적으로도 국가 경쟁력의 강화와 부의 축적으로 북한을 흡수할 수 있는 여력이 증가하여 퍼주기의 논란은 잠재워질 것이다. 그리고 북한을 민족적 차원에서 통합하려는 노력은 지속될 것이다. 이러한 환경적 요인과 노력 등으로 통일의 촉진환경을 조성하기가 더욱 용이해질 것이며, 향후 20년 내에는 통일도 가능할 수 있을 것이다.

과학기술 측면에서 보면, 디지털의 활용과 신기술의 개발 등으로 첨단과학기술의 개발속도는 가속될 것이다. 과학기술력이 국력증진의 핵심요소로 등장하기 때문에 기술패권주의는 강화된다. 따라서 첨단기술 개발에서 우위를 확보하는 문제는 국가의 가장 중요한 임무 중에 하나가 될 것이다. 그러한 일은 미래 연구에 소홀하면 실패할 수밖에 없다.[102]

소비자들이 잉여복잡성의 희생물이 되는 것도 과학기술혁명 전야의 마지막 유물이다. 사용하지도 않으면서 어쩔 수 없이 수많은 기능을 지닌 휴대폰을 구매하는 잉여복잡성은 대량생산 시대의 산물이다. 미래에는 우리의 소요를 충족시켜 주는 과학기술만이 승리할 것이다.

문화적인 측면에서 보면, 세계화의 현실은 근대 민족국가의 역할과 문화의 변화를 요구한다. 중요한 것은 이런 요인이 상호 복합적으로 작용해 새로운 부 창출 시스템이 발생한다는 것이다. 새로운 삶의 방식, 즉 문명을 동반한다. 새로운 비즈니스 구조와 함께 새로운 가족형태가 이루어진다. 새로운 종류의 음악과 미술, 패션, 신체적 미의 기준, 음식, 새로운 가치관, 개인의 자유에 대한 새로운 태도 등의 변화가 밀려오는 것이다. 문화보편성이 확산되는 가운데 세계문화와 민족문화의 충돌현상도 가시화될 수 있다.

세계화와, 지식정보화, 민주화를 골간으로 전개되는 지구적 수준의 사회변동 속에서 미래권력은 정치 · 경제 · 군사 등 하드파워 엘리트가 아니라 문화력과 통합력을 축으로 하는 소프트파워 엘리트가 핵심에 설 것으로 예측된다.

세계화와 지식정보화가 진행되면서 생존, 번영, 통일 그리고 일류화를 추구하기 위한 국가의 전략적 환경은 크게 변화되었다. 더 치밀하고 효과적인 국가전략이 요구되고 있는 것이다. 세계화 소용돌이의 한복판에 놓여 있는 대한민국은 전략적 환경의 키워드의 하나인 '일류화'를 축으로 국가전략의 개념을 재구성해야 할 것이다.

흔히 위기와 함께 기회도 온다고 한다. 위기를 이겨내는 과정에서 성공과 발전의 계기를 마련할 수 있다는 뜻이다. 위기는 피해야 하지만 기회는 놓치지 말고 잡아야 한다. 그런데 위기를 피하려하면 기회도 함께 사라진다는 데 문제가 있다. 성공과 발전은 도전에 대한 응전에서 얻어지는 것이지 저절로 생기는 게 아니다. 기회를 잡으려면 부득이 위기와 싸워야 한다. 역사는 변화하고 그 역사의 흐름 속에서 우리는 언제나 행복을 추구하며 미래의 공동체를 설계한다. 역사를 움직이는 인자因子는 고뇌하는 국민과 위정자로부터 나온다. 대나무는 지조를, 소나무는 충절을, 매화는 용기를 상징한다. 매화가 용기를 상징하는 것은 눈 속에서 꽃을 피우기 때문이다. 용기는 위기에 처했을 때 빛나는 힘이다. 걷는 사람만이 앞으로 나아갈 수 있다.

창조적으로 도전하자! 대한민국의 미래는 열심히 도전하는 우리의 정신으로 매화꽃처럼 향기 머금고 필 것이다. 그 자체가 우리의 삶의 질을 풍족하게 하는 힘이 될 것이다. 그 동력으로 우리 조국은 일류국가가 될 것이다.

대한민국의
매력을 키우자!

　나라의 매력이란 연성권력의 하나로, 다른 나라에 감동을 주고 존경심을 이끌어내는 힘이다. 다른 나라를 우리 쪽으로 끌어올 수 있는 강력한 힘이다. 미래사회는 군사와 경제 등과 같은 경성권력보다는 문화, 예술, 도덕, 사상 등 연성권력이 중요한 역할을 하는 시대이다. 매력국가론의 핵심에 그 나라의 문화가 있다. 그 나라의 문화가 다른 나라의 국민에게 호소력이 있어야 한다. 이웃이 자발적으로 좋아하게 만들어야 한다. 그러려면 그 나라가 만들어 내는 문화가 그 나라 고유의 독특함뿐 아니라 인류 보편의 감성에 호소하는 보편성을 함께 가진 '복합문화複合文化'여야 한다. 미래 중요한 전략과제는 복합문화를 성공적으로 창출하여 우리나라를 다른 나라에 감동을 주고 존경심을 이끌어 내는 매력국가로 만드는 것이다.

　역사적 특수성에서 배태된 대한민국의 문화적·사회적 주체성은 민족주의적 성향을 강화시키는 방향으로 작용했다. 이 같은 민족주의와 남북대치, 그리고 고속성장과정에서 고착된 국가주의는 외국의 눈에 국수주의國粹主義 또는 배타주의로 비춰지기도 하였다. 민족적 정체성을 유지하면서 보편적 가치를 수용하고 문명의 조화를 이루는 것이 필요하다. 다른 문화의 차이와 다양성을 존중하고 인정하는 문화적 다원주의의 수용은 문명충돌로 생기는 갈등을 줄이고 문화적 풍요로움을 높이게 된다. 외국의 상품, 기술, 인력, 문화가 보다 자유롭게 진출할 수 있도록 장벽을 제거해 주고, 외국과의 다양한 교류를 가능하게 하는 프로그램을 개발해야 할 것이다. 타 문화에 대한 이해는 결국 우리 자신을 보다 잘 이해하는 길이다. 그래야 다른 국가나 외국인들도 우리에게 보다 큰 관심을 갖게 될 것이다.

연성국력이란 다른 나라 사람들을 끌어당기는 능력이다. 대한민국은 엄청난 성공담을 갖고 있다. 경제적으로 성공했을 뿐 아니라 대한민국은 민주화를 함께 성취했다. 많은 나라들이 대한민국의 성공비결을 배우고 싶어 한다. 이런 매력은 우리로서는 대단한 자원이다. 이것은 차세대 지도자들이 세계를 향해 나아갈 수 있는 자산이기도 하다.

경제적인 측면에서 보면, 애국심에 호소하여 국내기업을 붙들어 놓을 수도 없고, 배타적 국가주의적 정책만으로 글로벌 기업과 경쟁할 수도 없게 되었다. 지식정보와 네트워크의 열린 세계에서 대한민국을 시장 친화적이고, 가장 매력적인 나라로 만들어 내야만 한다. 시장을 이해하고 모험적 투자를 감행하는 기업가 정신을 존중해야 한다. 기술이 지배하는 사회변화에 맞추어 세계적 전문가를 배출할 수 있는 교육시스템도 개발해야 한다.[103]

각 나라들은 타 국가들과의 관계에 있어서 자신들의 이익은 극대화하고 손해는 극소화하려고 노력한다. 국가란 생존에 민감하다. 자국의 행동을 규제하는 협정을 꺼려하고 국제적인 의무를 가능하면 수행하기를 꺼린다. 대한민국도 예외는 아니다. 합리적 이기심은 남의 이익을 존중해 줄 때 가능하다. 이제 대한민국도 타국의 존재와 이익을 진정으로 인정하는 바탕 위에서 우리의 이익을 도모하기 위해 서로 협력해야 한다.

지구촌 시대를 살아가는 기본 정신은 '주고받는' 것이다. 국가관계는 'Zero-Sum게임'의 논리가 아니고 '상생相生, Win & Win'의 개념으로 접근해야 한다. 일방적으로 남에게 얻으려고만 해서는 안 된다. 우리가 외국에 진출해 득을 얻을 수 있는 것처럼, 외국인도 대한민국에 와서 혜택을 받을 수 있어야 한다. 배타적 민족주의는 더 이상 우리에게 도움이 되지 않는다. '세계 속의 대한민국', '대한민국 속의 세계'를 만들어야 한다. 그중에서도 정을 중시하는 인간적인 매력은 소박하고 강력한 무기이다.

외국인이 와서 살기가 편한 나라가 되어야 한다. 푸대접에 바가지를 쓰는 경우가 많으면 그들은 불신과 증오를 갖고 모국으로 돌아갈 것이다. 이는 외국에 나가 있는 우리 동포, 기업인과 유학생에게 부메랑이 되어 돌아올 것이다. 세계화 시대에 외국인에 대한 배타적 태도는 제 발등을 찍는 셈이다. 우리나라는 물가가 비싼데다 언어소통이 어렵고, 외국인 학교 등 제반시설이 부족해 외국인이 오기를 꺼린다고 한다. 우리가 동북아의 중심국가가 되려면 외국인이 살기 좋은 환경부터 만들어야 한다. 정부는 외국어로 된 생활정보를 제공하고, 외국인 피해구제 창구를 만드는 등 사회시스템을 갖추어야 한다. 국민들은 외국인을 올바르게 대접하고 신뢰를 주어야 할 것이다. 우리도 우리끼리만 살 수 없는 세상이라는 인식을 가져야 한다. 외국인을 봉으로 알고 바가지나 씌운다면 우리는 국제외톨이로 전락하고 말 것이다. 국내거주 외국인들이 이 땅에서 사람 사는 정을 느끼게 함으로써 그들이 대한민국을 또 다른 고향으로 여기도록 해야 할 것이다.

한국인은 새로운 것에 대한 호기심이 강하다. 한국인은 잡종 교배에 능하다. 남과 섞이는 것을 두려워하지 않는다. 한국인이 처음으로 대거 외국 땅에 진출했을 때 그 적응력은 매우 빨랐다. 바로 비빔밥 정신, 잡종 정신이 강하기 때문이다. 이러한 비빔밥 정신으로 열린 마음이 확대되어 간다면 진정 대한민국은 세계로부터 존경받는 열린사회로서 세계에 기여하는 일류국가가 될 것이다. '대한민국은 세계로, 세계는 대한민국으로’ 이것이 일류국가의 매력 있는 모습이다.

열린사회 포용의
문화를 만들자!

　세계는 지식정보화 추세 속에서 경제·사회·문화적으로 하나의 세계로 통합되어 가고 있다. 이런 변화에 우리가 능동적인 주체가 되기 위해서는 대내외적 환경변화에 대한 적응력을 키워야 한다. 남을 받아들이며 사회갈등을 해소할 수 있는 능력 배양이 중요하다. 즉 열린 포용의 사회를 만들어 가야 한다. 열린사회가 되려면 도량을 넓게 하여 남을 받아들이는 아량이 필요하다.

　일류국가 건설을 위해 우리 사회가 직면한 최대의 난제難題는 통합과 화합의 빈곤이다. 각종 갈등과 대결은 정치공동체의 단결과 화합을 위협할 정도로 심화되고 있다. 정치란 갈등의 해결과정을 전제로 하기 때문에 갈등의 존재 자체가 문제되는 것은 아니다. 중요한 것은 갈등의 내용과 성격이다. 갈등구조가 제로섬 또는 네가티브섬Negative Sum일 경우에는 정치주체들이 협상을 통해 자신들의 갈등을 해소할 가능성이 적어진다. 정치시스템의 효율성이 그만큼 낮아진다. 상생의 정치가 되어야 할 이유이다.

　조국이 분단되다 보니, 세계가 조화질서를 모색하고 있는 와중에서도 한반도는 여전히 냉전의 섬으로 남아 있다. 즉 분단은 이데올로기적 대결구조를 청산하는 데 걸림돌로 작용하며 보혁갈등이 우리의 정치지형을 축소시키고 있다. 그러나 이에 못지않게 남남갈등도 심화되고 있다.

이러한 갈등은 보혁保革 간, 계층階層 간, 노사 간, 세대 간, 지역 간 갈등으로 세분화되고 있다.

대한민국은 계층·노사·지역 간 균형발전을 헌법으로 보장하고 있다. 즉 헌법 제122조에서는 "국가는 국민 모두의 생산 및 생활의 기반이 되는 국토의 효율적이고 균형 있는 이용 개발과 보전을 위하여 법률이 정하는 바에 의하여 그에 관한 필요한 제한과 의무를 과할 수 있다"라고 명시하여 국토의 균형개발을 규정하고 있다. 그리고 제123조에서는 ② 항에서 "국가는 지역 간의 균형 있는 발전을 위하여 지역경제를 육성할 의무를 진다"라고 명시하고 있다. 또 ③항에서는 "국가는 중소기업을 육성해야 한다"라고 명시하고 농어민 보호조항을 두어 지역과 산업간 균형발전을 규정하고 있다. 그리고 국민의 교육과 근로의 권리 등 각종 권리를 부여하여 계층 간의 균형발전도 도모하고 있다.

대한민국은 이제 산업화와 민주화를 이룩한 '중견국가中堅國家'에서 삶의 질이 높은 선진부국으로 발전하는 과정에 있다. 그런데 경제는 성장잠재력이 쇠약해지고 보혁·계층·노사·지역 간 갈등이 확대되어 국민의 고통이 가중되고 있다. 지식정보 기술혁명 중에서 또다시 위기와 난관에 봉착해 있다. 통합을 통한 국민적 역량이 분산되고, 국민과 사회통합은 큰 어려움을 겪고 있다.

보혁갈등保革葛藤은 기존체제의 현상유지를 원하는 보수와 현상 개혁을 원하는 혁신세력과의 갈등을 의미한다. 보혁갈등은 계층갈등과 계급갈등을 함축하고 있다. 이러한 갈등의 기본적인 바탕은 한반도의 분단모순과 체제모순에서 비롯되고 있다. 체제세력과 반체제세력간의 투쟁이 심화되면, 정치와 사회적 위기가 조성될 수 있다. 이념갈등으로 인한 사회적 분열현상이 가속화되며, 국가전략과 정책에 대한 국민적 합의 도출이 어려워진다.

계층갈등은 사회 구성원들의 사회적 불평등에 따른 이질감과 위화감을 의미한다. 이러한 계층갈등의 원인은 정치적 측면에서는 특권층에 대한 반감과 분노, 엘리트와 대중간의 이질감과 정치 참여 과정의 경쟁 기회 불균형 등이 작용하고 있다. 경제적 측면에서는 불평등 배분에 따른 상대적 박탈감의 심화가 주요 요인이다. 사회적 측면에서는 계층 간의 수직적 격차확대, 노동계급의 양·질적 성장, 부문 간 및 지역 간의 발전 격차, 부유층의 향락풍조 등이 주요 요인으로 작용하고 있다. 심화되고 있는 계층갈등의 문제는 민주주의 제도화를 지연시키고 국민적 화합을 저해한다. 기존질서 타파의 변혁운동에 원인을 제공한다. 또한 민주주의의 제도화를 지연시키고, 권위주의의 부활을 위한 부정적 역할을 할 우려가 있다.

노사갈등勞使葛藤은 산업화과정에서 노동부문에 대한 박탈감과 소외감 등이 주요 원인이다. 거기다 초기 노동운동의 억압으로 반체제적 저항의식이 조장되었다. 노동세력이 질적·양적으로 팽창하였으며, 노조체제의 이원화로 주도권 경쟁으로 인한 문제가 심화되고 있다. 노사 갈등의 문제점은 국가와 기업의 경쟁력의 약화, 사회 통합과 화합의 저해 등이다.

최근 증폭되고 있는 지역갈등은 지역 간의 불균등 발전, 엘리트 충원 과정에서의 격차, 역사적인 편견의식, 정치적인 이익을 달성하기 위한 지역감정 자극 등이 원인이다. 그 문제점은 국민통합과 일체감 형성 저해, 통치권력의 국민대표성과 정당성 훼손, 국민적 편견의식의 심화 등이다.

이상사회가 아닌 한 사람들은 이념과 가치관 등이 서로 다르기 때문에 어느 사회에서나 다양한 목소리가 존재한다. 따라서 갈등 역시 어느 사회나 존재한다. 민주주의의 원칙은 서로 다름을 인정하고 관용하는 것이다. 그것은 개인과 개인과의 관계에서도 적용되지만, 특히 국가와 큰 조직속의 개체간의 관계에서는 더욱 유념해야 한다.

지금 우리 사회는 배고픔의 문제와 배아픔의 문제가 혼재되어 있다. 배아픔의 문제는 시장도 정부도 해결할 수 있는 것이 아니다. 그것은 개인이 자기혁신을 통해서 시장 내에서 적응력을 가져야 하며 자본주의와 자유시장경제의 특성을 이해해야 한다.

우리는 민주주의 사회를 정착시키고 다방면에 걸친 개혁을 추진하여 화합과 관용의 정신을 바탕으로 갈등요소를 극복하고 더불어 사는 자세를 기르는 것이 매우 중요하다.

이러한 문제를 해결하기 위해서는 이해당사자들이 자율적으로 이익갈등을 해결할 수 있는 합의된 경쟁규칙을 확립해야 한다. 정부의 역할이 갈등의 당사자로부터 갈등해결의 규칙을 제정하고 집행하는 심판자로 바뀌어야 한다. 정부와 정치권은 국민으로부터 신뢰를 회복해야 한다. 이익집단의 정치참여와 이익집단을 보는 사회전반의 인식도 전환되는 것도 중요하다.

자율적인 분쟁해결 환경을 만들기 위해서는 다수결원칙의 준수와 정책전문성 제고를 통해 국회의 갈등조정기능을 강화해야 한다. 소수의 이익을 최대한 보호하는 방향으로 국회법을 개정해야 한다. 다수의 권리행사를 방해하는 제도적·문화적 장애물을 제거하는 것도 중요하다.

행정부의 정책조정기능을 강화하기 위해서는 조정권한도 관련부서에 위임해야 한다. 청와대에 집중되어 있는 실질적인 조정권한을 국무회의, 분야별 장관회의, 국무총리실(조정실) 등에 대폭 이양하는 것이 바람직할 것이다. 정부는 또한 법에 의한 갈등조정을 최상의 조정원칙으로 설정하여 이를 일관되게 추진해야 한다.

자율적인 갈등해소에 적합한 가치관과 인식의 범사회적인 정착이 중요하다. 우선 정부는 신뢰를 회복해야 하고, 국민의 인식은 전환되어야 한다. 국민들이 갈등을 조정하려는 정부의 노력을 적극적으로 지지하는 자세를 견지해야 할 것이다.

비공식 중재자로서의 전문가와 언론의 책임도 요구된다. 명분보다는 실천적 자세로 이해갈등 문제를 접근하고 대안을 제시하지 못하는 비판은 가능한 자제해야 할 것이다.

정부는 미래 국가발전차원에서 최근의 국론분열과 갈등 양상을 조기에 수습하고 화합의 정치를 구현하려는 의지를 보여줘야 한다. 그러한 의지의 핵심은 국민을 껴안는 일이다. 적과 아군이라는 이분법적 논리로는 화합과 통합을 이룰 수 없다.

이렇게 갈등이 증폭된 것은 민주화로 인하여 국민들의 요구는 폭발적으로 상승하는 데 비하여 국가가 이러한 욕구를 충족시켜주지 못하여 기대와 현실 사이에 존재하는 괴리감이 크기 때문이다. 우리사회가 현재의 분열과 상처를 치유하고 일류국가로 나가기 위해서는 시민의식이 선진화되어야 한다. 각종 시민단체들이 본연의 역할을 수행하는 것도 중요하다.

우리 사회는 단기적으로 대립현상이 지속될 것이다. 그러나 궁극적으로는 융합과 공존의 단계로 이행될 것이다. 그 이유는 국민의식 수준의 향상, 타협존중 妥協尊重, Positive Sum 사회로의 지향, 정치의 민주화와 경제민주화의 상호 연계 및 권위주의적 세력의 쇠퇴 등을 들 수 있을 것이다.

우리는 이제 분열과 갈등을 넘어 통합의 길을 열어 나가야 한다. 사회

통합의 리더십 발현 없이 지속적인 발전을 기대할 수는 없다. 산업화 시대의 경륜과 민주화 시대의 패기를 함께 모아 일류화 세력으로 결속시켜 나가는 리더십이 절실하다. 이제는 열린 마음으로 서로를 칭찬하는 문화, 그래서 희망과 활력이 샘솟는 사회를 함께 만들어 가야 할 때이다. 서로 칭찬하고 사회적 약자에 대한 배려가 많은 나라, 퇴직 후 자선활동을 하는 사람이 많은 나라가 진정한 일류국가라고 할 수 있다. 격려와 칭찬의 문화를 만들어가야 한다. 잘하는 사람을 칭찬해 주고 다소 실수를 해도 격려해 주며, 사회적으로 많은 역할모델을 만들어야 한다. 이런 기운이 가정, 학교, 직장에 넘치면 정이 솟고 시너지와 신바람이 넘친다. 칭찬은 고래도 춤추게 한다고 하지 않던가.

정부는 빈곤, 소외계층 지원에 대한 복지정책을 성장을 해치지 않는 범위 안에서 효율적으로 시행하여야 한다. 그리고 대기업과 부유층들이 자발적으로 나눔을 실천할 수 있는 여건을 조성해야 한다. 배려와 나눔은 곧 자신의 기쁨이라고 느낄 수 있는 분위기가 중요하다.

자원봉사는 건전한 시민정신을 기초로 공동체 내에서 발생하는 문제의 해결을 정부에게만 맡겨두지 않고, 공동체 구성원의 적극적인 참여와 봉사를 통하여 해결하게 한다. 자원봉사는 정부의 인력을 절감하고 공공재정을 절약하는 데 큰 기여를 한다. 정부의 다른 어떤 정책보다도 공동체의 활력을 회복하는데 효과적이다.

우리 조국이 세계 일류국가가 되기 위해서는 남북한은 물론 세계 다른 문화와 문명의 다양성을 인정하고 포용하면서 상생의 문화와 공존의 틀을 마련해야 한다.

한국인에게는 무언가가 있다. 한번 분위기를 타면 한국인은 무서워진다. 한국인은 백의민족이라는 상징 속에 숨겨진 콤플렉스와 결별하고,

붉은 악마라는 자신감과 감격스러운 해후를 했다. 그러한 자신감을 갖고 이웃을 배려하고 나누며 살아가야 한다. 나눔과 배려가 풍부한 포용의 열린사회가 바로 희망차고 행복한 사회이다. '소통', '화합'과 '통섭'은 행복한 사회의 전제조건이다.

자랑스럽고 즐겁고 보람된 한국인이 되자! 

한국인은 자신들이 이룩한 것이 얼마나 대단한지를 모르는 유일한 민족이라는 유머가 있다. 우리는 지난 반세기 동안 산업화와 정보화 그리고 민주화를 이루어 최빈국에서 선진국의 문턱에 이른 지구상의 유일한 민족인데도 불구하고 자신들의 성취를 낮춰보고 역사를 비판하고 영웅을 만들지 못하고 있다. 이렇게 자부심이 부족한 사회는 외부로부터의 비판에 자유롭지 못하다. 구성원 상호간에도 서로를 너그럽게 이해하려는 관용과 타협심이 부족하다.

한국인은 자랑스럽고 보람되게 살 권리가 있다. 지난 반세기 동안 우리처럼 열심히 노력한 국민은 찾아보기 힘들다. 우리는 이러한 땀의 결과로 '한강의 기적'을 넘어 G20의 대열에 우뚝 서 있다.

한국인은 대한민국 건국 이후 이루어 놓은 업적에 대해 스스로 자랑스럽게 생각해야 한다. 우리는 유사 이래 처음 맞는 경제적 풍요와 문화의 전성기를 보람을 갖고 즐겨야 한다. 우리 민족 특유의 신바람문화를 살려 경제위기를 슬기롭게 극복해야 하고, 이러한 동력으로 일류국가건설을 위해 매진해야 한다.

세계에서 노동시간이 가장 긴 한국인은 제대로 쉴 줄도 놀 줄도 알아야 한다. 그래야 심신이 평화롭고 행복을 느낀다. 마음속에서 선의와 배려심이 나온다. 한국인에게는 '노세노세 젊어서 노세'를 외치며 풍류 가무를 즐기는 '베짱이기질'이 있다. 이 기질을 잘 살리면 휴식의 기쁨과 행복, 안정감과 활력을 찾을 수 있다.

한국인은 인연을 중시하고 정을 소중히 여긴다. 한국적 인간관계의 모습에서 아름다움을 찾고 즐거움을 느낀다. 따라서 한국인 고유의 '정情문화'를 살려 확산시킬 필요가 있다. 대한민국은 오래전부터 '이웃사촌'이라는 한국적 상부상조의 풍습을 통해 남남끼리 서로 가깝게 돕고 살면서 보람과 행복을 느껴왔다. 최근 일본지진 때 보여준 우리의 모습처럼 나눔을 통해 아파트 문화로 붕괴된 '이웃사촌'의 개념을 복원토록 해야 한다.

대한민국은 공동체적 가치를 상실하고 있다. 입시위주의 일방적인 학교교육, 가부장제의 붕괴에 따른 가정교육의 제한과 극한적인 이기주의에 따른 사회교육의 어려움 등이 함께 작용하고 있다. 가치가 상실되면 그 구성원은 보람과 자긍심을 느끼지 못한다. 이를 회복하기 위한 다양한 전략이 필요하다. 보람된 국민으로 살기 위해서는 현재 만들어진 제도가 평범한 국민들의 삶의 질의 보장과 보호의 기능을 수행할 수 있도록 내실을 갖추어 가는 것이 우선되어야 한다. 왜냐하면 평범한 국민이 진정으로 바라는 것은 하루하루에 벌이가 나아지고, 고된 일과 후에 편안하게 쉴 수 있고, 안정된 보금자리에서 가족들과 함께 화목하게 지내는 생활이다. 서민들이 원하는 것은 무슨 거창한 정치개혁의 구호가 아니다. 향상된 삶의 질을 통해 한국인으로서 긍지를 느끼며 즐겁고 보람되게 사는 것이다.

대한민국은 민주주의를 추구하는 나라다. 우리는 가능한 전 국민이 골고루 자랑스럽고 즐겁게 살 수 있는 나라를 추구한다. 이를 실현하기 위해서는 계층, 이데올로기와 국경을 넘어 국익이 더 중요하다는 데 공감대를 형성해야 한다. 그리고 가족의 가치를 중시하는 여건을 조성하여 사회의 기초질서 단위로서 '개인'과 '가족'의 가치를 동등하게 중시하는 분위기를 조성해 나가야 할 것이다. 인간성 회복운동의 전개로 가진 자가 소유하고 있는 가치를 사회에 자발적으로 환원함으로써 상호 인간성을 존중하는 분위기를 확산시켜야 한다.

우리 모두는 자랑스럽고 보람된 국민이 되고 싶어 한다. 긍지와 자랑스러움은 잘사는 순이 아니다. 정부는 국민들이 그동안 이룬 것에 대해 긍지를 느낄 수 있도록 분위기를 조성해야 한다. 자랑스럽고 보람된 한국인 상이 정립될 수 있도록 지혜로운 리더십과 능력 있는 리더십이 절실한 상황이다.

우리는 그동안 우리가 이루어놓은 성과에 대해 긍지와 자부심을 가져야 한다. 그리고 이를 향유할 여유도 갖고 즐길 수 있어야 한다. 우리 민족 특유의 신바람문화를 살려, 그 동력으로 희망찬 조국 일류국가를 건설해야 한다.

지혜롭고 건강한
우리들이 나라의 주인이다!

대한민국은 지금까지 지식기술자 양성에 치중해왔다. 교육이 아니라 훈련을, 지혜가 아니라 지식을 쌓고, 시험 보는 기술을 배양하는 데 교

육이 집중되었다. 암기하고 모방하는 능력은 중시되고 창조적인 사고
능력은 중요하지 않은 것으로 간주되었다. 주입된 지식은 창의적 · 생산
적인 지식으로 전환되지 않는다. 창조하는 사람이 인류를 선도하고 시
대를 이끌어 가는 것이며, 우리가 필요로 하는 인재도 바로 이런 사람들
이다. 지식은 지혜를 기르기 위해 필요한 것이고, 지혜는 창조력을 뒷받
침하는 것이다. 따라서 과학에서 기초과학이 중요하듯 청소년기의 교육
에서는 인본주의 즉 '인간다움'을 존중하는 폭넓은 범위의 교육이 중요
하다.

지식기반사회의 지식은 창의적인 지식 즉 지혜를 말한다. 우리의 교
육목표는 창의력을 계발하고 논리적인 사고를 할 줄 아는 지혜로운 인간
을 길러야 한다. 주어진 내용만을 무비판적으로 컴퓨터처럼 기억하였다
가 시험지에 그대로 쓰는 입시기계들을 길러내서는 안 된다. 한국에서
지식사회의 역사는 매우 깊다. 학문과 교양을 주요한 덕목으로 삼은 유
교문화와 선비정신의 전통이 뿌리 깊게 자리를 잡고 있기 때문이다.

조선시대의 이상적인 삶의 모습에는 두 가지가 있었다. 하나는 입신
출세立身出世하여 가문의 영광을 높이는 것이었다. 입신출세는 국가의 공
무원, 즉 목민관牧民官이 되는 것을 의미한다. 또 다른 이상적인 삶의 모
습은 소위 신선처럼 사는 것이었다. 입신출세는 유교의 영향을 받은 것
으로 판단된다. 신선과 같은 삶이란 도교의 영향을 받은 듯하다. 그러나
양자에 모두 노동기피적인, 특히 육체노동을 피하려는 의식이 내재되어
있다. 둘 다 노동친화적인 삶의 모습은 결코 아니다. 즉 우리나라에는
전통적으로 노동기피 문화, 노동경시 문화가 자리 잡고 있었다. 그래서
생계유지 등 불가피한 경우에만 노동을 하는 것으로 되어 있었다. '3D
현상'은 우리의 전형적인 노동기피현상의 하나이다. 이러한 노동 기피

내지 노동 경시 문화도 개선되어야 한다. 사실 모든 부와 가치는 노동에서 오는데 노동을 경시하면서 어떻게 개인과 나라의 발전이나 기술입국을 기대하고, 국가경쟁력의 제고를 이야기할 수 있을까? 노동을 경시하면 건강한 직업윤리가 나올 수 없다. 건강한 직업윤리 없이 우리가 과연 일류사회를 건설할 수 있겠는가? 유럽이나 일본 같은 선진국에서는 노동이 단순한 생계 수단이 아니었다. 노동이 종교적이고 정신적인 가치와 의미를 가진 성스럽고 귀중한 활동이었다. 이러한 노동철학과 직업관을 가진 나라는 노동자 개개인도 행복하지만 나라가 경제적으로 발전하지 않을 수 없다. 그리고 반드시 선진국이 되지 않을 수 없다.

대한민국 사회구조의 문제점은 사회 전반의 불신현상으로 대표된다. 물론 어느 사회에나 마찬가지로 우리 사회에도 신뢰가 존재한다. 그러나 혈연, 지연, 학연 등과 같은 낮은 수준의 인적 연결망에 대한 신뢰가 지배적이다. 제도화된 공적 신뢰는 낮다. 기본적으로 시장에서 교환되는 공개된 정보의 신뢰성이 낮은 상태에서는 개인적인 연줄에 의존할 수밖에 없다. 제도의 수준이 취약하기 때문에 사적 신뢰가 공적 신뢰를 대체하였다. 이 과정에서 경제적 효율의 상실, 불공정한 경쟁의 확산 등 부작용을 양산시키고 있다. 경제위기의 원인으로 지목받는 정경유착이나 도덕적 해이 같은 현상도 공적 신뢰가 제도적으로 구축되지 못한 상태에서 촉발된 병폐라 할 수 있다.

우리 사회의 폐쇄적인 연줄망을 해체하고 이를 열린 연결망으로 전환시키기 위한 전략이 필요하다. 닫힌 연줄망은 정보의 흐름을 왜곡시키고 구성원에게 특혜를 주게 된다. 거래비용은 줄어들지 모르지만, 외부와의 갈등을 초래하여 궁극적으로 사회적 조정비용이 증가하게 된다. 서구로부터 비판받고 있는 대한민국의 학연, 지연, 혈연에 의한 연고자본주의의 폐해가 대표적이다. 사회적 자본과 네트워크는 공적 제도에 대한 국민들의 신뢰가 높을 때 형성된다. 이를 바꾸는 전략의 핵심 조건은 '신뢰'이다.

이를 위해서는 법과 제도의 개선과 우리의 의식과 문화를 개조하기 위한 끈질긴 노력이 필요하다. 정보화시대는 개인의 자율성에 기초한 생산성이 핵심적인 요소로 작용한다. 따라서 전문성과 창조성을 갖춘 인재육성에 노력을 집중해야 한다. 계층 간의 격차를 완화해야 하고 사회구성원 모두가 인간다운 삶을 누릴 수 있는 사회적 환경을 만들어야 한다. 정보화시대에 능동적으로 대처할 수 있는 교육과 문화적 환경을 조성해야 한다. 사회적 갈등을 민주적이고 생산적으로 해결할 수 있는 여건을 조성하는 것도 중요하다.

이러한 의식 및 제도개혁의 성공은 그 효과가 사회의 각 부문에 깊이 자리 잡아 체계화되었을 때 가능할 것이다. 일류사회가 되기 위해서는 제도적인 개혁과 사회구성원들의 의식개혁을 동시에 추진해야 한다. 이를 위해 우리가 역점을 두어야 할 사항은 시민들의 긍정적인 자아의식의 확립과 건전한 공동체 의식의 확산, 도덕의식의 강조 등을 통한 장기적인 관점에서의 의식개혁운동이다. 이를 위한 언론매체의 순기능이 더욱 요구된다고 할 것이다.

대한민국의 국민교육은 위기상황이다. 조기유학 및 교육이민의 급증과 과열과외 등의 탈학교화가 급격히 확산되고 있다. 이것은 근본적으로 우리 학교의 내용과 질이 야기한 문제로서 학생이나 학부모들이 학교에서 제공하는 교육서비스에 만족하지 못하기 때문에 생기는 이상 현상이다. 아이들은 아이들대로 가정에서 가족과 함께할 시간이 없고 놀이문화도 기대할 수 없다. 자신만의 가치관과 꿈을 키워야 할 성장기를 끊임없는 주입식 과외 속에서 보내고 있는 것이다.

그러다 보니 우리의 자식들은 세계화 시대에 세계를 보는 눈을 제대로 뜰 수가 없다. 국가를 위해 무엇을 할 것인가를 제대로 알지 못한다. 과거를 되돌아보며 미래를 예측하는 능력을 갖추지 못하고 있다.

초·중·고등학교의 학교활동은 인간성 배양과 가치관 확립, 인격교육, 개성에 따른 특성화교육 등 교육본연의 업무에 보다 내실을 기할 수 있도록 해야 한다. 대학마다 독특하고 특징적인 입학전형방법을 도입하고, 다양한 학생층을 유치하여 학교수업과 기타 활동을 통해 올바른 세계관과 국가관을 심어주는 노력을 강화해야 한다.

우리는 대한민국의 국민으로서 우리의 역사를 바르게 바라볼 수 있는 소양을 갖추어야 한다. 올바른 세계관은 균형적인 국가관과 역사관의 정립에서부터 시작되어야 한다. '식민지사관植民地史觀'도 문제지만 좌·우 한쪽에 너무 편향적인 역사관도 시정되어야 한다. 균형적이고 합리적인 시각을 가지고 세계와 우리 내부를 바라보는 국민들이 많을수록 그 국가는 건전한 발전을 지속할 수 있다.

국가는 통일이후를 바라보는 장기적인 안목을 갖고 국민들이 올바른 세계관과 국가관 및 역사관을 갖추어 지혜의 눈으로 균형 있고 창의적으로 미래를 투시할 수 있도록 교육을 실시해야 한다. 세계시민교육, 민주시민교육, 인성교육과 우리 역사교육 등에 대한 교육투자는 국가전략 차원에서 수행해야 할 핵심과제이다.

우리는 불확실성 시대에 살고 있다. 지식정보의 빠른 발전을 인간들이 따라잡기 힘들어진다. 인성은 거칠어지고 인간의 소외감은 더욱 증폭될 수 있다. 우리 사회에 자살자가 증가하고 있다. 정신건강을 해치는 요소들이 범람하고 있다. 컴퓨터에 집단 자살사이트가 버젓이 활개치고 있다. 세계 최고 수준이다. 프란츠 카프카Franz Kafka의 소설 『변신Die Verwandelung』에 나오는 주인공 '그레고르' 처럼 소외된 사람들이 우울증을 겪고 있다. 특히 정신 건강의 중요성이 증대된다. 정신이 건강해야 육체도 건강해진다. 전체 국민의 삶의 질을 제고할 수 있도록 지식과 지혜를 결합하는 '지혜기반의 미래사회'를 만들어야 한다. 지혜롭고 건강한 국민을 만드는 것은 일류국가를 지향하는 국가의 시대적인 과제이다. 정신이 건강해야 육체도 건강해진다. 국민이 건강해야 나라도 건강해진다.

전통과 가치를 계승 발전시키자! 

우리는 문화의 시대, 연성국력의 시대에 살고 있다. 따라서 전통의 발굴과 가치의 계승은 일류국가 건설이라는 국가목표 달성을 위해 집중적으로 투자되어야 하는 핵심 분야이다.

지식정보화 시대에는 안보강국, 경제강국 뿐만 아니라 지식강국, 문화강국이라야 생존할 수 있다. 그래야 남북통일도 달성하고 세계의 번영발전을 주도할 수 있다. 따라서 우리는 안보와 번영의 무대와 함께 지식과 문화의 무대에도 통합적인 그물망을 쳐야 할 것이다. 우리는 전통적 가치에 뿌리내린 민족혼과 우수한 전통을 바탕으로 세계의 사상을 융합·발전시키면서 도약할 때 진정한 일류국가가 될 수 있을 것이다.

세계화시대에는 우선 우리 스스로의 정체성이 확립되어야 한다. 우리의 정체성은 전통과 가치에서 나온다. 따라서 민족혼과 민족문화의 전통을 계승하면서 시대정신을 아우르는 방향으로 이를 발전시켜야 한다. 우리 사회 내부에서부터 서로의 입장을 존중하고 합의를 도출해 나가는 공존의 전통과 가치의 창출 노력이 필요하다. 즉 국민의 공동체의식을 함양하여 국민의 일체감과 동질성을 갖는 전통과 가치를 계승 발전시키는 노력이 요구된다. 대한민국의 전통과 가치가 올바로 정립되지 않으면 이질문화에 쉽게 동화되거나 사상적인 혼란에 빠져 주체성을 상실하게 될 것이다.

우리 조국의 핵심적인 이념과 가치는 홍익인간과 인본주의로 집약할 수 있을 것이다. 홍익인간弘益人間은 널리 인간세계를 이롭게 한다는 뜻으로, 국조國祖 단군檀君의 건국이념이다. 홍익인간은 이때부터 대한민국의 건국이념建國理念이 되었다. 1949년 대한민국 정부 수립 이후에는 민주헌법에 바탕을 둔 교육법의 기본정신이 되기도 하였다. 교육법 제1조에는 "교육은 홍익인간의 이념 아래 모든 국민으로 하여금 인격을 완성하고 자주적 생활능력과 공민으로서의 자질을 구비하게 하여 민주국가 발전에 봉사하며 인류 공영共榮의 이상 실현에 기여함을 목적으로 한다"고 규정되어 있다.

홍익인간의 정신은 민족적 정체성의 근거이며, 이러한 정체성을 자각하는 것이 바로 "나는 누구인가?"라는 물음에 답하는 자아 주체성의 확립이다. 또한 '인간 세상을 널리 이롭게 한다'는 명제는 우리가 도덕 실천을 해야 하는 당위성의 근거가 된다. 홍익인간의 현대적 의미로는 분단이라는 민족적 아픔을 겪고 있는 우리의 동질성과 화합을 이루는 데 중요한 철학적 의미를 준다. 홍익인간은 사람이 우주 전체를 마음에 담아 우주의 주인이 되어 지구를 포함한 우주 안의 삼라만상을 보듬고 가는 사람을 뜻한다. 따라서 급속히 세계화되는 과정에서 정체성을 상실

할 수 있는 불확실성 시대에 우리 민족에게 가장 적합하고 보편적인 기본이념이자 철학적 표현이 될 것이다.

인본주의人本主義란 인간이 소유하고 있는 인간의 존엄과 가치가 존중되어야 함을 의미한다. 인간존엄성의 실현을 위해서는 인류가 근대국가의 발전과 함께 추구해 온 자유, 평등, 복지라는 보편적이며 핵심적인 가치 구현이 중요하다. 일류국가는 근본적으로 인류역사에서 보편적으로 추구해 온 기본가치들이 구현되는 체제가 되어야 한다. 대한민국의 이념체계는 무엇보다 인간존엄성 보장이란 기본가치의 추구에서 출발해야 한다.

미래의 대한민국에서 우리가 추구할 핵심적 가치는 인간의 존엄성을 보장하면서 인간다운 삶을 구현하는 것이다. 인간다운 삶을 보장하는 원리는 남북한 간 이념과 체제를 뛰어넘은 민족공동체 의식을 바탕으로 인권의 보장, 공정한 배분, 지역과 계층 간의 갈등 해소 등이 전제되어야 한다. 즉 인간의 존엄성에 대한 정신적인 만족과 인간다운 삶을 누릴 수 있는 물질적 조건의 보장이 필요하다. 또한 분단의식으로 인한 왜곡된 삶의 모습도 개선되어야 한다. 우리가 북한주민의 인권보장을 지속적으로 거론할 수 있는 것도 바로 인간의 존엄성에 대한 권리를 바탕으로 하고 있다.

인간의 존엄성에 대한 평등한 권리가 존중되는 기본조건 위에서, 남북이 서로 교류·협력하면서 자유롭게 살아가는 터전을 만들어 나가는 것이 우리가 추구하는 평화통일의 목표이다. 남과 북이 서로 이질적인 이념과 체제를 극복하여 하나가 되고자 하는 민족통합의 과업을 이루고자 한다면, 자유와 평등의 양대 가치의 조화를 극대화시키면서 인간적인 삶의 질을 보장하도록 노력해야 한다.

예로부터 우리 사회는 학문을 숭상하고 학벌과 문벌을 중시하는 풍토가 강했다. 이런 전통은 기원 후 한반도에 농경문화가 정착되고 중국으로부터 유교문화가 전파되면서 형성되기 시작한 것이다. 지금 이 순간까지도 우리의 교육열은 타의 추종을 불허한다. 인仁과 예禮를 중시하는 유교사상은 충忠과 효孝, 지식과 덕망, 예의범절, 원칙과 양심, 규범과 도덕 등을 가르쳐왔다. 이러한 전통은 지금까지도 우리에게 큰 영향을 미치고 있다.

충 · 효 · 예 정신은 우리 민족 고유의 아름다운 정신이다. 한국적인 전통가치를 말하라면 충 · 효 · 예라 할 수도 있을 것이다.[104) 국가윤리, 가정윤리, 사회윤리를 뜻하는 충 · 효 · 예는 글자에 그 뜻이 잘 나타나 있다. 즉 충의 본질은 직분충실과 나라사랑을 의미한다. 효는 부모로부터 받는 사랑을 되갚기 위해 부모를 생각하고, 부모의 뜻을 따르며, 봉양하는 것을 의미한다. 예는 하늘의 순리에 따르는 의미로 조화와 질서, 사랑의 실천과 상대방에 대한 존중과 배려를 의미한다. 즉 역지사지易地思之적 관점에서 상대방의 마음이 편안하도록 자기의 도리를 다하는 것을 의미한다.

바로 여기서 선비정신이 생겨났다. 무릇 학문과 덕을 겸비한 선비란 백성을 사랑하고 대의를 위해서는 일신의 생명도 초개같이 버릴 줄 아는 이상적 인간의 전형으로 여겨져 왔다. 덕분에 선비정신은 '시대적 양심', '푸른 소나무 같은 기상', '대쪽 같은 지조'로 구현되어 왔다. 이는 '대한민국이 동아시아 문명과 사상의 중심'이라는 지적 자부심을 가져다주었을 뿐 아니라, 임진왜란 등 국난 때는 의병항쟁 등 순국정신殉國精神으로 나타났다.

아무리 지식정보화시대, 우주시대라 해도 변하지 말아야 할 것이 있

다. 국가의 가장 근본이 되는 국가의 이념과 가치를 바탕으로 하여 충·
효·예의 전통을 이어가면서 자유민주주의에 걸맞은 새 가치관과 질서
를 확립하는 것이다. 우리 가정, 학교와 사회에서 충과 효 그리고 예의
실천을 강조하고 있는 자체가 국가 정통성의 상징이라 하겠다. 외국인
들이 우리의 전통적 가치와 관습 중에서 가장 부러워하는 것이 바로
충·효·예 정신이다.

세계화·지식정보화 시대에는 인간 소외현상이 더욱 가시화될 것이
다. 가정의 붕괴현상도 더욱 가속화될 수 있다. 혼란스런 불확실성의 사
회 속에서 인간답게 살기 위해서는 충·효·예의 본질이 구현되는 공동
체를 만들어 가야 한다. 우리가 홍익인간과 인본주의에 뿌리를 두고
충·효·예를 실천한다면 일류국가의 선진시민으로서의 역할과 사명을
다할 수 있다.

우리는 음식에서 '신토불이身土不二'를 찾는다. 토종은 엄청 비싸다. 그
맛깔스러움과 가치를 인정하기 때문이다. 이제는 우리의 전통과 관습에
서 신토불이를 찾아야 할 때이다.

세계를 향해
신바람을 일으키자!

우리 민족에게는 특유의 신바람의 문화가 내재되어 있다. 대한민국은
산업화를 이루는 과정에서 압축성장을 달성하였고, 특유의 신바람 정신
을 발휘하며 역동적인 사회문화를 조성하였다.

1960년대까지 대한민국은 국민의 3분의 2 이상이 하루 세끼를 못 먹

던 시절이라 굶주림으로부터 벗어나는 것이 최상의 꿈이었다. 박정희 정부는 하루빨리 게으름과 빈곤을 추방하고 근대화를 이룩한다는 목표를 세우고 국민들을 '빨리빨리 정신'으로 거세게 몰아붙였다. 예를 들어 1965년의 국민구호는 '올해는 일하는 해'였고, 1966년은 '더 일하는 해'였다. 그뿐 아니라 경부고속도로의 공사구호 자체가 '빨리빨리'였다.

한강의 기적을 낳은 정신은 '하면 된다'라는 자신감이었다. 이를 실현하기 위한 행동수칙 1호는 '빨리빨리'였다. 대한민국의 빨리빨리 문화는 1960년대의 절대빈곤에서 탈출하기 위한 부득이한 생존술이었다. 고도성장을 달성하려는 스피드 경영이었다. 나태한 대한민국을 바로세우겠다는 개혁운동이었다.[105) 빨리빨리는 기선을 제압하고 목표를 선점하는 병법의 근원이요, 속도전이었다. 최근의 한국 대기업들의 발 빠른 세계화를 '징기스칸식 스피드경영'으로 부르는 것도 비슷한 맥락이다.[106)

우리가 내걸고 있는 "Dynamic Korea!"는 산업화 시대를 살아온 한국인에게 걸맞는 구호이다. 한국인처럼 틀에 매이는 것을 싫어하는 국민도 드물다. 거칠 것 없고, 두려울 게 별로 없는 것이 한국인들이다. 우리에게 하늘은 두려움의 대상이기 이전에 우리를 '보우하는 존재'였다. 나라는 벌을 내리기보다 상을 내리는 '부모 같은 존재'이기에 한국인의 기가 신바람으로 표출된 것이다. 누구나 다 열심히 뛰기만 하면 못 이룰 게 없다는 것이 한국인의 파토스Pathos가 되고, '빨리빨리'가 대한민국의 트레이드마크가 된 까닭이 여기에 있다.

이렇게 '빨리빨리'를 앞세운 개발연대 패러다임이 성공할 수 있었던 것은 그 내부에 철저한 경쟁원리가 내재하고 있었기 때문이다. 개발연대 패러다임의 핵심은 한마디로 "정부는 스스로 노력하는 자만을 돕는다"는 철학이었다. 바로 이러한 경쟁원리의 적용이 당시 대한민국 국민 대다수를 발전의 정신을 가진 경제주체로 변신시킬 수 있었다고 볼 수 있다. '하면 된다', '빨리빨리' 라는 발전의 정신이야말로 경쟁원리의 산물이었던 것이다.

한국사회의 이러한 역동성은 민주화시대에 안착한 이후 많이 둔화되었다. 열심히 일하는 대신 빈곤을 정부가 뒤를 돌봐주지 않아 생겼다고 생각하는 집단이 늘어났다. 자기의 빈곤이 타인의 책임인 것처럼 불평을 늘어놓는 복지족들이 늘어가고 있다.

냄비근성도 빨리빨리 문화와 함께 정착된 우리의 특성 중 하나이다. 확 불붙고 순간적으로 달아오르는 에너지나 애국심을 잘못 다루면 난폭하고 부정적인 면으로 표출될 수도 있다. 반면, 잘 활용하면 특유의 신바람이나 흥으로 결집돼 역동적이고 자발적인 에너지로 활용할 수 있다.[107]

대한민국이 역동적인 사회를 유지하기 위해서는 기술혁신과 지식창출을 통한 지속적인 경제성장이 뒷받침되어야 한다. 그러나 우리의 경우에는 개인과 조직 차원에서 새로운 지식과 아이디어, 노하우를 창출하는 역량이 아직도 부족하다. 국가혁신의 아이디어를 생산하고 창조해야 할 싱크탱크의 역할도 미흡하다. 암기위주의 교육으로 창의적인 인재를 양성할 수 있는 기반이 부족하며 기술혁신과 지식창출에 대한 유인책도 미흡하다.

지식정보화와 디지털혁명이 가져다주는 기회를 잡기 위해서는 지속적인 기술발전과 지식창조를 이루어야 한다. 노동력이나 자본 등 요소투입에 의한 방법으로는 한계가 있다. 선진국 따라잡기 전략은 디지털

시대에서는 더 이상 유효하지 않다.

출산율 하락과 고령화 사회의 진입은 우리 사회의 역동성을 떨어뜨리는 또 다른 요인이 되고 있다. 출산율 하락은 사회 변동이라는 큰 틀에서 보면 21세기 후기 근대사회 삶의 패러다임이 바뀌어 가는 현상으로 봐야 한다. 농경사회에서 산업사회로 오면서 인간의 삶이 많이 바뀌었듯 후기 근대사회에서도 패러다임적 전환을 하고 있는 것이다. 그런 점에서 출산에 대한 사회적 대처는 인식의 전환과 '열린 사고'를 필요로 한다.

대한민국의 인구는 약 5000만 명 선에서 정점을 이룬 후 지속적으로 줄어들 것으로 예측되고 있다. 즉 생산인구의 감소로 국가 성장 동력이 급격히 떨어지게 된다. 출산율의 안정은 우리를 둘러싸고 있는 사회 문화적 조건들에 도전하고자 하는 의지 없이는 이뤄내기 어렵다. 아이를 낳고 기르고자 하는 성인 남녀, 양질의 노동력을 필요로 하는 기업, 국가의 번영을 꾀하는 정부 모두 안일한 사고에서 벗어나야 할 때다.

우리 민족에게는 특유의 신바람의 문화가 내재되어 있다. 상고시대 이래 우리 민족은 술을 좋아하고 '가무歌舞'에 능했다. 유목민족의 신바람기질은 농경정착 문화로 바뀌면서 해마다 가을 추수가 끝나면 질펀한 축제 문화를 만들어 냈다. 세계 어디를 돌아봐도 우리처럼 술과 노래를 좋아하고 잘하는 민족도 드물다. 일본에서 들어온 가라오케문화는 지난 수 십 년간 우리 사회의 놀이패턴을 바꿔버렸다. 한바탕 노래를 부르면 마음속 장막이 걷히면서 자신을 솔직하게 드러내고 재담과 유머를 발휘하며 흥겨움에 빠져든다. '신바람'으로 대별되는 한국인의 풍류, 가무 기질이 바로 우리 문화의 원동력이다.[108] 지금도 우리는 남사당패의 풍물이나 김덕수의 사물놀이에서 신명나는 우리만의 풍류를 즐길 수 있다.

풍류를 한 차원 더 높여 풍류도를 만들어 냈다. 노는 문화를 '도道'로 승격시킨 민족은 우리가 유일 할 것이다.

요즈음도 외국에 나가보면 외국인이 가장 잘 아는 한국어가 '빨리빨리' 다. 외국 음식점에서는 우리가 재촉하지 않았는데도 '빨리빨리' 드리겠다고 주인이 선수 친다. 아직도 우리나라만큼 역동적인 사회는 없다. 어려운 환경 속에서도 포기하지 않고 최선을 다해 살아가는 서민들이 있고, 세계 최고가 되겠다는 포부를 가진 기업·학교·정부가 있기에 비늘을 번쩍거리며 하늘로 비상하는 용처럼 앞으로도 발전할 것이다.

희망찬 국가가 되기 위해서는 국민의 행복지수가 높아져야 한다. 이를 위해서는 우리 민족 고유의 신바람이 불어야 한다. 한국의 에어컨이 세계에 바람을 일으키고 있다. 최고의 기술에다 친환경 상품이어서 선풍적인 인기다. 한국들이여! 에어컨에 뒤질 수 있는가? 또 한 번 신바람을 일으키며 세계를 휘젓고 신명나게 다녀보자! 세계를 향해 한국인의 신바람을 일으키자!

아름다운 나라에서 행복하게 살아보자!

대한민국은 세계에서 가장 아름다운 나라 중 하나이다. 산, 강, 호수, 들판이 한반도처럼 어우러진 나라도 드물다. 거기다 3면이 바다로 둘러싸여 있다. 4계절이 뚜렷하다. 세계를 여행하다 보면 우리 조국이 얼마나 아름다운지 실감할 수 있다. 선조들은 이를 금수강산으로 표현하였다. 세계의 수도 중에서 서울처럼 산과 강과 도시가 잘 어우러진 도시는 찾아보기 힘들다. 앞으로 조금만 환경을 잘 가꾼다면 스위스에 버금가는 진짜 금수강산이 될 것이다. 우리는 이 아름다운 나라에 자긍심을 갖고 더욱 깨끗한 환경을 가꾸어 나가야 한다.

세계는 요즈음 행복열풍이다. 하버드대학에서는 '행복학' 강의가 최고의 인기 강좌로 떠올랐다. 사람을 행복하게 만드는 과학적 연구성과를 마케팅에 도입한 '행복마케팅'이 급부상하고 있다. 심리학, 의학, 사회학 분야에서도 다양한 조사와 실험을 통해 행복의 이론적 근거를 밝히려 하고 있다. 실험결과에 따르면 '행복'은 우리가 일반적으로 알고 있는 것과 많은 차이를 보이고 있다. 행복은 멀고 추상적인 것이 아니라 운전이나 자전거 타기처럼 배울 수 있는 기술이며 실제로 측정 가능하다는 것이다. 행복은 습관이고 연습할수록 커질 수 있기 때문이다.

대한민국의 성장에 대해 세계는 '기적'이란 말을 붙인다. 그들은 한국인이 충분히 행복할 자격이 있다고 생각한다. 그런데도 여러 조사에서 한국인은 세계에서 가장 불행한 사람들의 하나로 나타나 있다. 2008년 영국의 한 대학이 건강, 재산과 교육 등을 합해 조사한 '행복 지도'에서 한국은 102위에 그쳤다. 영국에서 나온 2005년판 행복지수에서도 조사 대상 70개국 가운데 40위에 그쳤다. 1인당 소득이 1000불도 안 되는 스리랑카와 방글라데시에도 미치지 않을 만큼 우리사회는 행복하지 못하다는 의미다. 한국인의 자살율이 하루 평균 35명으로 OECD국가 중 1위라는 통계나 이혼율이 세계 2위로 선진국형으로 가속화하는 현실은 우리를 슬프게 하고 있다. 자살과 이혼은 단지 본인의 불행으로만 그치는 것이 아니라 주변사람에게 심각한 영향을 주는 사회병리 현상이라고 할 수 있다. 최근 출산율은 1.2 미만으로 세계 꼴찌 중 하나이다. 왜 이런 현상이 나타난 것일까?

한국인의 행복도가 최하위권인 것은 너무 빠른 경제 성장 과정에서 발생한 긴 근무시간, 물질에의 집착, 남과의 비교 등 부작용을 털어내지 못한 탓이 크다. 조선일보가 2010년 행복조건을 조사한 결과 한국인을 불행하게 만드는 것은 '재물에 대한 집착'인 것으로 나타났다. 행복을 연구하는 학자들은 돈에 목을 매는 인간의 심리가 러닝머신 위에서 달리는 것과 흡사하다고 분석한다. 아무리 돈을 많이 벌어도, 더 큰 만족감을 위해선 더욱더 많은 물질을 필요로 하게 된다는 것이다.

지난 반세기 동안의 근대화와 성장과정에서 대한민국은 성장 위주의 가치관을 강조하여 분배문제를 소홀히 하였다. 그로 인해 발생된 계층 간의 빈부차이는 사회의 안녕과 질서를 해치는 심각한 불안요인으로 작용하고 있다.

대한민국이 이룩한 대기록 중 하나는 고도성장 속에서도 소득 불평등을 꾸준히 개선해 왔다는 점이다. 지금도 일부에서는 '성장이냐 분배냐'를 좋고 논란을 벌이지만 적어도 대한민국은 성장과 분배라는 두 마리 토끼를 잡은 몇 안 되는 나라로 꼽힌다.

그럼에도 불구하고 일부에서는 우리의 경제성장 역사를 '분배를 도외시한 성장 일변도'라거나 '부익부 빈익빈의 과정'으로 평가한다. 이러한 주장이 우리 사회에서 통하고 있는 저변에는 우리 사회의 구조적 모순도 있지만, 무엇보다 한국인의 강한 시기심과 경쟁심 그리고 욕심이 도사리고 있다. 쉽게 말해 나보다 더 잘 된 사람이 미운 것이다.

통상적으로 인간은 아래를 보면서 '내가 더 잘사네'라고 만족하기보다 위를 보면서 '내가 더 못사네'라며 불만족스러워한다. 특히 한국인은 평등주의자다. 그러면서도 우리는 평등을 원하지도 않는다. 오히려 남보다 내가 앞서야 직성이 풀린다. 우리는 누구보다도 경쟁심이 강하다.

성취욕이 높으며 시기심이 많다. 우리는 배고픈 것은 참아도 배 아픈 것은 못 참는다. 사촌이 땅을 사면 나도 땅을 사야 직성이 풀린다. 옆집 아이가 미국으로 조기유학을 갔다는 소식을 접하면, 우리 아이의 미국유학도 심각하게 생각해본다. 어떤 골프채가 좋다고 하면 멀쩡한 골프채를 놔두고 신형 골프채를 사들고 필드에 나가야 한다. 옆집이 차를 신형으로 바꾸면, 우리도 신형으로 바꿔야 한다. 그렇지 않으면 괜히 꿀리는 것 같은 생각이 든다. 여기에는 남에게 지기 싫어하는 한국인의 심리가 동인 역할을 한다. 한국인은 물질에 대한 이중 기준도 가지고 있다. 행복하기 위해 돈을 많이 벌고 싶지만 부자는 아니꼽다는 의식을 갖고 있다. 이러한 현상이 한국인을 불만의 늪에 빠뜨려 행복을 저해하는 요소로 작용하고 있다.

이에 대해 한 외국 학자는 "한국인은 자신을 다른 사회 구성원과 끊임없이 비교해 남을 이기는 것이 행복해지는 길이라 생각한다"고 말한다. 무엇보다 너무 뛰어난 사람을 그냥 보아 넘기지 않는다. '모난 돌이 정 맞는다' 는 말도 이래서 나왔다. 자신이 항해하고 있는 배를 제외한 모든 배는 낭만적으로 보이게 되어 있다. 고귀한 인물은 쉽게 자신의 운명을 한탄하지 않는다. 우리는 상대적인 박탈감이나 배아픔을 이겨내야 한다. 행복이란 남과 비교해서 찾는 것이 아니다. 스스로 만족할 수 있는 것이 중요하다.

한국인은 돈에 대한 집착이 강하다. 무엇보다 '돈이 있어야 행복하다' 고 믿는다. 한국인은 물질주의 가치관이 무척 높다. 잉글하트의 '세계 가치관 조사' 에 따르면 한국인의 물질우선주의는 미국인의 3배, 일본인의 2배에 달한다. 일부 연구는 돈이 행복에 중요한 역할을 한다고 보고하였다. 찰스 디킨스Charles John Huffam Dickens는 일찍이 돈과 행복의 상대성을 간파하였다. 그는 「데이비드 코퍼필드」에서 "1년 소득이 20파운드이고 지출이 19파운드 6펜스면 행복한 사람이고, 1년 소득이 20파운드인데 지출이 20파운드 6펜스면 불행한 사람"이라고 말하고 있다. 행복계량학파는 돈과 행복이 꼭 비례하지는 않는다는 것을 과학적으로 연구하였다. 그중 선도자 격인 에드 디너 Ed Diener 교수는 2004년 포브스가 뽑은 미국 400대 부호와 인터뷰를 하였다. 응답을 7점 만점으로 계량화한 결과 부호들의 행복지수는 5.8, 얼어붙은 땅 그린란드의 이누이트족이나 케냐 사막의 유목민족 마사이족과 같은 수준이었다. 한국인의 1인당 국민소득은 1960년대 초반에 비해 250배 이상 증가하였다. 그러나 놀라운 소득 증가세에 비해 삶의 만족도는 경제협력개발기구 국가 중에서 가장 밑바닥이다. 10점 만점으로 측정한 OECD평균 6.7% 보다 낮은 5.7%에 불과하다. 폴란드나 체코보다도 낮다.

행복학자들은 행복을 '주관적 웰빙'이라고 부른다. 행복이라는 감정은 GDP처럼 숫자로 정의되기 어렵고, 주관적인 자기 평가에 의존하는 면이 크다는 뜻이다. 개인의 행복은 "일에 얼마나 만족하는가? 가족을 얼마나 사랑하는가? 스스로 행복하다고 생각하는가?"와 같은 주관적이고 심리적인 측면에 주로 의존한다.

한국인은 대부분 자기 능력이나 노력과 관계없이 무조건 상향조정된 삶을 꿈꾼다. 우리사회가 경제 수준보다 행복 척도가 훨씬 낮게 나오는 것도 그래서일까? 어떻게 해야 행복해질 수 있을까? 영국 이코노미스트지는 커버스토리 '행복과 경제'에서 경쟁 위주의 자본주의에서 행복을 찾기란 결코 쉽지 않다고 인정했다. 그러면서도 행복을 유도하는 방안에 대해 "다양한 가치관을 존중하라"고 권고한다. 이코노미스트지는 "자본주의가 한 사회를 부유하고 자유롭게 만들 수는 있다. 그러나 당신을 행복하게 만드는지는 의문이다"라고 되물었다. 정치가 나아지고 경제가 좋아진다면 좀 더 행복해질 수 있을 것이다. 그러나 우리가 다양한 가치를 인정하고 서로 존중하는 쪽으로 변모한다면 우리 사회는 훨씬 더 행복해질지 모른다.

최근 우리 사회에서는 그 어느 때보다 '가족'에 대한 논의가 활발하다. 이는 일단 매우 고무적이고 반가운 현상이다. 왜냐하면 가족은 행복의 근원이기 때문이다. 가족의 중요성은 동서고금이 같다. 특히 대한민국은 유교적 전통이 강해 모든 것이 집(家)을 중심으로 이루어졌다. 가족은 개인의 행복을 좌우하는 제1의 조건이자 나라의 핵심자산이다. 한국인은 행복의 최우선 조건으로 화목한 가정을 뽑고 있다. 매우 행복한 사람들의 공통점은 가족과의 좋은 관계와 유대를 유지하고 있다는 점이다. 가족이 없는 삶이나 관계와 유대가 멀어진 삶은 행복과는 거리가 멀다는 얘기이다. 이처럼 중요한 가족이 지금 위기에 처해 있다. 이혼은 증가하고 출산율은 하락하고 있다. 가족 간의 대화가 상실되고 있다. 기러기 아빠가 급증하고 있다. 독거노인의 수는 지난 20년 동안 무려 여덟 배나 늘어 백만을 넘어서고 있는 실정이다.

혼인율 감소 · 이혼율 증가 · 低출산 · 노인문제 등이 사회적 현안으로 대두되면서 비로소 가족문제를 사회적 차원에서 논의하고 해결을 모색하기 시작한 것이다. 자살율과 이혼율을 저하시키고 출산율을 증가시키며, 노령사회 문제를 해결해야 한다. 그러나 실망할 필요는 없다. 뜨거운 가마 속에서 구워낸 도자기는 결코 빛이 바래는 일이 없듯이 이러한 시련을 딛고 서면 행복은 우리 편이다.

행복을 추구하는 것은 인간의 본성이다. 각 개인의 삶의 목적은 궁극적으로 행복하고 재미있게 사는 것이다. 그러나 현명한 사람에게는 하루하루가 새로운 삶이다. 우리의 가치는 우리가 누리는 것보다는 우리가 품고 있는 이상에 의해 결정된다. 가장 귀중한 행복의 가치는 배품과 헌신이다. 나만의 성공이 아닌 사회적으로 의미 있는 성취이어야 진정한 성공이라고 할 수 있다. 욕심을 조금 자제하고 우리가 지금까지 이룬 것에 대해서 만족할 수 있어야 한다. 참으로 위대한 일은 언제나 서서히 이루어지고, 눈에 보이지 않게 성장해 가는 법이다.

행복해지려면 여러 가지 조건이 구비되어야 하나, 조건만 갖추어졌다고 다 행복한 것은 아니다. 행복이란 개인의 주관성이 크게 작용하기 때문이다. 한국인은 정의 표현에서 만족과 행복을 느낀다. 한국인의 정은 '나보다 못한 남에게 베푸는 너그러움 또는 어려움을 나누려는 태도'라는 정서적 경향에서 출발한다. 때문에 대한민국 사회의 톨레랑스는 한국적 표현으로 '정情'이라고 할 수 있다. 우리의 행복을 극대화하려면 정이 넘치는 사회를 만들어 가야 한다.

한편 행복을 논할 때 개인적 차원의 행복과 사회적 차원의 행복을 혼동해서는 안 된다. 조선일보의 2010년 여론조사에 의하면 대한민국 국민 중 37.5%가 기회가 되면 다른 나라에서 살고 싶다고 응답하였다. 반드시 대한민국에서 아이를 낳고 싶다는 응답자는 20%였다. 조사대상국 10개 국 중 꼴찌이다. 행복은 개인의 힘만으로 얻어질 수는 없다는 것을 입증하는 자료다.

대한민국 정부가 국민과 사회를 위해 정의하는 행복은 달라야 한다. 행복한 사회 없이 행복한 국민이 만들어 질 수 없다. '행복한 사회'란 기본적인 의식주가 해결되고, 전쟁과 테러의 위협으로부터 구성원이 보호받으며, 일하고 싶은 사람은 언제든 일할 수 있는 사회를 뜻한다. 국가는 국민 다수의 최대 행복을 위해 조건을 향상시키는 노력을 해야 된다.

우리 정부도 국민들의 행복도를 높이기 위해 다양한 노력을 해야 한다. 특히 한국인이 전쟁과 테러의 위협 등 안보에 대한 위협 때문에 불안을 느끼고 있고, 정치에 대한 피로감에 시달리고 있는 점은 정부가 해야 할 역할이 무엇인지 방향을 제시해준다. 대한민국 헌법 제10조에서는 "모든 국민은 인간으로서의 존엄과 가치를 가지며, 행복을 추구할 권리를 가진다"고 명시하여 국민의 행복추구권을 보장하고 있다. 따라서 국가는 국민의 행복을 위해 무엇을 할 것인가를 고민하고 정책을 발전시켜야 한다. 영국, 캐나다, EU 등 많은 선진국들은 일찍부터 '웰빙국가Wellbeing Nation'를 국정목표로 삼고 포괄적이고 지속 가능한 행복정책수립에 나서고 있다.[109)]

정부는 국민에게 막연한 행복감이 아닌, 구체적인 목표를 제시할 수 있어야 한다. 정부가 정책적으로 국민의 행복을 돕길 원한다면, 행복을 그저 기분 좋은 상태로 정의해서는 안 된다. 국가가 지향하는 행복상을 확실히 정립하고, 보육, 교육, 실업, 노인복지 등 삶의 질 분야에서 구체적인 행복 목표를 세워야 한다.

대한민국은 민주주의를 추구하는 나라다. 전 국민이 고루 행복하게 살 수 있는 나라를 추구한다. 지혜로운 리더십, 실행에 옮길 수 있는 능력 있는 리더십이 발휘되어 국가가 태평하고 국민이 '희망에 찬 행복한 사회Hohappy Society'를 만들어 가야 한다.

행복은 마음먹기에 달려 있다. 사람은 행복해지겠다고 마음먹은 만큼 행복해질 수 있다. 조국의 발전을 위해 헌신한 한국인 우리 모두는 행복할 자격이 있다. 정부는 행복한 사회를 만들기 위해 노력해야 한다. 대한민국 국민들이여! 우리 함께 행복하자!

밝은 미래와
희망찬 사회를 열자!

　대한민국은 눈부신 발전을 거듭해 왔다. 그러나 우리 스스로에 대한 평가는 늘 비판적이고 우울한 편이다. 지난 60년 동안 우리는 잠시의 방심도 허용하지 않는 철저한 비판, 질책과 채찍질을 통해 이만큼 성장하였다. 그러나 우리는 어려운 삶을 살다 보니 긍정보다 부정에 익숙하고, 격려보다 비판이, 칭찬보다 훈육이 훨씬 많다.

　외국에는 역사상 수많은 영웅과 호걸이 존재한다. 그들은 기회가 있을 때마다 일부러 영웅을 만든다. 대한민국의 영웅과 호걸은 눈 씻고 찾아봐야 한다. 인물이 없어서가 아니라 이것저것 비판과 흠을 잡다 보니 인물을 만들지 않은 것이다. 국가나 국가지도자들에 대한 존경심이 대한민국만큼 실추된 나라도 드물 것이다. 국가 공권력의 상징인 경찰관이 불법 시위대에게 얻어맞는 사태가 비일비재하다. 국회의원이나 장관도 존경의 대상과는 거리가 멀다. 역대 대통령도 조롱거리가 되기 일쑤다.

　우리는 최적의 소통 상태를 '이심전심以心傳心'이라고 표현하며 추구해 왔다. 서양에서는 명확하게 자기 의사를 표현하는 것을 최고의 커뮤니케이션으로 보지만 우리는 마음을 헤아려주는 것이 최고다. 그러나 이심전심의 기대 때문에 오해의 위험은 더욱 커진다. 우리는 원하는 것을 말로 하기 전에 내 몸과 얼굴을 보고 알아서 해주면 '체면을 세워주는 것'으로 크게 만족한다.

　한국인들 사이에서 친밀감의 수준은 '정情'이다. 손해를 보면서 도와주는 것이 정이다. 또 보이지 않게 도와주고 도와준 티를 내지 않는 것이다. 그렇게 정이 녹아들면 비로소 우리가 된다. 아마 이 책에서도 가장 많이 사용한 단어 중 하나가 '우리'일 것이다. 심지어 자기 부인도 우리 부인이라고 말해 외국인으로부터 오해를 사기도 한다. 그만큼 한국인의 가슴에 와 닿는 말이 '우리'다. 하지만 우리가 살면서 겪게 되는 수많은 오해와 갈등은 정을 주고받는 방향이 잘못됐기 때문에 발생한다. 마음은 '이심전심'이지만 현실은 '동상이몽同床異夢'일 때가 많다. 따라서 진심으로 이심전심을 바란다면 지나치게 소극적인 자세로 누가 나를 알아주기만을 바라서는 안 된다. 내가 먼저 남의 입장에 서서 배려하고 노력하고 그의 마음속에 들어가 공감하려는 노력이 필요하다.

우리는 나라가 부도 위기에 처하자 가지고 있던 금붙이를 들고 나왔다. 사회 주요 현안이라고 생각되면 약속이나 한 듯 광화문 한복판에 모여 촛불집회를 한다. 누가 시켜서도, 누구를 의식해서도 아니다. 자발적이다. 마음속에서 우러난 단결심, 공동체의식, 애국심의 발로다. 이러한 애국심을 기부문화로 연결시켜야 한다. 요즈음 대한민국에서도 기부문화가 정착되어가고 있지만, 아직은 미국에 비하면 걸음마 단계이다.

희망이란 앞일에 대하여 어떤 기대를 가지고 바라는 것이다. 즉 밝은 미래를 기대하는 것이다. 희망은 우리 인간만의 특권이다. 우리는 2010년 여름 지하 600m의 갱도에 매몰되었다가 69일 만에 구출된 칠레 광부들 이야기에서 칠흑 같은 절망 속에서도 희망이 어떠한 역할을 하는지 느낄 수 있었다. 인간이라는 동물은 극한의 상황에서도 희망을 갖고 있다. 우리는 희망이 가득한 사회에서 살고 싶어 한다. 그러한 사회를 선진사회, 일류사회라 부른다.

어느 사회가 밝은 사회 희망찬 사회인가?

첫째, 국민들이 행복과 더불어 성공을 추구할 수 있는 사회가 희망찬 사회이다. 우리나라에서는 성공이란 단어가 치열한 경쟁, 부정한 방법 등과 같은 부정적인 이미지가 덧칠되어 있다. 진정한 의미의 성공에 대한 재정의가 필요하다. 성공이란 자신의 꿈과 목표를 성취해 나가는 것이다. 사람마다 인생의 목표가 다르므로 성공은 사람마다 달라질 수 있다. 나만의 성공이 아닌 타인과 사회에 도움이 되는 즉 사회적으로 의미 있는 것이 진정한 성공이라고 할 수 있다. 그러한 의미에서 성공은 베푸는 양으로 측정된다는 말이 있다. 랄프 에머슨은 "자기가 태어나기 전보다 세상을 살기 좋은 곳으로 만드는 것"을 진정한 의미의 성공이라고 보았다. 헨리 포드도 "세상이 나에게 준 것보다 더 많은 것을 되돌려주는 것이 성공이다"라고 말했다. 또한 진정한 성공은 결과보다는 과정에 초점이 맞추어져야 한다. 성취를 이루어내는 과정에서 행복을 느끼지 못하면 성공이라고 말하기 어렵다. 대한민국 국민을 진정한 성공하는 국민으로 만드는 사회가 희망이 있는 사회이다.

둘째, 누구나 꿈을 꿀 수 있고, 노력하면 어느 정도 꿈을 이룰 수 있는 공정사회가 밝은 희망찬 사회이다. 꿈을 꾼다는 것은 인생의 비전을 세우는 것이다. 과거보다는 미래를 생각하는 것이다. 나름대로 미래의 비전을 세우는 국민들의 수가 많아 질 때 그 사회는 미래지향적인 사회가 된다. 꿈을 이루려고 노력하는 국민들이 많아질 때 그 사회는 역동적이 된다.

셋째, 서로 신뢰하고 돕는 사회가 밝고 희망찬 사회이다. 그러한 사회는 특히 약자에 대한 배려가 많다. 베푸는 것을 보람으로 생각한다. 나눔을 당연한 것으로 여긴다. 사회봉사를 즐겁게 생각한다. 성공한 것이 자기만의 노력의 결과가 아니고, 국가와 사회가 함께 했기 때문에 가능했다고 생각한다. 국가와 이웃의 존재를 소중히 생각한다.

희망은 언제나 고통 너머에서 기다린다. 우리는 희망찬 사회를 만들기 위해 앞으로 나아가야 한다. 희망은 행복과 같이 연습이 가능한 것으로 알려져 있다. 승자는 눈을 밟아 길을 만들지만, 패자는 눈이 녹기를 기다린다. 희망의 길이 험할수록 우리의 가슴이 뛴다. 가능성을 믿는 낙관적인 힘으로 개인과 조국은 발전하는 것이다.

한국인은 우리가 성취한 번영과 발전에 긍지와 자부심을 가져야 한다. 다가오는 도전을 희망을 가지고 응전해야 한다. 희망이 있으면 행복해진다. 희망이 있고 행복한 한국인, 즉 'Hohappy Hope+Happy' 한 한국인이 되도록 함께 노력해야 한다.

격려와 칭찬의 문화를 만들어 가야 한다. 잘하는 사람을 칭찬해주고 다소 실수를 해도 격려해 주며, 사회적으로 많은 역할모델을 만들어야 한다. 이런 기운이 가정, 학교, 직장에 넘치면 정이 솟고 시너지와 신바람이 넘친다. '열린 마음'으로 서로를 칭찬하는 문화, 그래서 희망과 활력이 샘솟는 사회를 함께 만들어 가야 할 때이다.

사회공동체 강화전략은 독일통일과정에서 볼 수 있듯이 낙후된 지역민들로 하여금 자립할 수 있는 기회를 제공함으로써 '잘 살 수 있다'는 꿈을 회복하도록 해야 한다.[110] 이렇게 사회공동체가 강화되면 새 시대의 공동체정신을 함양하고 책임성과 파트너십을 고양하는 데 큰 기여를 할 것이다.

대한민국 헌법 제10조에는 "모든 국민은 인간으로서의 존엄과 가치를 가지며, 행복을 추구할 권리를 가진다. 국가는 개인이 가지는 불가침의 기본적 인권을 확인하고 이를 보장할 의무를 진다"라고 명시되어 있다. 궁극적으로 국가가 추구해야 할 것은 국민 개개인의 존엄과 가치를 바탕으로 한 국민 모두의 행복인 것이다.

그러나 희망찬 사회를 만들어 가는 것은 정치권의 힘과 노력만으로는 될 수 없다. 특히 요즘처럼 어려운 환경 속에서는 정치적 비전과 전략에 추가하여 국민들의 적극적인 동참이 요구된다.

우리는 1960년대와 70년대의 어려운 질곡의 시대를 살아가며 서로 함께하며 돕는 새마을운동을 벌인 좋은 경험을 갖고 있다. 밝고 따뜻한 사회구현을 위한 사회공동체 강화전략은 희망이 없는 국민들로 하여금 자립할 수 있는 기회를 제공함으로써 '우리의 꿈Korean Dream'을 회복하도록 할 것이다. 즉, 사회공동체의 강화는 새 시대의 공동체정신을 함양하여 살 만한 가치가 있는 밝고 따뜻한 사회를 이룩하는 데 큰 기여를 할 것이다.

한국인이여! 꿈을 꾸며 함께 앞으로 나가자! 우리에게 희망이 있다.

젊은이여!
그대들이 바로 조국역사의 주인공이다! 

최근 안보불안이 대한민국을 덮고 있다. 그 어느 때 보다 국민들의 완벽한 군사대비태세에 대한 요구가 증폭되고 있다. 국민들의 국가안보에 대한 관심이 고조되고 있다.

우리나라가 과거 970여회의 외침 속에서도 이를 극복하고 반만년의 역사를 이어올 수 있었던 것은 선조들의 끈질긴 상무정신이 있었기 때문이었다. 고구려는 만주벌판을 장악하는 대제국을 건설했다. 수양제의 100만 대군을 살수에서, 당태종의 50만 대군을 안시성에서 물리쳤다. 신라는 조국을 지키기 위해 목숨을 바치는 것을 무사의 최고의 영예라고 생각하는 화랑도정신으로 삼국통일의 위업을 이루었다. 그리고 고려는 호국사상을 바탕으로 네 차례의 거란침입과 일곱 번의 몽고 침입을 끈질 긴 항쟁으로 물리쳤다. 그 중심에는 항상 호국의지가 충만한 젊은이들 이 있었다.

그러나 임진왜란에 이어 일어난 조선시대 병자호란 당시에 조선의 여 인들은 오히려 추녀로 보이기 위해 얼굴에 숯검정을 칠했다고 한다. 청 나라의 군사들이 아녀자를 잡아가 욕을 보이자 얼굴에 숯검정을 칠해 추 녀로 보이려고 위장했던 것이다. '백성들이 도탄에 빠졌다'고 할 때 쓰 는 도탄塗炭: 숯검정을 뒤집어씀이라는 말은 여기서 유래했다고 한다. 조선의 처 녀 수 만 명이 청나라에 잡혀가 노예로 살면서 인간 이하의 수모를 당했 던 것도 이때의 일이다. 훗날 나이가 들어 고국으로 돌아오게 된 2만 2 천여 명은 '환향녀還鄕女'라고 해 멸시와 조롱을 받았다. 즉 힘이 없는 국 가에서 호국사상과 상무정신까지도 없었던 그들은 우리들의 딸마저도 지킬 수도 없었던 것이다.

우리는 최근에도 호국사상과 상무정신으로 독도를 지켜낸 홍순칠 대 장을 비롯한 '독도의용수비대'를 잘 알고 있다, 이들은 6·25전쟁 직후 '우리라도 힘을 모아 소중한 국토를 지키자'는 마음으로 뭉쳐 결성한 순 수 민간단체였다. 비록 군인은 아니었지만 호국·상무정신으로 목숨을 걸고 3년 8개월 동안 일본에 맞서 독도를 수호해냈던 것이다.

국가國歌는 그 나라의 상징이며 나라에 대한 사랑을 일깨우고 다짐하 기 위해 온 국민이 부르는 노래이다. 이러한 국가의 내용을 살펴보면 그 나라의 역사, 전통과 사상 등이 고스란히 담겨 있다. 미국의 국가에는 "포탄이 작열하는 싸움터 참호 너머 하늘 높이 펄럭이는 성조기," 프랑 스의 국가에는 "나서라 아들 딸, 어서 창을 잡으라 쳐들어오는 적을 무찌르라, 조국을 위해 일어서," 이탈리아의 국가에는 "칼을 잡고 바치자 생명을 초개같이 나라를 위해"라는 내용이 포함되어 있다. 선진국의 국가에는 하나같이 수많은 전쟁을 통해 나라를 지켜왔던 호국사상과 상무정신이 배어 있다. 즉 국민들이 상무정신으로 무장한 나라는 강한 국방력을 바탕으로 선진일류국가를 이룰 수 있었다는 것을 알 수 있다.

우리는 지식정보화, 세계화, 과학화, 디지털화가 빠른 속도로 추진되는 불확실성 시대에 살고 있다. 이러한 시대에는 건국, 산업화, 민주화를 이루었던 시대정신을 아우를 수 있는 새로운 시대정신을 창출해야 할 것이다. 시대정신에는 내 나라는 내가 지키겠다는 젊은이들의 각오가 근간을 이루어야 한다.

이러한 상무정신과 국방의 대의는 결국 젊은이들이 참여하는 국민운동을 통하여 일어날 수밖에 없다. 바로 이것이 우리 조국의 평화통일과 미래의 번영과 직결되는 '일류화의 길'이다. 중요한 것은 일류화운동의 성공을 위해서는 반드시 미래 국가의 주역인 젊은이들의 적극적이고 자발적인 참여가 있어야 한다는 사실이다. 내가 조국 발전에 선봉장이 되겠다는 의지가 투영되어야 한다.

나는 북한군의 연평도포격 시 적의 포탄이 떨어지는 속에서도 생명의 위험에도 불구하고 대응사격을 한 용감한 장병의 투혼을 높이 평가한다. 이 위험한 시기에 앞 다투어 해병대에 자원입대하는 우리의 전우들을 존경한다. 우리 조국은 이러한 젊은이들이 있기 때문에 더욱 번영 발전할 것이다. 존경하고 사랑하는 젊은이들이여 힘을 내라! 그대들이 우리조국의 평화통일과 일류국가건설의 주인공들이다!

여러분이 조국의 주인공이 되기 위해서는 몇 가지 자질과 능력을 갖추어야 한다.

꿈을 가져라! 노을이 아름다운 것은 구름 때문이고, 사람이 아름다운 것은 이루어야 할 꿈이 있기 때문이다. 그래서 나는 꿈은 우리가 삶에서 공짜로 누리는 제일 멋진 축복이라고 감히 말할 수 있다. 우리 조국을 통일시키고 일류국가를 만들겠다는 원대한 꿈과 포부를 가져라.

미쳐라! 자기가 하는 일에 미쳐라! 미치지 않으면 되는 일이 없다! 자기 자신을 믿고 자신에게 미쳐라! 나는 할 수 있다고 매일 외쳐라! '지식은 행동이요, 앎은 곧 삶이어야 한다' 는 지행합일知行合一을 수행해야 한다. 인생에서 가장 큰 공백은 아는 것과 행동하는 것 사이에 있다. 어떤 일에 열중하기 위해서는 그 일을 올바르게 믿고, 자기는 그것을 성취할 힘이 있다고 믿으며, 적극적으로 그것을 이루어보겠다는 마음을 갖는 일이다. 그러면 낮이 가고 밤이 오듯이 저절로 그 일에 열중하게 된다. 성공하는 사람은 중요한 일 부터 먼저하고 실패한 사람은 급한 일 부터 먼저 한다. 계획은 멀리 보되 실천은 한 걸음부터 하라. 중요한 일에 미쳐야 한다.

실패를 감수하라! 실패 없는 성공은 없다. 실패를 실패로만 보지를 말고, 전진의 과정으로 보는 지혜와 능력이 있어야 한다. 넬슨 만델라는 "일생의 가장 큰 영광은 결코 넘어지지 않는데 있는 것이 아니라, 넘어질 때 마다 일어서는데 있다"고 하였다. 넘어지는 것을 두려워 말라. 에디슨이 전구를 발명하기 위해 약 만 번의 실패를 거듭했음에도 실망하지 않고, 안 되는 방법을 또 하나 찾았다고 생각했다는 점을 명심하라.

도전하라! 도전하지 않고 무엇을 바라는가? 폭풍을 휘어잡으려면 폭풍 속에 뛰어 들어가지 않으면 안 된다. 구하는 자가 얻게 되어 있다. 저절로 굴러 들어오지도 않을 뿐만 아니라, 도전해서 얻지 아니한 것은 쉽게 사라진다. 먼저 깊이 생각한 다음에 도전하라. 선견력 없는 용기는 불필요한 결과를 낳기 쉽다. 미래 국가의 지도자는 계산된 모험을 시도하여야 한다. 국민의 생명과 재산을 놓고 도박을 해서는 안 된다. 그러나 도전하라!

변화하라! 변화를 두려워하는 자는 발전이 없다. 불확실성 시대에는 변하지 않고는 살아남을 수 없다. 용기 없는 사람은 변할 수도 없고 경쟁에 이기지도 못한다. 인생은 용기 있는 사람들의 몫이다. 희망이 도망치더라도 용기를 놓쳐서는 안 된다. 희망은 때때로 우리를 속이지만 용기는 여러분 가슴속에서 용솟음치는 투지의 입김이기 때문이다. 충분히 생각하고 단호히 실행하라. 뜻이 있는 곳에 반드시 길이 있다.

창조하라! 이제 남의 흉내를 내어서는 항상 뒷전이다. 모든 것을 보는 것만이 중요한 것이 아니라, 모든 것을 새로운 눈으로 보는 것이 중요하다. 창조하고 한 발짝이라도 남보다 먼저 가라.

사랑하라! 부모를 사랑하라! 친구를 사랑해라! 이웃을 사랑하라! 나라를 사랑하라! 애국심은 자신의 생명으로 그 나라를 지키려는 태도이다. 조국의 상실 이상 가는 슬픔은 없다. 숭고한 사람들에게는 국가만큼 존귀한 것이 없다. 이 아름다운 조국을 사랑하고 어려운 조국의 운명을 짊어지고 가라.

협력하라! 세상에 혼자 할 수 있는 일은 별로 없다. 혼자는 힘이 들고 큰일을 할 수 없다. 원활한 협력이 이루어 질 때 조직의 힘이 발효된다. 좋은 인간관계는 최고의 힘이다. 흡혈박쥐는 40시간 동안 피를 공급받지를 못하면 죽는다. 그렇게 죽어가는 동료가 옆에 있으면 이들은 자기 피를 토해내 나눠 준다. 동료를 도와주지 않았으면 다 멸종이 되었을 것이다. 인화人和가 제일이다. 손자의 "천시天時는 지리地利만 못하고, 지리는 인화人和만 못하다"는 것은 만고의 진리이다.

나는 큰일을 할 수 있다고 믿어라! 그러면 계획은 실현될 것이다. 긍정적이고 창조적인 사고를 하는 자만이 성공할 수 있다. 풍파는 전진하는 자의 벗이다. 고난이 심할수록 가슴을 뛰게 하라. 자신을 정복할 수 있는 사람은 강력한 사람이다. 시대를 앞서보고 변화를 주도할 수 있는 자만이 조국의 주인공이 될 수 있다.

젊은이들이여! 그대들은 오천년의 역사를 가진 조국의 주인공이다. 970여회의 외침과 파괴에도 불구하고 아름다운 자태를 뽐내는 금수강산의 주인이다. '우골탑'의 자세로 세계에서 가장 가난한 나라에서 10위권의 부국으로 성장한 대한민국의 주주이다.

앞으로 우리에게는 많은 도전이 기다리고 있다. 여러분은 '평화통일된 일류국가'를 건설해야 한다. 풍요로운 복지국가, 문화국가를 만들어야 한다. 스스로를 지킬 수 있는 나라의 주인이 되어야 한다.

젊은이들이여! 도전하라! 후세의 역사가들이 여러분이 있었기에 조국은 '평화통일된 일류국가'가 될 수 있었다고 기록하게 하라. 조국은 여러분을 믿는다.

찬란한 역사에 통일의 밝은 빛

겨레여!
사랑하는 우리 겨레여!
우리는 찬란한 역사와 문화의 자손이다

대륙과 바다가 만나는 곳에
동방의 불을 켜고
금수강산에 터를 잡아
수 천 년 동안 요하를 호령하던 배달족이다

겨레여!
통일을 즐겨 노래하는 겨레여!
힘없는 자가 평화를 노래하랴
힘없는 자가 통일을 이룩하랴
그 모든 것은 꿈인 것을!

겨레여!
밝은 눈을 가진 용맹스런 겨레여!
역사엔 흥망성쇠가 있다

천년을 타고도 꺼지지 않을 그 날을 위해
거센 용광로를 불태우며
세계를 향한 민족웅비의 그날을 위해
통일의 밝은 빛을 밝히고
일류국가가 될 그 날을 위해
선봉에 서서 전진의 깃발을 높이 세우자!

1) 지능지수(IQ)테스트를 하면 한국인은 항상 전 세계에서 1, 2위를 다툰다. 2004년 스위스 취리히대학에서 세계 180개국 국민들의 평균 IQ를 측정한 결과, 한국인이 106으로 1위에 올랐다. 2위는 일본(105), 3위는 타이완(104)이다. 2003년 영국 얼스터대학과 핀란드 헬싱키대학이 185개국을 조사한 결과에는 홍콩(107), 2위가 대한민국(106), 3위가 일본·북한(105) 순으로 나타났다.

2) 지속적인 출산율 저하와 전염병으로 로마 제국의 인구는 격감했다. 길고 긴 로마 제국의 국경을 지킬 인력마저도 부족한 실정이 되었다. 국경을 지키는 군인이 줄어들자 이민족의 침입이 잦아졌다. 결국 로마 제국은 A.D. 476년 멸망했다. 인구 감소가 국방력 약화로 이어져 망국(亡國)의 길을 재촉한 것이다.

3) 국내 전체 수력 발전량은 3620GWh(2005년 기준)로 연간 원유 9억 리터(3137억원)를 대체하는 효과가 있다.

4) 재정적자는 심리적 마지노선인 국내총생산 대비 1%선이 2004년에 이미 무너졌고, 2009년도 적자국채의 발행은 19조원으로 책정되었으며, 2007년 국가채무는 298조원으로 크게 늘어났다. 2007년 말 OECD 기준에 따른 국가채무 비중은 미국 62.8%, 일본 170.3%, 영국 47.5%, 독일 65.4%, 프랑스 69.4%, OECD 평균 75.4% 등으로 29.4%인 우리나라의 국가채무가 상대적으로 낮은 편이다. 하지만 이들 국가들에 비해 우리 국가채무는 상대적으로 빠르게 상승하는 모습을 나타내고 있다.

5) 번스타인이 쓴 「부의 탄생 (The Birth of Plenty)」에서는 부자나라의 네 가지 조건으로 자유로운 재산권의 보장, 과학적 합리주의, 효율적 자본시장, 그리고 빠르고 효율적인 통신과 교통수단을 지적하고 있다. 1700년 네덜란드가 영국보다 두 배나 많은 소득으로 유럽 최고의 부(富)를 누린 것도 재산권의 확고한 보장과 혁신적 발명, 새로운 혁신을 좇는 합리주의에서 비롯되었다는 것이다.

6) 1인당 실질생산량은 노동력을 비롯한 자원의 투입량을 줄이면서도 더 많은 산출물을 만들어 낼 때 늘어난다. 적게 투입하고 많이 만들어 내는(Less Input, More Output) 경영의 기본원칙을 직업영역에 적용하면서 실질소득은 꾸준히 증가해 왔다 [공병호, 대한민국, 번영의 길(해냄. 2005), p.30].

7) 로스트는 성장과정(成長過程)을 다섯 단계로 나눴다. ① 전통적 사회 ② 이륙이전상
   태 ③이륙 ④ 원숙지향 ⑤ 높은 대중소비단계이다. 이 중에서 모형의 핵심은 이륙단
   계다. 여기서 이륙은 비행기가 임계 속도를 얻어 이륙하는 모습에 대한 유추다. 그런
   이륙은 빠르게 커지는 수출시장이나 큰 규모의 경제를 보이는 산업과 같은 '선도 부
   문들'에 의해 이뤄지며, 일단 이륙한 경제는 지속적으로 성장할 수 있다.

8) 복거일 외, 21세기 대한민국(나남출판, 2005), p.148.

9) 1992년 루 호벤(Lu Hoben) 교수는 여러 나라를 대상으로 한 조사결과를 엮은 저서
   「다양한 국가에서 행복함」에서 "경제적 번영이 행복의 가장 강력한 변수 가운데 하
   나이다"라는 결과를 내놓았다. 그리고 다니엘 올리버(Daniel Olieber)는 논문 "돈은
   행복을 살 수 있다"에서 49개국을 대상으로 한 조사결과를 바탕으로 "경제적 자유와
   행복간의 관계는 더욱 설득력이 있다"고 말하고 있다.

10) 복거일 외, 앞의 책, pp.250-252.

11) 이명재, 거시경제학(박영사, 2001), p.583.

12) 경제성장문제는 오랫동안 경제학자들의 주된 관심사였다. 성장이론은 스미스를 포
    함한 고전학파이론, 마르크스이론, 슘페터이론 등으로 발전되어 왔으며, 해르드 도
    마에 의하여 거시경제학에 기초한 명시적인 모형의 형태를 지닌 현대적 성장이론이
    제기되었으며 솔로우 성장이론으로 발전하였다. 최근에는 솔로우모형의 문제점을
    극복하고자 하는 노력의 일환으로 새로운 성장이론인 내생적 성장이론 또는 신성장
    이론이 연구되고 있다(이명재, 앞의 책, p.582).

13) 65세 이상 인구가 총인구에서 차지하는 비율이 14% 이상을 고령사회(Aged
    Society)라고 하고, 65세 이상 인구가 총인구를 차지하는 비율이 20% 이상을 후기
    고령사회(Post-aged Society) 혹은 초고령사회라고 한다. 고령(高齡)이란 용어에
    대한 정의는 보편적으로 일정한 것은 아니다. 한국의 고령자 고용촉진법시행령에서
    는 55세 이상을 고령자, 50-54세를 준고령자(2조)로 규정하고 있으나, UN은 65세
    이상의 인구가 총인구에서 차지하는 비율이 7% 이상일 때 고령화사회(高齡化社會,
    Aging Society)라고 보고 있다.

14) 1980년대 후반까지만 하여도 연평균 15% 수준을 나타내던 설비투자 증가율이
    1990년 들어 둔화하기 시작하였다. 1991-1995년 연평균 10% 내외, 1996-2000
    년 연평균 5% 내외, 2001-2005년 연평균 0.3% 수준으로 계속 하락하고 있으며,
    세계경제위기를 맞아 당분간 설비투자는 급속하게 감소할 것으로 전망된다.

15) 영국의 'The Time'의 세계대학평가팀이 발표한 2008년 세계 상위 100개 대학에
    서 우리나라의 서울대학교가 50위, KAIST가 95위였다. 세계 수준의 대학과 연구
    소를 만드는 것이 지식정보화 시대의 국가성공을 위해 결정적으로 시급한 국가과제
    다. 물론 우리나라에서는 제한된 인적·물적 자원 때문에 세계 최고의 대학과 연구
    소를 많이 만들 수 없다. 따라서 고도의 선택과 집중을 통해 소수라도 세계 최고의
    대학과 연구소를 만드는 것을 목표로 삼아야 한다. 그래야 우리가 21세기에 성공하

는 국가를 만들 수 있다.

16) 남은 길이 얼마인가를 아는 사람만이 그 여정을 서두를 수 있고 쉬어 갈 수도 있다. 이 구절은 오늘날 우리나라의 노동집약산업이 처한 상황을 정확하게 설명하는 말이다. 이는 우리가 처한 경쟁상황에 대한 냉철한 평가가 이루어질 때만이 해당산업의 진퇴여부나 향후의 추가적인 투자여부도 결정할 수 있다는 의미이다.

17) '창의성(創意性, Creativity)' 이야말로 '블루오션' 을 만드는 상상력의 원천이다. 조현정 비트컴퓨터 회장은 "전혀 새로운 것을 생각해 내야 한다. 10년 후 주력분야는 현재와는 분명히 달라질 것"이라고 단언했다. 어윤대 전 고려대총장은 "미래 변화를 예측할 수 있는 능력이야말로 미래 디자이너가 갖추어야 할 필수조건"이라고 강조했다. 우리가 상상해낼 수 없는 10년 후 모습을 그려내 목표를 설정하고 비전을 제시하기 위해서는 미래를 내다볼 수 있는 '통찰력(洞察力, Insight)' 이 필요하다.

18) 혁신과 창조가 가치를 창출하지만 새로운 도전은 늘 리스크를 낳는다. 기업들은 객관적이면서 과학적으로 안전하게 리스크를 관리할 수 있어야 미래 경쟁력을 확보할 수 있다는 진단이 나왔다. 조이스 타이트 영국 에든버러대 이노겐센터 소장은 영국의 철학자 버클란트 러셀의 말을 인용해 "인간이 원하는 것은 지식이 아니라 미래 예측에 대한 확실성"이라며 "이제 사람들은 어느 정도 불확실성을 받아들여야 하는 상황"이라고 오늘날의 상황을 바라봤다. 그는 이러한 불확실성 시대에서는 "리스크를 관리할 줄 아는 기업만이 급변하는 환경에서 경쟁력을 가질 수 있다"고 지적했다. 타이트 소장은 "리스크 통제는 '아래에서 위로' 방식과 '위에서 아래로' 의 두 가지 방식이 있다"며 나노기술, 제약산업, 줄기세포 등 지식기반 산업은 여전히 과거 방식인 '위에서 아래로' 방식을 통해 위험관리를 하고 있다고 분석했다.

19) '디지털 유목민' 을 예견한 자크 아탈리 플래닛 파이낸스 회장은 '창조는 재미와 돈에 의해 움직인다' 는 새로운 개념을 도입했다. 그는 "창조적 계급은 돈을 생각하고 시장에 팔 수 있는 무엇인가를 만들어 낸다"며 "물론 예술작품처럼 돈이 안 되는 창조물도 있는데 이는 만드는 사람이나 즐기는 사람들에게 재미를 제공한다"고 말했다. 창조의 원천인 '돈' 과 '재미' 라는 두 가지 인센티브를 제공해 사회를 발전시키는 원동력인 창조적 계급을 독려해야 한다는 주장이다. 그는 "인간이 만들어 낸 가장 훌륭한 창조물 중 하나가 시장"이라며 "시장에서는 선택의 자유가 있기 때문에 무엇이든 창조가 가능하다"고 말했다. 그는 결국 사회가 창조적 계급을 독려하기 위해서는 이 두 가지 인센티브가 확실히 주어져야 한다고 강조했다.

20) 2005년 11월 중순에 열린 부산 APEC 頂上회담. 이 행사의 스타는 단연 와이브로(Wibro)서비스였다. 와이브로는 기존 유선으로 제공되는 초고속인터넷 서비스를 시간과 장소에 구애되지 않고 언제 어디서나 사용할 수 있게 하는 무선 초고속인터넷 서비스다. 와이브로는 원천기술을 우리나라가 가지고 있다.

21) 매일경제, 2006년 7월 28일.

22) 토마스 S. 쿤, 과학혁명의 구조(까치글방, 2008), pp.141-163.

23) 삼성경제연구소는 '통신+멀티미디어 기능 D램' 등과 같은 복합 · 퓨전반도체, 최근 하드디스크와 서버 등으로 사용 범위가 늘고 있는 솔리드스테이트디스크(SSD) 같은 신개념 반도체 시장을 선점해야 한다고 제안했다.

24) 그리스, 이탈리아, 영국, 미국 등 해양국가에서 인류의 문명이 발생한 것은 우연이 아니다. 대륙으로 뻗어나가고 거친 바다를 헤쳐 나가는 진취성과 강인한 탐험정신이 있었기에 문명을 이루고 역사의 주도세력으로 등장하였다.

25) 헤겔의 '인정받기 위한 열망' 과 애덤 스미스의 '허영심' 을 자극하는 것이 바로 발전원리(發展原理)의 출발이다. 국민 전체를 각자가 이룬 성과에 따라 차별화하여 보상함으로써 스스로 노력하는 자에게 영광이 돌아가게 하는 것이 인정의 열망과 허영심을 촉발시키는 길이 된다. 사회의 모든 유인구조를 학교, 사회, 시장과 조직 등 사회의 모든 부문에서 보다 나은 성과를 내는 사람이 더 대접받게 만들어 냄으로써, 국민 모두가 '성공하는 사람' 이 되어 남으로부터 인정받고 박수를 받는 길이란 오직 스스로 열심히 성과를 내어 사회로부터 평가를 받아내는 길이 최선임을 느낄 수 있도록 해야 한다.

26) 영국의 마거릿 대처 전 총리의 경험을 되돌아볼 필요가 있다. 개혁을 할 때는 실업률도 올라가고 경제성장률도 곤두박질쳤다. 그러나 대처는 "지금은 어렵지만 이렇게 꾸준히 하면 영국은 살아날 수 있다"는 강한 신뢰감을 국민에게 심어주었다. 우리의 지도자들도 지금 대외여건은 어렵지만 이렇게 하면 잘살 수 있다는 당위성을 펼쳐 신뢰감을 주어야 한다. 어렵다고 포퓰리즘으로 가면 망한다. 과실은 시간이 걸리고 후대에 오게 된다. 지도자는 기반을 마련하고 혜택은 후대가 누릴 수 있도록 해야 한다.

27) 재산권이 보장되지 않으면 발명이나 혁신은 물론 경제활동 자체가 설 자리가 없어진다. 프랜스시 후쿠야마는 개인의 권리, 특히 재산권이 국가에 의해 보호되는 것이 자유라고 말할 정도이다.

28) 초국가기업(超國家企業, Transnational Corporations)이란 미래학자 앨빈 토플러가 명저인 '제3의 물결' 에서 "국가적 특징을 지니면서 국민국가를 대신할 새로운 주역"으로 지목한 거대기업 유형을 말한다.

29) 문화일보, 2007년 4월 27일.

30) 일본에서 유행하는 '격차(格差 · 兩極化) 사회' '승자와 패자' 라는 말을 실감케 한다. '1억 중산층 사회' 는 옛말이었다. "일본은 경제 대국이어서 저소득층이라도 못 먹고 살 정도는 아니다"는 주장도 있었지만 중산층이 흔들리는 조짐은 곳곳에 나타나고 있다. 요미우리신문이 2008년 1월 전국의 성인 1797명을 상대로 생활 의식 조사를 했다. 그 결과 '중 · 상 이상' 이 16%, '중류' 가 32%, '중 · 하 이하' 가 32% 였다. 요미우리는 "1994년 이후 '중 · 하 이하' 가 늘고, '중 · 상 이상' 이 줄어 중류 의식이 흔들린다"라고 밝혔다.

31) 장애인 절반가량이 초등학교 졸업 이하의 학력 수준을 갖고 있고, 취학연령 장애인

중 4분의 1 가량만이 특수교육을 받는 나라. 어느 먼 후진국 이야기가 아니다. 2008
년 현재 대한민국 장애인 교육의 실상이다.

32) 박종철 외, 2020 선진대한민국의 국가전략(통일연구원, 2007), pp.105-109.

33) 최근까지도 대한민국의 운명을 지배해온 요소 중의 하나가 한반도의 지정학적인 위
치였는데 '맥킨더'의 '대륙 심장지대론'에 의하면 한반도는 대륙세력과 해양세력
이 교차하는 특수성을 가지고 있으나, 대륙에 접속된 반도지대이므로 어디까지나
대륙세력에 편향된 것으로 보는 반면, '스파이크맨'의 '주변지대론'에 따르면 세계
분쟁의 진원지로 대륙과 해양 양대 세력의 중심으로 인식되고 있다. 한반도를 지정
학적인 관점에서 개관한 2대 학설이 이렇게 편향과 중심으로 혼합 주장되고 있는
바와 같이 한반도의 지정학적 위치는 중앙적(Central), 병참적(Communication),
기지적(Base), 육교적(Landbridge), 그리고 완충적(Buffer)인 모든 기능이 복합적
으로 수행되는 중요지대로서 오늘날의 표현을 빌리자면, 미국의 전초기지이고, 일
본의 긴요지대이며, 중국의 변방지대이자 러시아의 동방초소이다.

34) 전쟁 연구자들에 따르면 20세기의 전쟁 희생자는 1억~1억7000만 명이라고 한다.
1500만 명이 사망한 제1차 세계대전이 끝났을 때 사람들은 큰 전쟁(Great War)이
라고 불렀다. 그로부터 20년 후 제2차 세계대전이 일어났을 때 5000만 명이 죽을
것이라고는 상상하지 못했다. 영국의 노벨 문학상 수상자 윌리엄 골딩(William
Gerald Golding)이 20세기를 가리켜 '인류사에서 가장 폭력적인 세기'라고 규정
한 것도 무리가 아니다.

35) 북한에 이 구호가 등장한 것은 1997년 7월 22일자 노동신문 사설 '위대한 당의 영
도 따라 사회주의 건설에서 일대 앙양을 일으키자'라는 제목의 글에서 언급된 '주
체의 강성대국'이라는 내용이 최초다. 이후 98년 초부터 '강성대국'이라는 용어가
다시 등장했고, 이어 8월 22일 노동신문 정론 '강성대국'이 발표되면서 본격적으로
언급되기 시작했다. 북한이 주장하는 '강성대국'이란 "정치·군사·경제·문화의
모든 면에서 커다란 위력과 영향력을 행사하며 세계에 존엄을 떨치는 나라"를 뜻하
고, 그 바탕이 되는 것이 사상과 군사력이라고 한다.

36) 선군정치의 논리체계는 주체사상의 4대 원칙 즉, 사상에서의 주체, 정치에서의 자
주, 경제에서의 자립, 국방에서의 자위를 기본원칙으로 하여 ① 군사(軍事)를 국사
(國事) 중의 제일국사로 한다는 즉, 국정의 제1순위를 군사에 둔다는 '군사선행(軍
事先行)원칙' ② 사회주의 혁명의 주력군을 종래의 노동자와 농민을 대신하여 인민
군대로 내세운다는 '선군후로(先軍後勞)원칙' ③ 주체사상의 '사회정치적 생명체
론'을 재해석한 '선군통일체론' ④ 군대가 없으면 사회주의 국가도 당도 인민도 없
다는 즉, 군대가 곧 당이자 국가이고 인민이라는 의미의 '선군원리론' ⑤ 총대에 의
해 혁명의 승패가 결정되고 총대 위에 조국의 안녕과 인민의 행복이 있고 당도 있다
는 '총대철학'으로 짜여 있다.

37) 북한은 지난 50년 동안 공중과 해상에서 각 100건 이상, 지상에서 43만 건 이상 휴

전협정을 위반하였다. 북한의 휴전협정과 도발을 막는 과정에서 한국군 500여명과 미국군 220여명이 전사했다.

38) 세계전사에서 보면 대부분의 전쟁은 예고 없이 일어났다. 북한의 기습남침으로 발발한 6·25전쟁을 비롯한 수많은 전쟁이 사전 예고 없이 일어났다. 도요토미 히데요시(豊臣秀吉)는 전국시대 통일 이후 전쟁경험이 풍부한 30여만 명의 병력을 보유하고 대륙정복의 야욕을 가지고 있었다. 그러나 조선은 그것을 정확히 알고 대비하지 못하였기 때문에 처참한 피해를 당한 것이다.

39) 한미동맹은 세계 최강국의 안보 우산을 받으면서 주변국의 위협에 효율적으로 대처할 수 있고, 미국과 공동이익을 추구할 수 있는 이점이 있는 반면, 상응하는 외교역량이 부족하게 되면 주권의 행사가 제한되고, 자주적인 통일 추진이 어렵다는 제한사항을 갖고 있다.

40) 이스라엘은 상상을 초월하는 높은 안보위협에 직면해 있지만 정부와 국민이 혼연일체가 되어 총력안보체제를 유지함으로써 도전을 극복하고 있으며, 스위스는 약소국의 위상을 유지하면서도 온 국민이 단결하여 통합방위체제를 유지하고 소위 '고슴도치' 전략을 구사하면서 국가의 주권을 사수하였다.

41) 방위충분성이란 방어적충분성(Defensive Sufficiency 혹은 Non-Offensive Defense : NOD)이론으로 이 이론은 동서독 분단 상태에서 구서독 학계를 중심으로 발전되어 온 안보전략이론이다. 이 이론의 핵심은 상대방을 공격하기에는 부족하지만 자국을 방어하기에는 충분한 전력과 군구조를 유지함으로써 긴장고조와 전쟁발발 가능성을 막자는 것이다.

42) 손자병법의 구변편(九變篇)에는 "적이 오지 않을 것을 믿지 말고, 적이 언제 오더라도 나에게 대비가 되어 있음을 믿으라"는 말이 있다. 따라서 우리는 적이 언제 어떠한 형태로 도발해 오더라도 완벽히 격멸할 수 있는 굳건한 군사대비태세를 갖추어야 한다.

43) 자주국방에는 예산문제가 필수적이다. 주한미군이나 미국의 지원이 없다면 결국 천문학적인 예산으로 이를 메울 수밖에 없다. 국방부 연구기관인 한국국방연구원(KIDA)이 분석한 자료에 의하면 선진국형 첨단 기술군의 육성을 위해서는 향후 20년간 순수 전력투자비만 약 209조원이 필요하다.

44) 손자도 "싸우지 않고 적을 굴복시키는 것이 최선의 방책이다(不戰而 屈人之兵 善之善者也)"라고 강조하고 있다.

45) 김학성 외, 한반도 평화전략(통일연구원, 2000), p.109.

46) 추진근거 : 남북불가침부속합의서 제3조 "서울지역과 평양지역의 안전보장 문제를 군사공동위원회에서 계속 협의한다."

47) James E. Goodby, "한반도에서의 신뢰안보구축: 협상의 조건," p.6.

48) 국방부, 국방백서 1997-1998(국방부, 1998), p.98.

49) 문화일보, 2007년 8월 27일.

50) 통일부, 통일백서, 2002, p.48.

51) 앞으로 경제발전과 튼튼한 재정을 통해 통일비용을 마련해야 하지만 유사시는 재원 마련 방법으로 국채발행, 증세, 그리고 이를 혼합한 방안이 있다. 국채발행을 통해 재원을 조달하는 방안은 당 세대에게는 추가 부담이 없다는 장점이 있다. 세금을 늘리지 않기 때문에 국민 저항도 줄일 수 있다. 실제로 장기불황 탈출을 위한 경기부양 재원을 주로 국채발행으로 조달해온 일본 사례도 있다. 증세를 통한 방안은 세율 인상이나 통일세 등 새로운 세목을 신설해 연간 GDP중 1−2%에 해당하는 세금을 거둬들이는 것이다. 이는 재정의 지속가능성을 유지하고 당면한 과제에 대해 현 세대가 비용을 치름으로써 해결한다는 긍정적인 면이 있다. 그러나 결국 국채와 증세를 결합한 절충안이 재원 조달방안으로 유력해 보인다. 독일이 통일 후에 필요한 소요재원을 국가채무와 조세로 조달한 사례가 있다.

52) 독일의 통일을 보면 형식적 제도통합은 어느 정도 손쉽게 달성하였으나, 사회통합은 아직도 미완성 상태이며, 앞으로도 극복해야 될 많은 과제들이 남아 있다. 따라서 제도적, 인간적 통합이 아닌 단순한 제도적 이식은 통일 후 '한 국가 두 사회' 라는 혼란상황을 야기할 수 있을 것이다.

53) 독일군의 군사적인 통합은 가장 성공적이고 평화적으로 이루어진 모범사례로서 우리도 이를 적극적으로 활용할 필요가 있을 것이다(하정열, 한반도 통일 후 군사통합 방안, 팔복원, 2002, 참조).

54) 이태환 편, 한국의 국가전략 2020(세종연구소, 2005), p.191.

55) 백학순 편, 남북한 통일외교의 구조와 전략(세종연구소, 1997), p.202.

56) 영국의 베리 부잔(Barry Buzan) 교수는 "한국이 19세기에는 은둔의 나라였으며, 20세기 초반에는 중국과 일본의 패권경쟁에서 샌드위치가 되어 희생당한 나라였고, 제2차 세계대전 이후에는 미국의 동맹국과 피보호자로서 생존해왔으며 자국의 경제발전 외에 외부에 대한 관심과 정책, 영향력이 없는 나라라는 인상(Image)이 지배적이었다"고 주장하였다.

57) 서울대 문휘창 교수는 국가선진화지수 연구개발이란 논문에서 세계 주요 40개 국가의 선진화지수를 측정한 결과 대한민국은 종합 30위로 나타났으며, 룩셈부르크가 1위, 일본 19위였다. 분야별로 보면 우리나라는 경제 26위, 사회 27위, 문화 28위 등에 비해 정치 31위, 국제화는 35위 등이었다(조선일보, 2008년 9월 4일, 8면).

58) 복거일 외, 앞의 책, p.131.

59) 국제투명성기구가 발표한 2008년도 세계 각국의 부패인식지수에 따르면 우리나라는 10점 만점에 5.6을 받아 180개 국가 중 40위를 차지하였다. OECD 회원 30개 국가의 평균점수인 7.1에 훨씬 못 미치는 점수이다. 우리 모두가 간절히 바라는 선진국 진입과 경제 살리기를 위해서도 부패문제를 극복해야 한다.

60) 박세일은 그의 「대한민국 선진화전략」이란 책(21세기북스, 2006)에서 수정주의 역

사관, 결과평등주의, 집단주의, 反법치주의, 포퓰리즘 등 5대 反선진화 사상을 지적
하고 있다.

61) 박세일은 동 저서에서 '부민덕국(富民德國)'의 공동체 자유주의 이념을 제시하면서
제도와 정책의 선진화를 위한 5대 핵심과제로 교육과 문화의 선진화, 시장능력의
선진화, 국가능력의 선진화, 시민사회의 선진화, 국제관계의 선진화를 제시하고 있
다(pp.231-420).

62) 우리나라의 자살률은 경제협력개발기구(OECD)회원국 중 1위로 10만명에 42명
(2006년)이 스스로 목숨을 끊었다.

63) 하영선 외, 21세기 한반도 백년대계(풀빛, 2004), pp.18-22.

64) 참여정부에서는 공무원 수가 증가하여 2007년 말 기준으로 장차관 148명을 포함
하여 약 97만명으로 최고기록을 세웠다. 공무원 수가 많아질수록 시장에 간섭하려
는 경향이 강해지고 재정의 어려움으로 이어질 가능성이 증가할 것이다.

65) 시대정신이라는 말은 독일의 J.G.헤르더가 1769년에 맨 처음 사용했다고 하며,
J.W.괴테도 《파우스트》 속에서 이 말을 썼으며, 시대정신을 역사의 과정과 결부시
켜 그것을 개개의 인간정신을 넘어선 보편적 정신세계가 역사 속에서 자기를 전개
시켜나가는 각 과정에서 취하는 형태로 본 것이 G.W.F.헤겔이었다. 헤겔은 그것을
또한 민족정신과 결부시켜 동양 · 그리스 · 로마 · 게르만의 4단계로 구분하였다.

66) 화끈하고 자유분방한 한국인의 기질은 맺혀 있던 한(恨)을 풀고 "발바닥에 땀이 나
신명이 생기면 불가능이란 없다"라는 무서운 저력으로 되살아났다. 신바람의 구체
적이며 실용적인 표현이 바로 '하면 된다'였다.

67) 건국 이후 가장 큰 국제행사였던 서울올림픽은 대한민국의 존재를 전 세계에 알리
는 엄청난 효과를 가져다 주었다. '한강의 기적'으로 불리는 우리의 경제성장, 올림
픽 직전에 이루어진 정치적 민주화 등을 전 세계에 선보이면서 대한민국도 당당한
세계무대의 주역으로 자리 잡을 수 있게 되었다. '벽을 넘어서'란 패치프레이즈를
내건 서울올림픽은 '동서 화합'의 발판을 마련했다는 평가도 받고 있다.

68) 김대중대통령은 1997년 11월부터 시작된 국제통화기금(IMF) 관리체제의 외환위
기를 재정 · 금융긴축과 대외개방, 금융 및 기업에 대한 구조조정을 통해 위기를 극
복하였다. 또한 일관되게 햇볕정책을 추진하고, 역사적인 남북정상회담을 여는 등
남북화해 분위기 조성에 기여하였다.

69) 그동안 우리나라 학문에는 한 가지 폐단이 있었다. 주자학(朱子學)적 경향이 너무
강하고 실학(實學)적 성격이 너무 약한 것이다. 우리 백성의 구체적인 삶의 문제를
고민하여 현실적 대안을 제시하고 이를 직접 해결해 보려 하는 실사구시(實事求是)
적 전통보다는 사변적, 추상적, 관념적 접근이 많았다. 그리하여 국가제도는 발전되
지 못하고 이론을 위한 이론이 허다하였다. 구체적인 현실 문제에 대한 학문적 연구
는 상대적으로 부족하였다. 심지어 현실 문제를 다루는 것은 학문이 아니라고 보는
경향도 없지 않았다. 다산 정약용 선생이 "우리나라에는 치인(治人)의 학이 적고 수

기(修己)의 학이 너무 많다"고 한탄한 것도 바로 이러한 문제점을 지적한 것이다.

70) 복거일 외, 앞의 책, p.91.

71) 한국경제연구원, 모두 잘사는 나라 만드는 길, p.29.

72) 한국인은 열정과 격정의 소유자다. 거창하게 국익을 위한 일에도 흥분하지만, 대수 롭지 않은 사소한 일에도 '불끈' 한다. 한국인의 격렬한 성격은 선천적으로 북방 유목민족의 거친 기질 탓일 수도 있다. 또 오랜 기간 왜곡된 체제 밑에서 억눌려진 한(恨)의 표출일 수도 있다.

73) 황병무, 문민시대의 안보론(공보처, 1993), pp.12–13.

74) Alexandar L. George 등, The Limits of Coercive Diplomacy(Boston: Little, Brown and Company, 1971), pp.18–19.

75) 지극히 개인주의적인 것처럼 보이는 한국인들이지만, 국가적 힘이 절실히 필요한 국면마다 한데 뭉치는 위력을 발휘했다. 88올림픽 때는 전국의 소매치기들이 집결해 "외국인들의 돈을 털지 말자"며 '휴업' 을 선언했고, 시민들은 자동차 홀짝 운행제를 준수했다. IMF사태 때는 온 국민이 금 모으기 운동에 나섰다. 서해에 기름이 유출됐을 때도 수많은 사람들이 달려가 조약돌 하나하나를 닦아 냈다.

76) 일단 한 공동체가 복지사회를 향해 움직이기 시작하면 복지지출은 빠른 속도로 증가하게 된다. 대한민국 역시 이미 그 궤도에 들어섰다고 볼 수 있다.

77) 조선일보, 2005년 10월 22일, 31면.

78) 이것이 부실하면 세금이 줄줄이 셀 수밖에 없다. 미국과 영국에서는 집행과정에서 사회복지비의 약 20%가 낭비되고 있다는 연구가 나와 있다.

79) 「제3의 길」은 사회학자인 영국 케임브리지대 교수 앤서니 기든스(Anthony Giddens)의 저서 가운데 가장 큰 화제를 불러일으킨 작품이다. 기든스가 말하는 '제3의 길' 은 제2차 세계대전 이후 서유럽을 풍미했던 '제1의 길' 과 '제2의 길' 을 넘어서려는 새로운 정치적 프로그램이다. 제1의 길이 '요람에서 무덤까지' 로 일컫는 북유럽 국가의 사회민주주의 길이라면 제2의 길은 시장에서의 자유를 극대화하고 국가의 간섭을 최소화하려는 미국식 신자유주의 프로젝트다. 제3의 길은 유럽의 복지국가에는 시장의 효율성을 강조하고, 미국과 같은 신자유주의 국가에는 사회적 평등을 부각시키는 전략으로, 제1의 길과 제2의 길에 대한 통합을 모색하고 있다.

80) 덴마크는 1990년대 초 10%에 가까운 높은 실업률과 이에 따른 높은 복지비용 부담으로 큰 어려움에 처해 있었다. 그러나 2000년대 초에는 실업률이 90년대 초의 절반으로 낮아졌고 고용률은 높아졌다. 이러한 변화를 가능하게 한 것이 바로 복지와 노동시장 개혁정책이며, 이는 황금삼각형(Golden Triangle)으로 모형화되었다. 황금삼각형을 구성하는 세 개의 축은 유연한 노동시장, 충실한 사회안전망, 적극적 노동시장 정책(학습복지)이다.

81) 대한민국이 지금껏 커온 것도 교육의 덕이요, 앞으로 더 크는 것도 교육에 달려 있다. 미국 하버드대학의 새뮤얼 헌팅턴(Samuel Huntington) 교수는 '한강의 기적'

의 원인을 '문화'에서 찾고 있다. 대한민국에는 경제성장에 도움이 되는 '발전 지향적' 문화가 있다는 것이다. 그가 '발전 지향적 문화'라고 부른 것에는 교육이 포함된다. 교육은 검약, 근면, 조직, 투자, 기강, 극기 정신과 함께 한국인이 중요하게 생각하는 문화적 가치라고 헌팅턴은 기술했다.

82) 지식사회 개념은 피터 드러커(Peter Drucker)의 지식경영학에 의해 본격적으로 보편화되었다. 드러커는 지식의 의미변환을 역사적으로 고찰하면서 기술혁신뿐 아니라 특히 다양한 사회영역에서 '지식의 적용'을 중시하였다.

83) 우리 특유의 '지고는 못 사는' 경쟁심이 교육열을 부추겼다. 「한국사 개요(A concise history of Korea)」의 저자인 마이클 세스 미국 제임스 메디슨대학 역사학과 교수는 한국인의 교육열이 '한강의 기적'을 이룩했다고 칭찬을 아끼지 않았다.

84) 교육열이 높은 첫째 이유는 역사적으로 문(文)을 중시하는 숭문(崇文)사상 덕분이다.

85) OECD는 2008년 9월 9일 발표한 30개 회원국 교육현황에서 2005년 GDP대비 대한민국의 공교육비 비율이 7.2%로 아이슬란드(8.0%)와 덴마크(7.4%)에 이어 세계 3위라고 발표하였다. OECD 평균 공교육비 비율은 5.8%였다. 우리는 스위스 국제경영개발원(IMD) 평가에서 교육부문 경쟁력이 55개국 중 35위였다. 대한민국의 학부모들이 부담하는 어마어마한 사교육비까지 감안하면 우리 교육비는 단연 세계 최고이다. 정부는 사교육비 총액을 20조 400억 원으로, 현대경제연구원은 33조 5000억 원으로 추산한다. 공교육비와 사교육비를 합쳐 약 90조원을 쓰고 있는 셈이다(조선일보, 2008년 9월 10일).

86) 미래학자 앨빈 토플러는 그의 저서 「부의 미래」를 통해 우리에게 '압솔리지'라는 신조어를 선보였다. '쓸모없다'라는 뜻의 'obsolete'와 '지식'을 의미하는 'knowledge'를 결합한 말로서 쓸모없는 지식, 또는 금세 수명이 다하는 지식을 일컬어 그렇게 명명했다.

87) 맥커버(R. Maciver)나 듀이(J. Dewey)는 민주주의를 공동체라는 시각에서 이해할 것을 강조한 점에서 공통성을 갖는다. 민주적인 제도가 마련되었다고 해도 그 그릇에 담겨야 할 민주적인 정신과 행동이 미숙하거나 미흡하면 민주화는 오지 않는다. 민주시민 정신의 덕목은 말하고(對話), 생각하고(理解), 행동하는 기회를 마련하고, 이것을 잘 연결시켜 타협시키는 방안을 활용해야 된다.

88) 한류 팬으로 인해 보이지 않는 우리의 영토는 갈수록 늘어날 것이다. 대한민국이 21세기에 '세계의 문화대국'이 되는 것은 불가능한 염원만은 아니다. "21세기는 문화산업에서 각국의 승패가 결정될 것"이라는 미래학자 피터 드러커(Peter F. Drucker)의 예언에 가장 부응할 나라가 바로 한국일 수 있다.

89) 역사학자 에릭 홉스봄(Eric Hobsbawm)은 "전통은 만드는 것"이라고 했다. 그러나 기존의 전통을 바탕으로 새로운 전통을 만드는 것이지 완벽한 공백으로부터 철

저하게 새로운 질서를 창조해 낼 수는 없다.

90) "나는 우리나라가 세계에서 가장 아름다운 나라가 되기를 원한다. 문화의 힘은 우리 자신을 행복하게 하고 나아가서 남에게 행복을 주었기 때문이다. 나는 우리나라가 높고 새로운 문화의 근원이 되고 모범이 되기를 원한다. 그래서 진정한 세계의 평화가 우리나라로 말미암아 실현되기를 원한다." 백범 김구 선생의 '나의 소원' 중 일부이다. 이와 같이 김구 선생이 바라는 문화는 남을 모방하는 문화가 아니라 자주성을 가진 창조적 문화였다. 우리나라가 높은 수준의 창조적 문화국가가 되어 세계 평화가 우리나라로 말미암아 실현될 것을 소원한 것이다.

91) 정통성 수호는 우리 민족에게 있어 통일된 국가 건설과 민족사의 계승발전이라는 차원에서 매우 중요하다. 우리 민족의 전통 문화를 계승 · 발전시키며 풍요롭고 자유 · 평화 · 평등 · 복지가 보장되는 대한민국을 튼튼히 지키는 것 자체가 정통성을 수호해 가는 길이다.

92) 박기덕 편, 대한민국의 국가전략 2020(정치 · 사회)(세종연구소, 2005), p.14.

93) 국민이 가지고 있는 사상과 의식이 그 나라의 미래를 결정한다. 그래서 신채호 선생은 "역사는 국민의 생각과 마음이 결정한다"고 하였다. 올바른 사상과 의식을 가질 때 올바른 미래가 열린다. 그리고 올바른 역사가 창조된다. 나라가 선진국이 되려면 우리는 선진국민에 합당한 사상과 의식을 가져야 한다.

94) 여기서 정보화는 컴퓨터 혁명과 이에 따른 자동화혁명 및 정보통신혁명을 모두 포괄하는 변화를 의미한다. 지식화는 경제성장과정에서 토지와 기계 등의 물적인 자본보다 지식과 기술 등 지적자본의 중요성이 급격히 증대되는 현상을 뜻한다.

95) 그 결과 지식 자체의 개념이 바뀌고 있다. '부의 미래'에서 토플러는 빠른 속도로 쓸모없어지는 지식을 '압솔리지(Obsoledge)'라는 조어로 설명했다. 기존의 지식이 한 사회, 한 나라에 국한됐다면 지금은 세계 모든 사람에게 즉각적으로 전파될 수 있다는 점이 다르다. 효과가 바로 나타나는 스테로이드 주사를 맞는 것처럼 즉시 지식을 얻을 수 있는 세상인 것이다.

96) 피터 드러커, Next Society(한국경제신문, 2002), p.22.

97) 세계화가 빠르게 진행되고 있는데도 불구하고 세계 각국과 수많은 민족집단이 보편주의의 가치와 원칙을 채택하지 않는다면 국제관계는 어떻게 될 것인가? 이 문제에 대한 답은 미국의 국제정치학자 새뮤얼 헌팅턴(Samual P. Huntington)이 이미 '문명충돌론'이라는 이론으로 명쾌하게 제시한 바 있다. 헌팅턴은 "공산권의 몰락으로 냉전체제가 무너진 뒤 세계정치의 핵심적 갈등 요인이 이데올로기도 아니고 경제도 아닌 바로 문화"라고 갈파했다. 그는 문화적 갈등은 기본적으로 비타협적 성격을 갖고 있다고 지적했다. 배네딕트 앤더슨 미국 코넬대 명예교수는 "19세기와 20세기에 민족주의가 정복과 팽창의 형태로 나타났다면 21세기의 민족주의는 분열과 해체, 응축의 양상을 보이고 있다"고 지적했다.

98) 이런 점을 두고 드러커(P. F. Drucker)는 "오늘날의 가치창출의 근본요소, 즉 생산

에서 절대적 중요성을 가진 요소는 자본도, 토지도, 노동도 아닌 지식"이라고 주장한다. 토플러(A. Toffler)도 지식은 독특한 성질과 잠재력으로 인해 여타 자원의 궁극적인 대체물이 될 수 있고, 따라서 경제의 '궁극적인 자원'이 될 수 있다고 주장한다. 써로우(L. C. Thurow)는 세계화의 진전에 따라 토지, 자원, 자본의 가용성이 크게 증가하는, 즉 희소성이 감소하는 상황에서 지식과 지력을 중심으로 하는 인공적 비교우위가 경쟁의 핵심요소가 되고 있다고 주장한다.

99) 그러나 분명 변화의 흐름도 곳곳에서 감지된다. 가장 빠른 속도로 성장하고 있는 이슬람은 기독교가 뿌리깊게 자리잡은 유럽에서 교세를 확장하고 있고, 아시아에서는 기독교 개종자들이 늘어나고 있으며, 참선과 명상이 인기를 끌고 있는 미국에서는 불교의 영향력이 확대되고 있다.

100) 박종철 외, 2020 선진 대한민국의 국가전략: 총괄편(통일연구원, 2007), pp.45-48.

101) 스웨덴 스톡홀름 국제평화연구소(SIPRI)가 해마다 펴내는 「군비 · 군축 · 국제안보 연감」 2007년판에 따르면, 2006년 1000명 이상의 사망자를 낸 유혈사건은 17건이었으며, 2007년에도 그 수치는 크게 달라지지 않았다고 했다. 그중 가장 많은 유혈투쟁을 기록한 곳은 아시아 지역이다. 이라크 · 아프가니스탄 · 카슈미르 · 팔레스타인 · 레바논 · 필리핀 등에서 구원(舊怨)에 얽힌 복잡한 역사와 보복의 악순환이 계속되고 있는 것이다.

102) 문화일보, 2007년 10월 8일.

103) 복거일 외, 앞의 책, p.98.

104) 가치와 가치관의 관계를 등대에 비유한다면 가치는 항구입구에 세워진 등대이고, 가치관은 항해사가 가지고 있는 나침판이라 할 수 있을 것이다. 때문에 조직은 어떤 가치를 가지게 하느냐, 각 개인은 어떤 가치관을 가지고 살아가느냐가 중요한 것이다.

105) 19세기 말 조선을 여행한 영국인 이사벨라 버드 비숍(Isabella Bird Bishop, 1831-1904)은 당시 조선인의 게으름에 대해 다음과 같이 기술하고 있다. "서울은 단조롭고 더럽고 죽은 도시이다. 사람들은 게으르고 무기력하다. 때 묻은 흰 옷을 입고 무언가를 운반하는 짐꾼들과 빈민가의 귀퉁이에서 삶을 흘려보내고 있는 활기 없고 더러운 아이들…" 즉 그녀에게는 서울사람들이 "어른과 아이 할 것 없이 무기력하고 목적 없이 빈둥거리는 군중의 행렬"처럼 보인 것이다. 즉 비숍과 조지 커즌(George Curzon, 1859-1925) 등 구한말 대한민국을 다녀간 외국인들은 한결같이 한국인의 게으름을 지적하고 있다.

106) 세계적 베스트셀러 「렉서스와 올리브 나무」의 저자이자 뉴욕타임스의 칼럼니스트인 토마스 프리드만(Thomas L. Friedman)은 성공하는 국가의 첫 번째 습관으로 스피드를 꼽았다. IT, 세계화, 무한경쟁으로 상징되는 21세기에 성공하는 국가가 되려면 얼마나 빨리 의사결정을 내리고 행동으로 옮기며, 변화에 적응하느냐가 관

건이라는 얘기다. 이 점에서 대한민국은 단연 세계 최고이다.

107) 1919년 3·1운동, 1960년 4·19 의거, 1987년 6월 항쟁 때 불의에 맞선 수많은 사람들, 1998년 IMF 위기를 극복하고자 전국에서 금붙이를 들고 모인 국민들, 2002년 월드컵 시 붉은 악마들, 2004년과 2008년의 촛불들은 역사의 굽이굽이마다 불같이 타오른 한국인의 근성은 나라를 지켜준 '수호천사' 의 역할을 하였다.

108) 서울대학교 이면우 교수는 한국인에게 신바람 정신이 발동하면 돈으로는 따질 수 없는 시너지가 넘쳐난다는 것을 「W이론을 만들자」에서 주장했다.

109) 캐나다 정부는 막대한 돈을 투자하여 국가의 '웰빙지표(CIW: Canadian Index of Wellbeing)' 를 개발하고 있다. OECD는 한 발 더 나아가 국가행복지수 (GNH: Gross National Happiness)를 만들고 있다. GDP로 외형적인 발전은 측정할 수 있지만, 사회불안이나 환경 등 삶의 질의 핵심을 잡아낼 수 없기 때문이다.

110) 20세기 말 독일에서는 중요한 역사적 사건들이 발생하였다. 그 하나는 독일통일이며, 그 다른 하나는 EURO로 상징되는 EU의 통합이 새로운 단계에 진입하였다는 사실이다. 동독이 무너지면서 주민들이 민주적 의사결정과정을 통하여 동독의 서독편입에 찬성하였다는 것은 무엇보다도 '살 만한 가치' 가 있는 사회를 이룩하는 데 서독의 제도가 동독의 제도보다 우월했다는 점을 보여 주는 증거이다. 나아가 통일이후 독일은 유럽통합에 주도적 역할을 담당함으로써 민족주의 부활에 대한 주변국들의 불안을 불식시키면서 새로운 유럽질서를 모색하고 있다.

한반도 희망 이야기

발행일 2011년 5월 10일 1판 1쇄 인쇄
2011년 5월 20일 1판 1쇄 발행

지은이 하정열

발행인 황인욱

발행처 圖書出版 오래

주 소 서울특별시용산구 한강로 2가 156-13
전 화 02) 797-8786, 070-4109-9966 (대표)
팩 스 02) 797-9911
이메일 orebook@naver.com
홈페이지 www.orebook.com
출판신고번호 제302-2010-000029호.(2010. 3. 17)

ISBN 978-89-94707-24

가 격 10,000원